叢書・ウニベルシタス　1138

生き方としての哲学

J. カルリエ，A. I. デイヴィッドソンとの対話

ピエール・アド
小黒和子 訳

法政大学出版局

Pierre HADOT
LA PHILOSOPHIE COMME MANIÈRE DE VIVRE

Japansese translation rights arranged with
Éditions Albin Michel
through Japan UNI Agency, Inc., Tokyo

生き方としての哲学／目次

はじめに

生き方を変えること。少なくとも、ある一つの生き方を変えること。こうした効果を及ぼす書物はわずかである。けれども、歴史家だが少しも哲学者ではないある若いアメリカ人が、『古代哲学とは何か（*Qu'est-ce que la philosophie antique?*）』の英語訳を読んで著者ピエール・アドに書き送ったのが、この言葉なのである。「ご著書は私の生き方を変えました」。この読者は、私が本書でピエール・アドに出した質問（二四八頁）に前もって答えていたのだ。あなたの著書は博識である以上に、総じて、読者への「勧め（プロトレプティック）」、つまり読者を哲学的な生へと「転換する」（ギリシア語では *trepein*）ものではありませんか、と尋ねたのである。二つの構想の間には隔たりがある――つまり一方には、ギリシア人にとって哲学とは体系の構築ではなく生き方の選択であったというほぼ異論の余地なき事実、その全貌を読者に知らせることがあって、もう一方には、このように解釈された哲学へと、それとなく読者を「転換する」ことがある。この隔たりはアドの著書『精神の修練と古代哲学（*Exercices spirituels et philosophie antique*）』

という、できるだけ人目を引かないような（それでも売れ行きはとてもよかった）書名と、私たちの本の対話者の一人であるアーノルド・I・デイヴィッドソンが序文を書いて出版させた『生き方としての哲学（*Philosophy as a Way of Life*）』という書名との間にそのまま含意されている。それでも、この忠実ならざる書名は必ずしも人を欺くものではなかった。ピエール・アドはここで、古代哲学に関する彼の三冊の大著『精神の修練と古代哲学』（一九八一年）、『内面の砦（*La Citadelle intérieure*）』（一九九二年）、『古代哲学とは何か』（一九九五年）に見られる「間接的な勧め」とも言えるものの性質を説明してくれている。人々に「これをせよ」というのではなく、キェルケゴールの言う「間接的伝達」を援用して、人は「他者の生きた精神的経験の記述のおかげで（…）ある精神的な態度を示唆し、予想させ、ある呼びかけを聞かせる」ことができるのだ。非の打ち所なくつねに明快で、しかも重圧的ではない学識をもってこの三冊の書物は作られており、読者たちからの手紙が示すように、その呼びかけは聴き取られ、理解されたのだ。本書は、これらの控えめな示唆をさらに少しばかり推し進めていると言えるのかもしれない。多くのギリシア・ラテンの哲学者たちを取り上げてはいるが、「古代哲学とは何か」を論じるものではもはやない。ピエール・アドはたまたまある質問に対して、それもこの対話篇のはじめに演題（プログラム）としてではなく、終わり近くになってのまとめのように、次のように語っている——「哲学者が直面する主要な問題とは、結局、哲学するとは何なのかを知ることとなのです」（二四二頁）。哲学をするとはどういうことか、というこの中心的な問いに対して、ピエール・アドは基本的にはただ一つの答えを出そうとしているが、それは一つのテーマに対するヴァリエーションのように、さまざまな形をとって現れる。そしてその答えはまず、初めの二章の対話で跡づけられる彼の知的・精神的な「道程」のうちに書き込まれ、次には続く対話のなかで出される問い――古代哲学はどのように読むべきか、どのように解釈すべきか、そのなかで永続するもの、あるいは今日ではもう受け入れられないものとは何か、これらの古代哲学の「実験室」に今日どのような価値が見出されるか、言い換えればそれらは今日どのような点でよりよく生きる助けとなるのか――これらの問いへの答えのうちに表れることになる。

最初の答えは、きわめて早熟な時期のものだ。満天の星が輝く夜空が、忘れがたい、言葉にならない経験をもたらしたとき、ピエール・アドはまだほんの子供だった（最も大切なものは言葉にならない、という考えがすでにここに現れている）。その経験はのちに彼がロマン・ロランを読んで、その著者が「大海原にいる感覚」[*1]と表現していたものだと分かる。「私は怖ろしいと同時に甘美な不安で胸一杯になったのです。世界、あるいは〈全一者〉が現前したという感情、そして私がその世界のなかにいるという感情に満たされたのです」（一八頁）。「そのとき以来、私は哲学者になったのだと思う」と、六十年ほど後になってピエール・アドは語っている。したがって、哲学とは体系の構築ではなくて生きた経験であると彼が知るのには、古代の哲学者との出会いを待つまでもなかったのだ（彼が最初に知ったのはトマス主義であり、それはそういうものがあるとすれば体系的な哲学であった）。今日、ピエール・アドはロマン・ロランの「大海原にいる感覚」を、本書でいくたびか言及しているミシェル・ユランの「野生の神秘（ミスティック・ソヴァージュ）」と同一視している。また成年期に彼を魅了したプロティノスの否定あるいは除去の神秘主義（*aphele panta* すべてを取り去れ）よりも、「すべてを受け入れよ」という受容の神秘主義のほうに傾いている。本書の結びとして彼が選んだ見事な詞文集を読むとき、生涯にわたっていくたびか経験した「大海原にいる感覚」が、彼の哲学的考察を絶えず養っていたことが分かるだろう。これは彼が古代の思想にはその源を発見することがなかった唯一のテーマである。古代の人々はそのすばらしい文章のなかで、宇宙を前にした驚き、そしてわれわれを石や樹木、動物や人間、そして星界と連携させる存在の大いなる連鎖の一部であるという強い意識を描いてはいるが、〈全一者〉との融合の感覚を経験したかどうかは語っていない。

　ピエール・アドと古代哲学との最初の出会いは間接的なものであった。彼がプラトンの有名な言葉「哲学とは死への修練である」に初めて出会ったのはモンテーニュを通してであった。「そのとき私はたぶん、それをよく理解しなかった」と今日ピエール・アドは言う、「でもそれはたしかに哲学というものを、理論的な言述（ディスクール）とは異なるものとして理解するように導いてくれたテクストの一つだった」。文脈から外して独立に理解するとき、さまざまな解釈に耐えるこの文章は、学者としてまた人間としてのピエール・アドの省察の核心に少しずつ浸透していった。

　しかし古代の哲学が体系の構築ではないことに加えて、流行に反することも恐れずに（彼はその心配をしたことはなかった）「精神の修練」という表現で呼ぶべきものだという発見に彼を導いたのは、このプラトン＝モンテーニュの言葉ではなかった。反対にそれは、中等学校に入るとすぐに、筋道立った、繰り返しや矛盾のない、明確な意図をもった論文を書くことを習う真面目なフランス人が確認したことであった。つまり古代人の哲学的言述は、この秩序と明快さという基準に応えてはいないのである。アリストテレスやアウグスティヌスも作文はまずく、プラトンの対話篇には矛盾があった。このことに注目したのはピエール・アドが初めてではないことは明らかだが、彼はそこから重要な結論を導きだした。おそらく、以前の著書と比べるとより専門外の人々に読まれやすい書き方で、彼はこの不整合が、聴衆あるいはある特別な聞き手のために古代の哲学者が語った（そしてその後に書かれた）ことを認めるならば説明がつくことを示している。書き手は知識を教え込むのではなく、納得させ、変化させ、「育成する効果」（二〇六頁）を期待したのだ。要するに古代の論考はほとんど例外なしに哲学の勧め（プロトレプティック）であって、同時にその言述は、対話であってもそうでなくても聴き手のためのもの、そして時には聴き手との協働による「思考の経験」、「いかに思考するか」の訓練なのである。古代人がいかなる理論的言説ももたないキュニコス派や、さらには何も書かず何も教えないが哲学者として生きている人々、女性やただの市民や政治家を哲学者と呼んだのは、古代人にとって哲学者とは、何よりも生のあり方だったからである。また古代の人々がソクラテスを賞賛するのはその生き方と死のためであり、彼の教説ゆえではなかった。その教説は書かれたものではなく、彼の名を利用する人々によってたちまち独占されてしまったのである。ここでピエール・アドは中世キリスト教以後にもこの問題が再現されることを簡潔に示唆している。また彼はすべての哲学者にとって、哲学とは完璧な理論的言述を、それも新しい嗜好のもとに構築することだと考える傾向があることを指摘してこう書いている。「多少とも巧みに造られた概念の建造物は、それ自体が目的になります」（一〇〇―一〇一頁）。「哲学者はつねに自分の言述に満足する傾向がある」（二二〇頁）。この傾向は、哲学の論文が名誉ある職業への最初の「開けゴマ」である場所においては、奇妙なほど強いのである。

プラトン主義にせよストア主義にせよ、今日ではそのテクストは長年にわたる読解という底荷を積んでいるが、プラトンの「死への修練」のテクストにピエール・アドが与える解釈は、死は生よりも好ましいというというキリスト教的メメント・モリ〔死を忘れるな〕の解釈からは根本的に隔たったものである。死への修練をすることとは、真に生きることとへの修練である、とピエール・アドは言う。つまり「部分的で偏った自己」を超えて「高所からの視点」、「宇宙的視野」に立とうとすることであった。この三重のテーマは基本的には一つのテーマであって、本書の対話のなかに中心思想(ライトモチーフ)として絶えず現れている。それはあらゆるレベル、生活のあらゆる場面、そして同胞としての人間全体に適用されるからだ。「部分的で偏った自己」を超えることとは、まずわれわれが人間共同体に帰属していることを意識すること、そしてつねにわれわれの行動のなかで、このコイノーニアの善を視野に入れることである。さらに加えて、ピエール・アドはこのテーマの重要性を、古代哲学の言述のなかばかりでなく哲学者たち――ソクラテスからプロティノス、そして彼らの教えに刺激された哲学「専門家」ではない人々――の実践のなかに示している。ストア派の信奉者であったスカエウォラ家の一族は清廉潔白な行政官で、州の総裁であったムキウス・スカエウォラは、当時の慣例のごとく私腹を肥やしたりせず、視察旅行にも自費を払って、部下たちにも同様な潔癖さを求めたことは知られていただろうか。ストア派の皇帝マルクス・アウレリウスは国の問題山積のなか、綱渡りの芸をする少年たちの死を知って、その後は防護網を張って安全策を採るようにと命じたことも知られていただろうか。バルカン半島のある場所でサルマチア人に対しローマの国境を防衛していた彼が、その争いの正当性に疑問を投げかけていたことは知られていただろうか。「現在に見合ったものにする」必要もまったくなく、これらの原則や実例は今日の民主主義にとっても有用なのだ。

ピエール・アドは古代人たち、わけてもアリストテレスに従って、「部分的で偏った自己」を超越し「高みから眺めること」、「普遍的視野をもつこと」という規則が、学者にとって必須だと考える。「あるテクストにせよ、微生物にせよ天体にせよ、それを研究する者は主観性から解放されていなければならない」(二一七頁)。科学研究におけると同様に民主制の実践においても、「自分個人の偏見と感情を取り除き、理性的自我の普遍性にまで高められなければならない」のだ。ここでアドは、いまかくも流行している考え方、つまりあらゆる言説はみな等価で、解釈はみな同じように主観的であり、客観性に到達することはもちろん、その努力をすることさえ不可能だという考えに一矢を報いている。しかし誤解してはならない。歴史学者、とくに哲学の歴史の研究者にとって、普遍的な観点に身を置くということは、さまざまなテクストが生み出された時代や地域、そして社会からそれらが自由であるかのように解釈することでは決してないのだ。アドは自ら辿った道に沿って、哲学的言述とは時間と場所を超えたものだというあまりにも広がりすぎた考え方から、その刻印を歴史のなかに位置づけるという考え方に到った道程を説明しているのである(二二七頁)。

自己を超越すること、こうした普遍的な視点は、古代の人々にとって学者や政治家のみに関わるものではなく、全人類に関わるものであった。ギリシア人は、奴隷という身分をも含めて人間共同体の統一性を把握し、自らを「世界の市民」と称した最初の人々だった。この「普遍的視野」の意味とカントの「普遍的法則」との関係を問われて、アドはその類似性を強調している（二三〇―二三二頁）。「不意にやってきてわれわれを限られた視野から普遍的な視野へと導く、一種の英雄的な飛躍のうちに生じる道徳性」あるいは「己れの利害関心しか見ない自己から、他者たちや宇宙へと目を開く自己へ」というカントの言葉は、「誰が私以上に自分の個人的利益を忘れ、あなたがたを案じただろうか」とアテナイ人に語ったソクラテスの言葉の遺産なのである。

　ここに見てきたテーマにはさらに三つのテーマが絡み合っており、それらはここに数行で説明するよりもずっとみごとに、結びに採録されている数々の文章によって説明されている。最初のテーマは大学入学資格試験に際して出会ったもので、哲学は「自分自身と自分を取り巻くものを素直に見つめることだ」というベルクソンの言葉について論じるものであった。この素直な知覚は古代の哲学者、たとえば彼が引用するセネカや、より現代に近い画家や詩人たちのなかに再発見されている。これに付随するのは現在という瞬間の重要性を感じることで、これはストア派とエピクロス派が絶えず説いているものであり（エピクロス派のホラティウスの言葉「この日を摘め（*carpe diem*）[*2]」の真の意味）、また「現在のみがわれわれの幸福」というモンテーニュやゲーテなど、近代人たちにもみられるものである。瞬間の豊かさというこの感覚は「存在することの真の幸福」とアドが呼ぶ感嘆の情につながっているが、それはさらに現代においては、存在の謎を前にした不安であり、畏怖でさえあるのだ。

　これらのテーマは互いに絡み合っていることが分かる。こうして「大海原にいる感覚」はアドが宇宙的意識と呼ぶものを支える繊細な支点となる。それは今という瞬間の重要性――われわれがその一部である膨大な時間と空間のなかに取り込まれた、唯一の時と場所の感覚――を体感することなのだ。それはまた各瞬間を、それが最後の、しかし初めての瞬間であるかのように生きること、われわれがこの世界を初めて見るかのように「素直に（ナイーヴ）」見ることなのである（二八九頁）。そして世界に帰属しているという意識は、人間共同体の一員として、そこから生じる義務とともに書き込まれているということでもあった。完全な体系を構築したいという欲望に、アド自身が譲歩したと言えるのだろうか。まったくそんなことはない。本書にはなんらの形而上学も、存在論すらも見られない。かつてプラトンは、徳は悪よりも有利であり、われわれは自分自身の利益になるように善をなすべきことを合理的に証明しようと試みた。本書にはそのようなことは何もない。人は何も証明しない。幸福を約束することもない。実際、人は何も約束しないのだ。ここに語られていることはただ、ソクラテスやマルクス・アウレリウスの時代と同様に今日でも、これらの哲学者の日常の生を導いたいくつかの原則が、われわれにとっても「他者たちとこの広大無辺な世界に対して、もっと良心的でもっと理に適った、もっと開かれた」（一八九頁）一つの生き方を生み出すことができるのではないか、ということなのである。

　本書はそれゆえすべての人々に向けて書かれたものである。それでは哲学教育を専門とする人たちの関心を喚起するものではないと言えるだろうか。そうは思われない。もろもろの偶然と、予期できた結果とが、友愛で結ばれた三人の声による形で本書を作らせた。アーノルド・I・デイヴィッドソンはシカゴ大学の哲学教授であり、何より、ピエール・アドの作品の英訳を勧めてアメリカに紹介した人である。彼はある時期、アドとの『対話篇』を作ろうという企画を立てていた。また本書の編集者エレーヌ・モンサクレは、私がピエール・アドと彼の夫人とに長年の友愛で結ばれていたことを知っており、私の問いに彼が答えるという形を引き受けていただけないかと彼に頼んでくれた。そこでこの四名は、アーノルド・I・デイヴィッドソンと私自身がこの仕事を一緒にやってみようということで結論に達した。私たち二人が、問いも関心も専門能力も異なっているのは承知の上だった。アーノルド・I・デイヴィッドソンは現代の哲学の諸問題に通じた真の哲学者である。一方で私は社会科学高等実習院のセミナーで、占星術や祈禱の批判、ストア派の決定論の批判といった哲学の周辺にすぎないことを語っていた。その結果、本書は——古代哲学の論談のように——矛盾とまでは言わなくても、異なった観点から取り組まれたテーマの繰り返しを少なくとも含んでいる。それは聞き手が「しろうと」哲学者か「専門」哲学者かによって、それに合わせた応答だと言えるかもしれない。ここにある統一性は、哲学論文よりはむしろ奏鳴曲（ソナタ）に由来するのだ。それゆえここで明らかなのは、体系の構築ではなく、生のあり方としての哲学が問題だということなのである。

ジャニー・カルリエ

第一章　教会の法衣のもとで

ジャニー・カルリエ　一九二二年にパリでフランス人のご両親のもとにお生まれになったと伺っていますが、従兄弟の方々はドイツ語を話されますね。あなたがモンテーニュなどと同様にゲーテがお好きなのは、まったくの偶然ではないということでしょうか。

私の母はロレーヌ人の娘で、その父親は一八七一年のアルザス＝ロレーヌ併合のときにドイツ国籍を選ぶのを拒絶したのです。彼はランスでワイン醸造所の職員としての仕事を見つけていました。一九三〇年前後の私の子供時代には毎年、第一次世界大戦後にフランスに奪還されたロレーヌ地方で休暇を過ごしたものです。私の従兄弟たちはドイツとの国境に近い村や小さな町に住んでいて、それはサルグミーヌやサラルブからそう遠くない所でした。彼らの多くはフランス語を話さず、ドイツ語の方言を話していました。たとえば駅でも、旅行者への案内はドイツ語で書かれていた。また世俗的フランスへの敵意を隠さない神父たちは高地ドイツ語で説教し、教会での子供たちのお祈りも高地ドイツ語だったのです。そこのカトリシズムはひどい厳格主義でした。私の半ズボンはスキャンダルだったのです。私と同じぐらいの年齢の少年たちは膝の下までくるズボンをはいて、ブリースブリュックの教区の神父たちに言わせれば、彼らの「肉片を隠す」ようにしなければいけなかった。戦後フランスによってアルザス＝ロレーヌに保たれていたヴァチカンとの政教条約のおかげできちんと給与を得ていた神父たちは、教区の絶対的な指導者だったのです。たとえばゼッティングの教父は私の従姉妹の聖体拝領を拒否していました。彼女は二〇年代の戦後の流行に従って髪を短く切り、他の信徒たちの前で彼に恥をかかせたから、というわけです。

そういうわけで私は、子供時代にロレーヌで休暇を過ごした経験によって、たいへん早くからフランスとドイツの間の複雑な関係に遭遇しました。それに加えて祖父と両親から聞いた話もありました。両親は一九一四年にランスを去らねばならなくなり、徒歩でパリに避難したのですが、そこで一九二二年に私が生まれたのです。私が生後一ヶ月のときに彼らはランスに戻りましたが、町は爆撃でほとんど完全に破壊されていた。カテドラルを復旧するには二十年かかり、落成したのは一九三九年……第二次世界大戦の直前でした。私は一九二二年から四五年までランスで生活し、「カテドラルとシャンパン」で有名なランスのきれいな町がいつも大好きでした。

ロレーヌの話に戻ると、私はいつも「内地フランス語」（ロレーヌ人はそう呼んでいた）が分からないことにいらいらしました。フランスの一部である場所で、人はドイツ語を話すのですから。大戦が始まった一九三九年には、ロレーヌは完全に空白状態になっていました。ロレーヌの従兄弟の一人が例外的に町に戻ってくることができたとき、彼が見たのは自宅が荒らされ、衣装部屋には豚が入れられているという馬鹿げた光景だったのです。フランス人はドイツ語の標識を見て、ドイツにいるのだと感じたものでした。

もっと一般的に考えると、ドイツの実情に対して多くのフランス人が無知であることに、私はいらいらするのです。私が考えるのは、たとえば、究極的にはかなりドラマティックな出来事ですが、それは一九七〇年ごろのことでした。ある若いドイツ人の教授がパリで講演するよう招待されました。そこでユダヤ系フランス人の歴史学者に会ったのですが、その教授の両親はホロコーストで亡くなっていました。この人物はそのとき、ドイツから来た同学の仲間の握手を拒んだのです。ドイツ人の学者はそのことを私に話し、彼もまた非常に苦しい思いをした、コミュニストであった彼の父親もまた強制収容所で亡くなったのだから、と言ったのです。あのフランス人教授の型にはまった盲目的な態度はどういうわけなのだろう、他の人々も反対側の陣営で同じ苦しみを受けることがありえたことを知らず、また知ろうともしないのはどうしてだろう、と思ったものです。ところでこの問題については、アルフレート・グローサーの名著『罪と記憶』のなかにすべて語られています。ある種の知識人に関して彼は「知ることを望まない意志表示」と書いています。

J・C　お母様はカトリックの掟を実践する信者だったのですね。

私の母はたいへん敬虔な信者でした。毎朝ミサに行っていました。母は複雑な性格の持ち主でした。とても陽気でよく歌をうたい、恐ろしいしかめ面をしてみせて楽しんだりしていた。母はとても社交的で（一方、父は人との付き合いが苦手でした）、断食やおおげさな禁欲主義を嫌っていましたが、それでもほとんど狂信的な信者でした。私が子供のころ、父と母の間にいさかいがあったのを感じたものです。母は父を改心させるようにと私に祈らせました。父はもう教会には行かず、母の聴罪司祭であるブレティゼル神父について、あれはちょっとおかしいね、などと時々ほのめかしたものです。その後分かったことですが、私を出産した後、母はとても体調を崩し、もう子供をもつことはできなくなっていたので、聴罪神父は教会の規律に従って彼女に夫婦生活を禁じたのでした。出産が目的でなければ夫婦生活はない、ということです。父と母は寝室を別々にしました。後に父は日曜のミサに行くようになりましたが、いつもたった一人で、朝の六時か七時に行っていた。彼はまた毎年一人で八日間の休暇を取っていましたが、もっともこれは、シャンパーニュ・メゾンの従業員の特権の一つだったのです。従業員や労働者が有給休暇を取ることができるようになるには、一九三六年まで待たねばならなかった。父はこうした休暇を、ときにはアルザスで、ときにはサールですごしたものでした。

J・C　いくらか控え目だったお父様については、どんな思い出をお持ちですか。

父に感謝しているのは、非常にさまざまな問題について私に語ってくれたことです。彼は独学者でした。マルヌのヴェルテュスに近い村の出身です。家はとても貧しく、十一歳か十二歳のときにはシャロン＝シュル＝マルヌ（当時はそう呼ばれていた）で働き始めました。このことは彼がドイツ語、英語、速記、算術を身につける妨げにはなりませんでした。それはまた世界言語の試みとしてのエスペラントの時代でもあって、彼はヨーロッパのさまざまな地域の人々とエスペラントで文通したのです。彼にはかなりのドイツ語の蔵書があり、ドイツの体育協会（*Turnvereine*）の研究もしていました。デッサンや絵画も上手で、彼の自画像は今でも一枚持っています。五十歳のころ、彼はパイパー・エドシック・シャンパーニュ・メゾンの代理人の地位に着きました。その何年か後、事故で視力を失ったのです。そして亡くなるまでの二十年間、彼は模範的な忍耐力でこの苦しみに耐えたのです。私は彼に点字を教えました。私たちは本当に気持ちの通じ合う間柄だった。私はたびたび本を読んで聞かせたり、一緒に散歩したりしたものです。

J・C　それではお父様は、宗教からはやや離れた存在でしたのに、あなたはたいへん宗教的な教育をお受けになったのですね。

はい、ドゥニーズ・ボンバルディエの小説の題を借りれば、「聖水を受けた幼年期」を過ごしたと言えそうです。ランスのコントレ街のキリスト教兄弟会の学校で初等教育を受けました。そこの修道士たちは非常に敬虔な人たちで、とてもよい教育をしてくれたと思います。レクリエーションの時間にはいろいろな遊びを考案してくれました。しかし毎朝行なわれる道徳の授業では、彼らの話がひどく恐ろしかった。たとえばフリーメイソンの集会所の会議中に現れる悪魔の問題とか、あるいはまた、ある女性信者の夢のなかに別の女性信者が現れるのですが、彼女は地獄で永遠の苦しみに耐えている、なぜなら、模範的なキリスト教徒としての彼女の生涯にもかかわらず、告解のときに重罪を隠していたからだ、などという話です。

母には三人の息子があり、私は末っ子で、兄たちは十歳と十五歳年上でしたが、母は三人の息子が神父になることを決めていました。その情熱は激しいもので、兄たちの一人、母が一番愛していた兄が、もし僕が神父になるのをやめたら母さんはなんと言うかと尋ねたところ、「あなたが死ぬのを見るほうがまだましだわ」と答えたそうです。それはブランシュ・ド・カスティーユが息子サン・ルイの重罪に関して言ったとされている言葉をもじったものでしたが。ともあれ、私は二人の兄たちと違った生活を送ることができるなどとは、想像さえしていなかった。それで私はまったく自然に、十歳でランスの初等神学校に入学したのです。

私は二年間寄宿生になっていましたが、その後体が弱かったので通学生になった。そこで教えていた神父たちもまた、たいへん信仰厚く教養ある人たちで、なかでも高学年の第二年級と最上級のクラスの担任はそうでした。彼らは真の人文学者(ユマニスト)で、私に古代文化への愛を植え付けてくれたのです。しかし当時「文法クラス」と称されていた六、五、四年級の教師たちの何人かはそれと同じレベルではなく、道徳的な質においても同じではありませんでした。そのなかの一人、五年級の教師ブージェ氏は皆から嫌われていましたが、正直に言ってサディストでもあった。無邪気だった私は彼に聴罪司祭になってもらいました。彼の部屋で罪の告白をしていると、時折あまりに長い間跪いたままにさせられるので気分が悪くなり、座らせてください、と頼まなければならなかったくらいです。五年級のクラスでは、伸ばした腕の先に辞書を載せて床に座らせられている生徒を見るのが珍しくなかった。それはできるだけ苦しい思いをさせるために巧みに選ばれた姿勢です。もっとも、この種のお仕置きが寄宿舎全体の指導方針にまったくなかったとは言えません。六年級のクラスでは、宿舎で騒いだ一人の生徒が、皆の前で上級生からお尻を叩かれるところに居合わせたこともあったし、また月曜日の晩、それは前の週の行儀や学習の記録を提出するときだったのですが、罰を受けた子供たちに用意させた食事を先生たちが食べていて、食堂の一段と高い特別席では罪人となった子供たちが食事を与えられずに生徒仲間に向かって跪いたり、隅に立たされていたりするのをよく見たものです。

J・C　あなたご自身は敬虔なお子さんだったのですか。

はい、私はまったくナイーヴな信仰をもっていました。しかし熱心ではなかったと言わなければなりません。たとえば初めての聖体拝領のとき、「これはお前の生涯で一番すばらしい日だ」と祖父はいいましたが、彼がそう言っても少しも嬉しくなかった。私には何も特別な感慨などなかったからです。十二歳のとき二人の兄と一緒に巡礼でローマに行きましたが、教皇が教皇御輿（セディア・ゲスタトリア）の上に姿を見せたとき、兄のアンリは「教皇様、万歳！」と叫んだのです。私はその情熱にすっかりうろたえるばかりだった。面白いな、とは思いましたが、同じような状態になる必要はないと感じていました。

思春期になって、事態は変化しました。私は長い間ある意味で、思春期になって初めてこの世界にいるようになったのだという印象をもっていたのですが、私の人間性の誕生を反映していた最初の手書きのノートを――キリスト教的謙遜から――捨ててしまったことを、ずっと悔やむことになるのです。当時私がなした感動的な発見の心理的な内容を再発見するなんて、今となってはたいへん難しいことですから。でもその大枠だけは思い出します。その一つは、通学生だった私が神学校から毎晩帰っていった両親の家に向かう途中、リュイナール街でのことでした。もう夜になっていた。広大な空には星々が煌めいていました。そのころはまだ星が見えたのです。そしてもう一つは家の部屋にいたときですが、その二度とも、私は怖ろしいと同時に甘美な不安で胸一杯になった。世界、あるいは〈全一者〉が現前したという感情、そして私がその世界のなかにいるという感情に満たされたのです。実際私はその経験を言葉にすることはできなかったが、後になってそれは次のような問いに相当すると言えるのではないかと感じたのです。「私とは何だろうか」「私はなぜここにいるのか」「私がここにいる世界とはなんだろうか」。私はここにいることの奇妙さ（エトランジュテ）〔異郷性〕、驚き、そして感嘆とも言えるある種の感情を覚えた。それと同時に、自分はこの世界のなかに浸透しているのだ、その一部をなしているのだ、世界はほんの小さな草の一茎から天の星々まで広がっているのだ、という感情を経験したのです。この世界は私の前に在り、強烈に現前していました。ずっと後になって私は、世界と融合したというこの意識、〈全一者〉の一部であるというこの印象は、ロマン・ロランが「大海原にいる感覚」と呼んでいるものだと発見したのです。あの時以来、私は哲学の学徒になったのかもしれません。このような存在の意識、世界‐内‐存在の意識を哲学と解釈するならば、ですが。そのころは自分が感じたことをどのように言い表したらよいか分からなかったが、それでも書かなければならない必要を感じ、それで最初に書いた文章は、アダムが自らの身体とそれを取り巻く世界を発見したときの一種の独白でした。そのとき以来、私は他の人たちから隔てられたように感じた。友人や、そして両親や兄弟たちでさえ、このようなことは想像できないだろうと思ったのです。多くの人々が似たような経験をしているが、それを語らないのだと分かったのは、ずっと後になってからでした。

私は新しい目で世界を見るようになった。空、雲、星、そして自分だけの表現であった「世界の夜々」が私を魅了していました。窓の下枠に寄りかかって夜の星を眺め、広大な星空に身を沈めてゆくような印象をもったものです。この経験は私の人生全体を支配してきました。その後もいく度かそのような経験があった。たとえばアスコーナのマッジョーレ湖を眼前にしたときや、ローザンヌのレマン湖の岸から、あるいはヴァレ州のサルヴァンから、アルプスの連山を見たときです。何よりまずその経験は私にとって、何かしら感動的で魅力的なものの発見で、キリスト教の信仰に結びつくものでは絶対にありませんでした。その経験は私の内面の成長に大切な役割を果たしたのです。その上この経験は、哲学についての私の考えに強い影響を与えた。哲学とは世界の知覚を変貌させるものだと、いつも考えてきたのです。

そのとき以来私は、われわれを導いている機械的で習慣的な行動のなかで半ば無意識に過ごしている日常の生活と、世界のなかにおけるわれわれの存在という意識との間、つまり日常的な生と、世界-内-存在という意識のもとで強度な生を感じるという特別に恵まれた状態との間の、根本的な対立を強く感じていました。ハイデガーと同様にベルクソンも、〈われ〉におけるこの二つのレベルをはっきりと区別しています。ハイデガーが「ひと」と称するものと、彼が「本来的」と称するレベルにまで高められたものとの二つのレベルです。言葉では表しようがないことがあると感じて、自分の経験をあえて誰にも語ろうとしなかったのはこのとき以来でした。語ったとしてもそれは陳腐なことでしかなかったでしょう。それに私が気付いていたのは、神父たちが神について、あるいは死という恐ろしい現実について語るとき、彼らは既製の言い回しを並べるだけで、それが私には慣習的で人工的に思われた。私たちにとってもっと本質的なものは、説明できなかったのです。

J・C　つまり、思春期を迎えて以来あなたの哲学生活の中心思想（ライトモチーフ）となったのは、あなたがしばしば「存在することの純粋な幸福」と呼ばれるもの、そして最も大切なものは言葉では表せないという確信であって、それはあたかも偶然にやってきたもので、神学校や自宅で受けた宗教教育とはどうやら無関係だ、ということでしょうか。

それはキリスト教とはまったく異質な経験でした。キリスト教のなかで生活した経験、典礼や宗教的な勤めの経験よりも、はるかに本質的で基本的なものに思われた。キリスト教は、私には、むしろ陳腐な日常性に結びついたものに思われたのです。二つの世界、つまり内面の秘かな経験の世界と日常のありふれた世界とは、結局は並列したものなので、その年齢では問題を感じなかったのです。ものごとはこんなもので、それだけのことでした。ずっと後になって私は、この状態に問題を感じている人物に出会った。それはライナー・シュールマン氏（『アナーキーの原理』の著者）[(1)]で、ソルショワールのドミニコ派修錬士であった七〇年代に少なくとも一年間、高等研究実習院で私の講義の聴講生だった人です。彼はハイデガーの影響を深く受けており、彼のキリスト教信仰は、彼の「本来的」な実存の経験、〈存在〉への開かれと調和せずに対立していました。彼はその悩みを記した個人的な手記を私に見せてくれたのですが、私はどのように彼を助けるべきか分からず思い悩んだものです。私は彼のキリスト教

(1) Rainer Schürmann　ドイツ出身であるが立派なフランス語を話す人であった。一九七一年に私は彼の第三期課程博士論文「マイスター・エックハルトとさまよう歓喜（Maître Eckhart ou la joie errante）」の審査員の一人となった。高名なハイデガー研究者であるH・ビローは、この哲学者についてのシュールマンの解釈を強く批判した。一九八〇年に公開審査された彼の国家博士論文（Thèse d'Etat, *Le Principe d'anarchie*, Paris, Le Seuil, 1982）はハイデガーの思想の帰結を明確に導きだそうと試みたもので、中心的原理の周りに現実的なものを統合することの不可能性を論じたものである。のちに彼はアメリカで優れた教授となり、自伝的な物語 *Les Origines*（Paris, Fayard, 1978）を著している。

徒としての観点に立って見ることに努力し、彼自身のなかで、それらの両立を受け入れるようになる可能性を説得しました。しかし彼は終極的にはキリスト教の信仰を断念したものと思われます。

それ以外の点では、それもまた初等神学校ですばらしい先生に出会ったおかげで、ギリシア語とラテン語の古典、ギリシア悲劇やウェルギリウスの『アエネーイス』を発見することができた。三年級ではディドーとアエネーアースのエピソードを習い、恋愛に関する部分はみな隠してあったとはいえ、そのテーマに関するたいへん感動的な詩行があり、そこでまた私は混乱した印象をもちました——はっきりと説明はできなかったが、そこにもまた、キリスト教とはまったく違った一つの経験があったのです。

J・C　あなたが「大海原にいる感覚」と呼んでいらっしゃるものは、ロマン・ロランの表現に従ってのことだと思いますが、それはおそらく「宇宙的感情」と呼んだほうがよいのではありませんか。そのほうがもっと一般的です。それにその経験は、それほど強烈なものではなくても、きっと誰にでも訪れるものではないでしょうか。しかし人はそれを気にしません。それはただそんなふうに不意にやってくるものなのでは？　他方で、あなたはこの「感情」はキリスト教とはまったく異質なものだとおっしゃっています。実際、旧約聖書のなかの「大空と大地は神の栄光を語る」は別として、あなたが引用なさっているキリスト教のテクスト、特にキリスト教的精神の修練のなかではこの感情は多くは見られませんが、古代のテクストでは、自然を前にしたこの感嘆の情はたいへん豊かな叙情性をもって繰り返し現れます。ルクレティウスのような詩人においてばかりでなく、エピクテトスのような哲学者の、もっと固い文章においても同様です。結局、それは大きな断絶なのではないでしょうか。

私はロマン・ロランが使った「大海原にいる感覚」という表現を使いたいのです。この表現によってこの経験を、自然を前にして私もまた経験した感嘆の気持ちとは区別したいと思っています。「大海原にいる感覚」と言ったときロマン・ロランは、非常に独特なニュアンスを表そうとしていました。限りない大海原のなかの一つの波であるという印象、ある神秘的で無限な実在のなかの一部だという印象です。ミシェル・ユランはそのすばらしい著書『野生の神秘』(野生の神秘は彼にとって大海原にいる感覚そのものだった)で、この経験の特徴を「今ここに、強烈に実在する一つの世界のさなかに現前している感覚」であると特徴づけています。彼はまた「自分自身と周囲の世界が互いに共属し合っているという感覚」[2]とも言っています。重要な点は、自分が〈他者〉のなかに、異質の存在としてではなくその一部として、没入し広がってゆくような印象なのです。

自然に対する感情は福音書のなかにも見られるでしょう。イエスは野の百合のすばらしさを語っています。でも私が経験したような大海原にいる感覚は自然に対する感情とは異なり、神もキリストも介入させないがゆえにキリスト教ともまた別のものです。存在するということの純粋な感情のレベルにある

(2) Michel Hulin, *La Mystique sauvage*, Paris, PUF, "Perspectives critiques", 1993, p. 56–57.

何ものかなのです。ギリシア人がそれを知っていたかどうかは確信できません。彼らも非常に高度な意味で自然への感情をもっていたとあなたが言われるのも道理ですが、〈全一者〉への没入ということは稀にしか語っていない。セネカには確かにこれを思わせる言葉があります―― *toti se inserens mundo*、つまり「世界全体の中に身を沈める」(3)。これは完全な魂というものについて言っているのですが、私たちが語っている経験に相当するか否かは確認できません。ルクレティウスが、無限の空間を思ったときに彼をとらえたという震撼と神聖な陶酔感[*1]（III, 29）も、おそらくこうした経験を示唆していたかもしれません。文献的証言の不在が、そうした経験がなかったことを意味するわけではないのですが、私たちには分からないままです。

いずれにせよ、この経験は何ら例外的なものではありません。さまざまな文筆家たちがそれを示唆しています。たとえばジュリアン・グリーンの『日記』、アーサー・ケストラーの『零と無限』、ミシェル・ポラクの『日記』、ジャクリーヌ・ド・ロミリの『サント＝ヴィクトワール山への途上』、ドストエフスキーの『カラマーゾフの兄弟』、そしておそらくルソーの『孤独な散歩者の夢想』（第五の散歩）などは、多数の例のなかのいくつかにすぎません。それは異文化のなかにも見られます。ヒンドゥー（たとえばラーマクリシュナ）(4)あるいは中国にも。中国の思想や絵画のある場面において見られるのです。

J・C　十五歳であなたは高等神学校に入られました。そのときの印象はいかがでしたか。三〇年代末の高等神学校とはどんなものでしたか。

バカロレアの第一部はフランス語の作文を含むものでしたが、その後で一九三七年に私はランスの高等神学校に入りました。そこはとても楽しかった。自分の個室をもち、それもそれまで持ったことのない贅沢なものでした。夜になると電気が消されます。寝る前に時々、広大な星空を眺めたものです。気持ちの良い環境で勉強していました。毎朝瞑想の時間があり、それから二回のミサに出席した。そのあとの日課は授業と、精神性に関する書物の読書と研究に充てられていました。哲学の授業は二年間続きました。そこではトマス哲学を学びましたが、ベルクソンもありました。ベルクソンは『創造的進化』を書いたために教会から断罪されていたが、『道徳と宗教の二源泉』を書いてからというものは、ほとんど〈教父〉のような存在にされていたのです。ベルクソンは私の考え方の進化に大きな影響を与えました。彼の哲学が存在の湧出、生命の湧出を中心としている限りにおいてですが、それは私たちが意志と持続のなかで体験し、生命の進化を生み出す躍動（エラン）の働きのなかに見るものです。一九三九年に哲学のバカロレアを受けましたが、小論文はベルクソンの次の言葉をテーマにしていました。「哲学は、ある体系を構築するものではなく、自分自身とそれを取り巻くものとを素直な目で眺めることを、ひとたび決意することである」[*2]。私はしばしば、おそらくあまりにも頻繁に、この論題を扱ったときに感じた情

（3） *Lettres à Lucilius*, 66, 6.［『セネカ哲学全集』第五巻『倫理書簡集Ⅰ』高橋宏幸訳、岩波書店、二〇〇五年、二五九頁。「世評に基づいてではなく、自然に基づいて価値基準を定め置き、全宇宙に入り混んで、そのあらゆる活動に己の思索をなげかけ」る］。
（4） Michel Hulin, *op. cit.*, p. 27 参照。

熱を語ってきましたが、それはこのことが、私にとってきわめて重要な出来事だったことを証明しているのです。このことはまた、一九三九年には教授たちもまた、哲学の本質という問題を考えていたことを示しています。

J・C　その年には戦争が起ころうとしていました。生活はどんなでしたか。

皆が「奇妙な戦争」と言っていた時期が過ぎると、一九四〇年五月に大規模な攻撃がありました。フランスの住民はみな疎開しなければならなかった。高等神学校はヴァンデ県のリュソンに避難しました。このことは、ヴァンデ県の聖職者たちが信じられないほど反動的な気質をもっていることを発見する契機になった。リュソンのカテドラルでの日曜日の大ミサの間、人々は共和国のための祈禱歌「神よ、共和国を守り給え」（当時はラテン語で *Domine salvam fac rempublicam*）を歌うことはありませんでした。ミサの間私はパイプオルガンを弾く役目だったので、そのときがきて私が最初の数音を弾き、同級生たちがこの歌、革命的ともいえるこの歌を歌い始めると、大騒ぎになったのです。リュソン神学校の教師が、一九四六年六月の休戦協定とペタン政権の樹立を私たちに報告したときの、彼の言葉もまた思い出されます。「ついにわれわれは〈国民教育〉のためのカトリック首相を得たのです！」何百万ものフランス人が路頭に迷い、何百何千という兵士が捕虜となり、フランスは敗北し辱められているそのとき、人が見つけた言葉がこれだけだったとは！

その後やがて私は、ラ・ロシェル近郊に避難していた両親のもとに帰りました。私たちは十月までクロワ・シャポー村に留まり、その間にランスに帰ることができました。そして再び高等神学校に出合えたのです。

J・C 占領下の時代ずっとそこにおられたのですか。

いいえ、一九四〇年から四二年までです。われわれの象牙の塔の中では、生活は依然として同じように続いていました。ただ一つの問題は食生活でしたが、その役目を担っていた神父さんたちは、こっそりと肉やジャガイモをもってくるのが上手で、また農家の人たちはとても寛大だった。ある日ドイツ人飛行士が、すぐ近くのリセの上空で、愛人に褒めてもらおうとアクロバット飛行をやってみせたのですが、高等神学校のチャペルの上に墜落してしまった。ただ幸運にも、すぐ近くでわれわれが食事をしていた食堂は無事だった！　ドイツ兵たちは駆けつけて神学校に入ってきました。羊肉や仔牛肉を教室に隠す時間もほとんどないままに、彼らはたっぷりと食欲を満たしたというわけです。

こうして飢えからは免れていたので、私たちは神秘主義作家の書物などを読むことができたのです。私がとくに興味をもったのは、ブレモン神父の『宗教的感情の文学史』でした。とくに十字架のヨハネと彼のすばらしい詩がありました。それからアヴィラのテレジアとリジューのテレーズ。そこで私は神秘的な合一への強い欲望を感じたものです。神と直接に接するという観念が私を魅了していました。以来、私は次のような問いを抱くようになった。「人間が神を〈絶対者〉と考えるなら、相対的なものと〈絶対者〉とはどのようにして接することができるのか、ましてや一致することなどができるのか」。私たちが読んでいた神秘主義の書物においては、良心の指導者が大きな役割を演じていました。彼は生徒たちに、浄化の道、啓示の道、合一の道を説いていました。新プラトン主義から受け継いだ三つの段階です。そのとき私は、自分の良心の指導者たちがこの問題にあまり関心をもっていない様子であることにとても失望して、別の指導者のもとに行きさえしました。新しい指導者はこの問題についてもう少し関心をもってくれるかと自分で想像したのですが、彼らはみなとても控え目でした。

J・C　神秘主義に対する教会の留保は、かなり体系的なものだと思われましたか。キリスト教徒であれほど偉大な神秘主義者がいても、神秘主義はある種の警戒心をもって見られていましたね。現代と同じように人はそれを奨励などしなかった。亡霊とか奇跡とかがあっても、教会はできるだけそれに関わらないようにしていましたね。

そこには歴史的な問題があるのかと思います。十六世紀と十七世紀、十字架のヨハネと次いでフェヌロンの時代には、神秘的現象と、新プラトン主義から受け継がれた古典的な道程、つまり浄化の道、啓示の道、合一の道に、はるかに大きな重要性が与えられていたようにみえます。考え方が変わったのですが、その理由は分かりません。いずれにせよ、神秘体験に達することなどは奨励されていませんでした。根本的に、それは例外的な現象に関することだと考えられていたからです。大切なことはそれぞれの義務を果たすことなのです。ともかくキリスト教的な神秘経験は神の恩寵であって、人間の力だけでは達しえないものなので、神がその恩寵をご自身の喜びに応じて与えてくださるものだと人は考えたのです。

いずれにせよ、私はキリスト教的意味における神秘体験をしたことはありません。それは何も不思議なことではないのです。でも非常に感傷的な敬虔心は持っていました。聖週間の間、私はキリストの苦しみに激しく共感し続け、聖土曜日と復活祭の日曜日には、真の解放感を抱いたものです。木曜日と聖金曜日には、私たちは夜通し交代で祈りを続け、私もキリストの苦しみを分け持とうとしました。ちょうどパスカルの書物のなかで、キリストは世の終わりまで苦しみ続けるだろう、そのときまで彼は眠ることはないだろうという言葉を読んだところだったのです。

J・C　あなたが神学教育から受けたもので、今なおどのようなものが残っているのでしょうか。

その頃私が始めた神学の勉強は、ある部分がまるごと聖書の注解に充てられていました。聖書注解の先生はまさに慎重さそのものという人物だった。でもそこには、特に新約聖書ですが旧約の注解の中にも、この霊感の書には多くの人間的な部分があるのがかいま見られました。ジャン・ギトンのすばらしい著作『プージェ氏の肖像』を読んだのはその頃です。それは稀に見る人柄であったと思われる盲目のラザリスト会士の生涯と思想を書いたものでした。プージェ氏の先輩教師たちは、彼が聖書注解の授業をするのを禁止した。聖書研究において、彼が批判的で歴史的、いわば科学的な方法を用いているから、というのです。すると彼は、この研究では聖書の記者たちに影響を与えた集合的な精神性を考慮に入れなければならない、と言った。このことは私にとって、生涯の大部分を捧げたテクスト解釈の仕事を形作る最初の一段階となったのです。

神学校の校長は、私がまだ若いという理由で（私は二十一歳で司祭に叙階されることになったかもしれない）、一九四一年から四二年にかけての一年間、神学の勉強を中断して初等神学校の学監を務めるよう決めていました。同時に私は哲学の学士号のための準備を始めなければならなかった（と言っても授業に出席するためにパリに行くことはできませんでしたが）。昼間は「高等」の勉強に気を配り、夜は「初等」の宿舎の監督をして、私はその年、一九四二年の六月と七月に、古典文学研究の資格証書を取り（そのための課題図書としてバルザックの全作品、〈円卓の騎士〉の物語、そしてシェニエの諸作品を読まねばならなかった）、さらに哲学史の免状を取りました（小論文はデカルトとカントにおけるコギトについてと、セネカのあるテクストについてのラテン語文注釈）。四二年の十月には高等神学校に戻り、四三年までの学年をそこで過ごしました。しかしその年に強制勤労奉仕令（ＳＴＯ）が発令され、健康診断ののち、ドイツでの勤務に配属されたのです。四三年の七月には出発しなければならなかった。何人もが同じ状況にあり、私たちがあまり馬鹿者に見えないようにするために、上層部が一回だけの緊急な授業をしなければならなくなった。それは性生活の現実への導入というもので、それは通常は助祭（ディアコナルと呼ばれた）たち向けのものだったのですが。私がまったく知らなかった世界がその晩目の前に開かれて、私はすっかり仰天してしまった。

ヴェルサイユの高等神学校の教師をしていたほうの兄が、フランスでSTOに従事する許可を得る手段を知っていました。それは高等専門学校（サントラルその他のグランゼコール）に割り当てられていました。ドイツ行きを免除された者は、公的には金属の専門家でした。フランスの工業に欠かせない人々だったからです。私は行政手続きをするためにパリに来て、細かいことは覚えていませんが、結果としてSNCF（フランス国有鉄道）に配属され、ローヌ＝プーランの工場にほど近いヴィトリ＝シュル＝セーヌの車両修理工場で働くことになった。工場は当時町中を強烈な塩素の臭いで満たしていて、臭いはその後も長いあいだなくならないのです。歓迎会のときに私はあまりにナイーヴな意見を述べて、金属の専門家もどきたち全員を笑わせてしまったので、工場長は私を、車両の取り壊しをする一番ひどい作業場に配属しました。私たちは機械の下でひどく重いいろいろな部品を取り外しながら、頭を泥まみれにして働いたものです。できる限りのことはやったのですが、私はチームの厄介者で、私のヘマがチームの作業能率の報奨金を減らしてしまった。作業員は私を咎めませんでした。同時に私は仕上げ工の免許をとるための徒弟にされ、免許はもらいましたが、鋸で歪みを切り取ってはハンマーで部分品をつなぎ合わせなければならなかった。

J・C　肉体労働をした哲学者はあなたが初めてではありません。クレアンテスは確か荷担ぎ人夫でしたね。でも仕上げ工とは！　なんて象徴的でしょう。

そのとき私は少なくとも一つの大事なことを学びました。それまで私は、文学にしろ哲学にしろ神学にしろ小論文のなかで、金属ではなく観念をつなぎ合わせていました。その場合人は、いつも何らかのやり方で切り抜けられたのです。概念というものは容易に柔軟性を発揮してくれます。しかし物質では、ことは深刻になります。遊びはなく、およそというものはなく、多かれ少なかれ作為による調整というものもありません。これは精神的作業には厳密さがない、という意味ではありません。でも厳密さは非常に稀で、自分自身にも他人にも錯覚を起こさせるのはたやすいのです。

J・C　それではランスと聖職界から離れてパリにおられたのですね。

毎晩死ぬほど疲れていたが、朝は五時ごろに起きてロモン通りのサン＝テスプリ教会の六時のミサに行っていました。それから列車でヴィトリに行くのです。日曜にも早く起きて、兄がいるヴェルサイユ高等神学校で一日を過ごしたものです。できるだけ教会の法衣の中に避難しようとしていました。

九月に私は別の工場に移されました。今度はマッセナ駅で車両の蛇腹式連結部の修理で、それは以前よりも楽だった。十月にはまた変化がありました。レジスタンス活動のせいで列車がしばしば脱線を起こしたのです。それを持ち上げて戻すためのすごい力をもった起重機があり、ヨーロッパ一番とも言えるものでしたが、それもマッセナ駅に置かれていたのです。それがレジスタンス活動家にとって破壊の目標になりうるのは明らかだった。ドイツ兵は昼夜その見張りを要求しました。見張りはずっと起重機のそばにいて、もし壊されたら起重機と一緒に吹っ飛ぶことになる。結局私が人質になり、機関車を持ち上げるために起重機が労働者に付き添われて動き出すときは、一緒に行かなければならなかった。それも原則としてその中にいなければならないのです。一度は移動の間、しかも夜に、この機械の大音響と震動の中にこうして入っていることを現場監督から命じられました。でもそれ以外の移動はけっこう快適だったものです。数日かかる移動のとき私たちは貨車で眠り、料理もしましたよ。たとえばフライドポテト。これはあの食糧難の時期にはたいへん珍しいご馳走でした。

この人質状態には利点もありました。時おり、監視されていないときには読書もできた。プラトンの『パイドロス』に初めて出会ったのもこのときだったのを思い出します。夜間勤務のときは日中はパリの図書館、たとえばギメ東洋美術館の図書館に行くこともできました。そしてヒンドゥーの神秘主義に興味を引かれたものです。

その年の終わり頃になると、やはりドイツに行かなければならないことが、ついに明らかになった。例外は認められません。このときもまたヴェルサイユの高等神学校が間に入ってくれました。細かいことは覚えていませんが労働視察官のもとに呼び出され——のちに分かったことは彼がレジスタンス活動家の一人だったということです——彼は私に健康診断を受けさせました。医師は私の心臓に不整音を見つけましたが、それは事実でした。これが私に一生つきまとうことになった、心臓の問題の最初の発見だったのです。こうして私の勤労証書には「高等神学校に配属」という言葉が書かれました。

私が経験したばかりのこと、そして幾人もの神学校生徒たちが経たこうした経験こそ、あの時代に聖職労働者たちの運動の発展を引き起こした原因の一つだったのではないかと思います。彼らは労働者の世界と聖職者の世界との間に、ほとんど超えがたい溝があるのを実感することができたのです。聖職者の世界は偏見とブルジョワ階級の価値観に、あまりにも強く結びついていました。

J・C　神学校での最終学年の一九四四年はヴェルサイユで過ごされたのですか。

はい、それはその秋に、すっかりアメリカ兵に占拠されたランスの神学校で私が司祭として叙階されたときまで続きました。そのときは二十二歳で、通常ではローマから年齢不足に対する特別免除を受けなければならなかったのですが、ローマと通信することは不可能でした。そんなに早く叙階されたのは、一九四四年から四五年にかけてランスの高等神学校では哲学の教授が必要だったからです。

J・C　叙階式に行くのに躊躇いや不安はありませんでしたか。

このことは私の子供時代と少年時代を背景に考えなければならないのです。前にも話しましたように、私の母は三人の息子を聖職者にすることを望んでいました。それとは別のことができるなんて、思ってもみなかった。父はそうではなかったですが、母の圧力がありました。高等神学校時代、自分は——教師になるのはいいとしても——教区の神父になるために生まれたのではない、と悩んでいたのです。つまり私は、教区の子供たちの世話をしたり教理問答をするには、理知的すぎたのです。それでむしろドミニコ会の修道士になろうか、それとも十字架の聖ヨハネのカルメル会にしようか、などと一人で考えていました。イエズス会は考えていなかった。パスカルの『プロヴァンシャル』にある言葉、「イエズス会士のごときものはいない！」という暗いイメージをもっていたからです。しかしそのことを母に語ったとき、母は叫びました、「それは絶対になりません。そんな具合なら、お父様は死んでしまいますよ」（父は私には盲目的なほどの愛情を注いでいました）。実際のところ、母は私たちを絶対的に自分の意のままにしたかったのです。私が修道院に籠ってしまい、母に会いに来られなくなるのを認めることはできなかったのです。

こうして私の将来は、本当に幼い子供時代から計画されていました。他のことは想像できなかった。聖職者の世界以外はすべて異世界のことで、ＳＴＯでの六ヶ月も、魅惑的な日の光のもとに「世界」を見せてはくれなかった。しかしそれに劣らず非常に困惑したのは、反近代主義的な宣誓をさせられたことです。この形式的儀礼のことは前もって知らされてはおらず、私は一行ごとにうんざりするような文を読まされました。この宣誓式のことは、今ではもう話題にもならないと思います。それは一九一〇年九月一日にピウス十世の指示のもとに制定されていました。なかでも伝道者たちや教父たちによって伝えられた信仰箇条は、その起源以来絶対に変えてはならず、教理を進化させるなどという考えは異端であることを宣誓しなければならなかった。また聖書や教父たちの書の純粋に科学的な注解などは許されないし、この領域では判断の自由は禁じられていたと言わなければなりません。この〔宣誓の〕時の予期せざる状況のなかで私はひどく困惑しましたが、結局私は「そのうちに分かるだろう」と自分に言い聞かせたのです。その姿勢は、いま老年の目で見れば、憐れみと同時に災難を招き、多くの悲劇を生み出すものだと分かります。結局は、反近代主義的宣誓のときに感じた疑念を除けば、私は躊躇いを感じず、私の務めが意味していたものを考えずにいました。原因が分からないまま決定したのです。人生の現実は少しずつしか見えてこなかったのです。

J・C　それでは一九四四年の秋に新人の司祭になり、資格取得の前に哲学の教師になられたのですね。教師と学生という二重の生活をどのように過ごされたのですか。

一九四四年から四五年にかけての学年は哲学を教えて過ごしました。高等神学校だけでなく、聖職者が管理する女子寄宿学校（彼女たちの何人かは私よりほんの少し若いくらい）でも教えました。そこの教室の後部席では修道女が、私の発言が正統か、節操あるものかを監視していました。フランスの大司教はその学年の終わりに、学位を取得するようにと私をパリに送りだしてくれました。私はカトリック学院とソルボンヌの両方で授業を受けることになり、こうして四五年の十月にパリに着いたのです。宿舎はカセット通りにあり、カトリック学院で学ぶ神父たちのためのものでした。この宿舎はカルメル会の神学校とつながってカトリック学院に面しており、そこでは今も、大革命時の九月の大虐殺が行なわれた門を見ることができます。

カトリック学院では特に、極トマス派のラルマン神父の授業に出ていました。それからカントについて造詣の深いヴェルノー、そしてプラトンの専門家シムテールです。ソルボンヌではポワリエ(5)が現代論理学を教えていました（カトリック学院では形式論理学、つまり結局はスコラ主義的な論理学の手ほどきを受けていました）。私は現代論理学の資格をとる星のもとには生まれていなかった。ポワリエ氏は論理学以外のことは何でも話し、論理学の話をしてくれるときにもそれは教育法を無視したものでした。このことは一九四六年の二月に、ＳＴＯのレジスタンス活動家と対独協力拒否者たちのために用意された特別セッションで、私が論理学の免状をとることの妨げにはならなかった。ところで一九四三年の末にヴェルサイユの労働監視官を訪ねた折に、私は頼んでもいない一枚の紙を受け取っていたのですが、それは強制労働のときの対独協力拒否者としての権利を証明するものだった。この書類はパリのヴ

（5）René Poirier（1900–1995）学院の会員（一九五六年）で、一九三七年にソルボンヌの教授に選出され、三九年から四五年まではブラジルに派遣、四五年以後はソルボンヌに戻る。重要な二書、*Remarques sur la probabilité des inductions*（1931）、*Essai sur quelques caractères des notions d'espace et de temps*（1932）の著者。全体としては彼の研究は認識論に関するもので、彼は「知的人類学」の定義を試みていた。非凡な明敏さをもった人物で、授業では、私がまったく理解できなかった論理学と同時に、たとえば嫉妬心とか信頼心などの微妙な心理学的な分析も聞かせてくれた。

ェルニオー通り一四のレジスタンス活動協会「ネグリエ」による保証付でした。これは明らかに完全な嘘なのです。この頼みもしない偽書を使ったのは生涯でただ一度、さっさと簡単に論理の試験に合格するためだけだった。簡単にというのは、私はなぜだか知りませんが、ある人々がポワリエの対独協力を非難した（授業中にビラが回された）ので、ポワリエは授業内容を形式論理のみに限る、と決めていたからです。このときの弱さから、私は自己形成における重大な欠陥による罰を受けました。以来その欠陥を埋めようとしたが、それもとても不完全なやり方でした。

倫理学のコースを担当したアルベール・バイエ[6]もいました。彼はちょっと人を小馬鹿にしたような話し方をする人で、進歩を大いに信じ、やがて人は月にまで行くだろうと予言していました。ルネ・ル・センヌ[7]の授業はすばらしいもので、それは序論、展開、そして結論と論文のように書き整えられていました。ほかにも彼の『一般道徳論』から多くを学んでいます。ジョルジュ・ダヴィ[8]からは社会学を学び、レイモン・バイエ[9]からは美学を、芸術作品のスライド投映を見ながら学んだのです。時間割の都合で、ハイデガーに関するジャン・ヴァール[10]の講義を聞けなかったのは残念でした。

一九四五年から四六年は戦後の熱狂と実存主義への関心で知的活動がひときわ強まった年でした。私はカトリック学院とソルボンヌという二つの学校に通ってそれぞれに相応する二つの学位をとったばかりでなく、たくさんの講演会を聞きに行きました。特にアンリ＝イレネー・マルー、ベルジャーエフ[11]、

（6） Albert Bayet は *Histoire de la morale en France*（1930–1931）, *L'Idée de bien*（1908）, *La Science des faits moraux*

（1925）の著者。市民的道徳論の第一人者で、道徳の科学（道徳的諸事実の科学）と科学の道徳（科学に基づいた道徳）との間を往復していた。

（7）René Le Senne（1888–1954）　ソルボンヌの教授。主著に *Traité de morale générale*（1942）, *Traité de caractérologie*（1946）, *Obstacle et valeur*（s.d.）がある。彼の思想は生気論と観念論の伝統に属する。彼の教えからはとくに「義務の葛藤」を記憶している。

（8）Georges Davy　デュルケム派の社会学者。彼はその著 *La Foi jurée*（1922）のなかで、契約関係の成立の説明に、先住民のポトラッチ（等しい価値の贈与をするよう仕向ける贈与）という習慣の重要性を強調していた。この言葉が生徒たちを面白がらせたものである。

（9）Raymond Bayer　妻はエミール・ブレイエの息女で、彼女は夫がアメリカで脳卒中による麻痺を起こしたのち、彼の生徒たち（私も含めて）を心を込めて世話してくれた。彼には特に重要な二冊の著書 *Traité d'esthétique* と *Esthétique de la grâce* がある。

（10）Jean Wahl（1888–1974）　一九三六年にソルボンヌの教授となるが、ユダヤ人迫害によって四二年にアメリカに亡命。四五年にはソルボンヌに復帰し、『形而上学・道徳雑誌』*Revue de Métaphysique et de Morale* の編集責任者となって「哲学コレージュ」を創設する。主要著書には *Le Rôle de l'idée d'instant dans la philosophie de Descartes*, *La Philosophie pluraliste d'Angleterre et d'Amérique*, *Étude sur le Parménide de Platon*, *La Malheur de la conscience dans la philosophie de Hegel*（1930）, *Études kierkegaardiennes*, *Traité de métaphysique* がある。アングロ・サクソンの哲学およびハイデガーの思想のフランスへの紹介に貢献した。

（11）Nikolai Berdyaev（1874–1948）　キエフに生まれる。一九一七年の革命後、革命に敵対的ではなかった彼は、そこに「精神的文化」を維持しようと試みた。作家協会の副会長であった彼は一九二〇年にモスクワ大学の教授になるが、二二年に追放され、ドイツに渡って『新しい中世』を執筆。二四年にはフランスのクラマールに居を定めて、アルベール・カミュの講演です。毎週金曜日の晩にはガブリエル・マルセルを中心に集まったサークルに出席しました。マルセルの作品は高等神学校で何冊か読んでいましたし、彼の戯曲『壊れた世界』さえ読んで、そこから多くを学んでいました。どのような紹介を通してかは分からないのですが、金曜日の午後遅い時間に彼が司会したディスカッションへの参加を認められ、一年間通いました。しかし近くで見た彼の人となりと、彼を取り巻く人々のわざとらしい饒舌にはうんざりしたものです。

J・C　初めて実存主義を知ったのはキリスト教的実存主義を通してですか。

私はトマス主義と実存主義とを融和させようと努力したのです。そしてジャック・マリタンの例を見習おうとしました。彼は『存在についての七つの講義』のなかで、形而上学的対象としての存在の感覚をもつためには、思弁は不十分である、生き生きと深く物事を感じなければならない」と言っていました。私はまた特にエチエンヌ・ジルソンの手本に見習おうとしました。ジルソンはトマス・アクイナスの教説に、瞬間の哲学の色調を色濃く持った解釈を提案していたのです。ジルソンの観点からは、真の実存主義は「本質」と「存在」というトマス的弁別のうちにありました。彼はまたサルトルとメルロ＝ポンティに賛意を表していました。「長い間待って初めて、哲学は真剣な問題を語ろうと決断している」。そして彼はこれに関して、存在全体というある種の経験、「身体そのものが致命的に関わっている」経験に言及しています。彼にとって哲学とは身をもって知ることであり、ある体系を構築したり作り出したりすることではなかった。それで私はトマス主義で始めたことを後悔していないのです。少なくともそれは、「形式的に〔きっぱりと〕」語ろうと努めた哲学であって、近代哲学の不明瞭さにはつねに不満を感じていたからです。

それから、イエズス会士でプロティノス著作の編集者だったポール・アンリ神父[12]と出会いました。このことが、カトリック学院とソルボンヌに提出する論文のテーマを選ぶのに大変重要な契機となったのですが、それよりもまず私の学問の方法と全体的な方向づけ、そしておそらく私の精神的成長にまで大きな影響を与えたのです。

そこには、ある修道女との関わりもありました。彼女もまたカトリック学院の学位のための準備をしていて、彼女とはよく会っていたのです。私はプラトニックな、でも情熱的な愛を彼女に抱いていました。アンリ神父はそれを見て取り、会うことを禁じましたが、私たちは文通を続け、友人であり続けたのです。

最も重要な著書を執筆する。*Essai d'autographie spirituelle*（1938）およびヤーコプ・ベーメの *Mysterium magnum* の翻訳。神秘主義的であると同時に革命的な彼の著書は精神の自由の擁護である。

（12） Paul Henry　国籍はベルギー。カトリック学院の神学教授で、H・R・シュヴァイツァーとの共著にプロティノス『エネアデス』のみごとな編訳がある。啓蒙的な神学を教え、テイヤール・ド・シャルダンの作品に共感を表している。著書 *Plotin et l'Occident*（1934）においてラテン世界におけるプロティノスの影響を明らかにしている。

J・C　ポール・アンリ氏はあなたの希望に本当には添わないような論題を提案し、印刷されて広く出回る保証もなく一般社会の関心にも支えられないような進路を提案なさった、ということでしょうか。

実際のところ私は、ジャン・ヴァールの指導のもとでリルケとハイデガーについての論文を書くか、それとも公式にはレイモン・バイエのもと、実際にはポール・アンリのもとで、四世紀のキリスト教新プラトン主義者マリウス・ウィクトリーヌスという謎めいた思想家、秘密をなかなか明かしてくれない学者についての論文にするか、迷っていたのです。そして最終的にはウィクトリーヌスに決めました。少年時代から私はあらゆる形における神秘主義に強い関心を抱いていて、それは神という、言葉にならない経験への道を開いてくれるはずだと思われたのです。十字架の聖ヨハネ、そしてまたプロティノスが、私の愛読書の一部でした。それで大学での研究と神秘主義への関心を結びつけようと考えたのです。ポール・アンリ神父に会いに行ったとき、プロティノスの研究を提案してくれると期待していたのですが、意外なことに彼はラテンの難解な著者マリウス・ウィクトリーヌスの研究を勧めたのです。それはこのほとんど理解不可能とされていた書き手のラテン語の中に、プロティノスからの翻訳の断片が見つかるのではないか、との期待からでした。こうして私は二十年以上もこの著者と付き合うことになり、それが博士論文になったのです。彼には神秘主義もプロティノスも見つからなかったが、プロティノスの弟子ポルフュリオスの痕跡が見出されるように思われました。

ランスの大司教は、この研究を始めるために一年の追加（一九四六—四七年）を許可してくれました。ところがその学年が始まるや否や、私は急に呼び出された。シャルルヴィルのコレージュ・サン＝レミで哲学を教えていた神父が若い女性を連れて学校を去り、その代わりを探さなければならない、ということなのです。それで私は寒いアルデンヌ県の男子中等学校と女子寄宿学校で教えることになった。町の図書館にはプロクロスとダマスキオスの十九世紀の古い翻訳があって、それは論文作成のために役立ちました。昼休みの間にこの二人の新プラトン主義者をムーズ川の畔でオリュンポスの頂きに乗った気分で読んだことをいつも思い出します。

翌年（一九四七—四八年）、論文に真剣に取り組むためにはパリに行くことが必須だと感じ、毎週列車に乗ってパリとシャルルヴィルの間を往復した。パリではアントニーに宿泊し、交通費と宿泊費を払うために女子寄宿舎で教えました。しかしこの体制は長くは続かず、教職はみな中止しなければならなかった。疲れ切ってしまったのです。ヴォージュとスイスで休暇を取ったあと、その年と翌年はサン＝ジェルマン＝アン＝レーで、修道女たちが看護を引き受けてくれる町の病院で過ごすことになってしまった。高等研究実習院の第五セクションでアンリ＝シャルル・ピュエシュ[13]の、そして第四セクションではピ

（13） Henri-Charles Puech（1902–1986） 高等研究実習院（宗教学部門）の研究主任、次いでコレージュ・ド・フランスの宗教史の正教授（1952–1972）となる。グノーシス主義とマニ教の専門家でナグ＝ハマディで発見されたグノーシス派のテクストの編訳者。

エール・クールセル[14]の講義に出席し始めたのが、一九四九年から五〇年にかけての学年でした。同じく四九年にレイモン・バイエが私に国立科学研究センター（ＣＮＲＳ）への入学を許可し、そこでやはりヴィクトリーヌスの研究で博士論文を書く準備をすると同時に、彼が指導していた中世の哲学用語のファイルを作る仕事をすることを認めてくれました。同じ年に私はカトリック学院に論文を提出しましたが、それはマリウス・ヴィクトリーヌスにおける自己原因（カウサ・スイ）としての神に関するものでした。論文の指導主任はカディウ神父[15]という大変不思議な人物だった。審査員にはポール・アンリと、それにドミニク・デュバルルもいたと思います。論文口述は極めてトマス的な論題を、ただし実存主義的な精神から論じたものでした。つまり本質（エッサンス）と実存（エグジスタンス）の真の区別ということです。その口頭審査にはアンリ＝シャルル・ピュエシュとピエール・クールセルも列席していました。ヴィクトリーヌスに関する同じ研究は、レイモン・バイエの指導のもとでソルボンヌに提出した高等教育免状にも役立ちました。ピュエシュはまたヴィクトリーヌス論を、高等研究実習院の免状取得のために提出するようにと私に勧めた。評定官はアレクサンドル・コイレでした。このとき提出したのはヴィクトリーヌスのキリスト教著作の翻訳です。私は一九五〇年から六〇年までその仕事を続けた。それは一九六〇年に〈キリスト教の源泉〉叢書の中に出版されています。

J・C　それでは一九四九年から五〇年は転換期だったのですね。カトリック学院への論文提出、高等研究免状の取得、そして特に国立科学研究センターへの就任。中等学校での教職をやめて給料を支給されるようになり、教会への依存も少なくなりました。四九年以降の聖職界との関係はどんなだったのでしょうか。

一九四九年に私はサン＝セヴラン（学生たちの小教区）の司祭から、ソルボンヌにほど近い司祭館に住んでその教区の共同体に参加することを許されました。おかげで二年間、すばらしい環境の中で過ごしたのです。林のように並び立った柱廊があるあの美しい教会は見飽きることがなかった。こうして受

（14） Pierre Courcelle（1912–1980） 高等研究実習院（歴史学と文献学部門）の研究主任を経てコレージュ・ド・フランスのラテン文学の教授（1952–1980）。重要な著書のなかでも *Les Lettres grecques en Occident, de Macrobe à Cassiodore*（1948）, *Recherches sur les* Confessions *de saint Augustin*（1968）, *Les* Confessions *de saint Augustin dans la tradition littéraire*（1963）がある。彼は文献的影響関係の鑑定において、文字通りの引用に依拠する方法をポール・アンリから学んだと言っている。

（15） René Cadiou（1900–1973） カトリック学院の教授でオリゲネスに関する興味深い著書がある。カトリック学院では私の論文をたいへん丹念に指導してくれた。不思議な人物と言ったのは、教会に対する彼の立場はどのようなものなのかと疑問に思ったからである。私が宗教界から離れることを彼に手紙で知らせたとき、彼の返事は次のようなものだった。「私の意見をきみに言うのは複雑なことになるだろう。私の感情も同じ方向に向いているので、私については説明を免除してもらいたい。聖職者の政教条約の法規がすばらしいと思ったことは一度もないし、この見方が東洋の教会、とくに崇拝されているシュアール枢機卿の教義との関連性を見せ始めていることを、実に賛同すべき傾向だと思って見ているのだ」。

け入れてもらった代償として何か奉仕をしなければならないと思い、とくに教区の新聞編集を担当することになった。新聞を作るとはどういうことかをそのとき発見したのですが、それはたいへん興味深い仕事でした。私はいくつかの論説を書き、とくにアルベール・カミュの『反抗的人間』についてのかなり長い解説を書き、そのときカミュから手紙をもらったのですが、残念なことにそれをなくしてしまった。論文のための勉強もしていて、ソルボンヌではヘーゲルと特にハイデガーについてのジャン・イポリットの講義を聴講していました。彼がとくに解説したのは『杣径』の中のヘルダーリンに関する一章「貧しき時代の詩人」だった。難解なテクストを彼が説明するその明快さに、私は感嘆していました。

サン＝セヴランで過ごした数年は、私の人生の決定的な転換期でした。この時期になって初めて、私は教会に対して批判的な態度をとるようになったのです。それにはいくつかの理由がありました。たとえば教区の聖職者の中には、ユダヤ教の法律に則って、二月二日の聖母マリアの清めの祝日を復活させたいと望んでいた助任司祭がいました。この司祭は医者でもあったのですが、彼にとって女性は性的関係と出産ゆえに不純なものとみなされていた。とんでもないことだと思いました。そこには教区のこの現実を見習わなければならない神学生が二人いましたが、彼らは若さの情熱でこうした宗教界の気質に反逆し、これは福音の主旨に適うことではないと考えていた。私も彼らとはしばしば同意見だったと言わなければなりません。彼らはしばしば司祭には不都合とされるような情熱を示しました。とくに日中、いやむしろ夜中に、生活に困った人々、いわばＳＤＦ（ホームレス）の人々が司祭館の階上に寝泊まりしているのを司祭が見つけて、彼らを追い出さなければならなかったときです。神学生たちは、それは福音の精神に沿わないものだとして司祭を咎めました。福音を実践すればわれわれの生き方は完全に逆転していたはずです！

また、のちに音楽学者となったジャン・マッサンがいました。彼は修養会の指導者でしたが、そこにはたくさんの学生が集まり、とくに何人かの高等師範学校（エコール・ノルマル）の学生がいて、マッサンもまた教会への批判を次第に広めていきました。私は司祭からこれらの班に、よりオーソドックスな色調をもたらすべしという義務を課されていた。そこで私はその動きに加わったのですが、私が選んだのは、厳密さを要する歴史的・注解学的方法を用いて聖書解釈の問題に学生を導入するという方法でした。そこでもまた、とくに聖書注解の領域では、マッサンの解釈には根拠があることが分かった。しかし彼の人柄とその饒舌には顔色を失ったものです（私は高等師範（ノルマル）の学生たちが彼の講義に涙していたのを見ました。彼が創世記の簡単な言葉「アブラハムはひれ伏した」〔一七章一七節〕について、二時間とは言わないが一時間はたっぷりとしゃべっているのを聞いたものです）。――そしてまた彼の皮肉屋的精神があり、それもやや大雑把な精神分析から思いついたものでした（「よく教育（エデュケ）された」を「よくエディプス化された」などといったものです）。

そこにひどいショックが加わりました。一九五〇年八月十二日の回勅フマニ・ゲネリス[*3]です。私を教会に留めていたものすべてが罰せられました。テイヤール・ド・シャルダンの進化思想や教会合同運動（エキュメニズム）などです（私はいつもプロテスタントの『改革（レフォルム）』誌を興味をもって読んでいました）。さらに一九五〇年十一月一日の聖母マリア被昇天のドグマ宣言が、私の失望に輪をかけました。ピウス九世以来の婚姻の神学と無原罪の御やどりというドグマは、キリスト教の本質そのものからの逸脱だと思われたのです。何ゆえにマリアから人間の条件を剝奪するのか。このようなことに加えて、感情的な問題もありました。私は一九四九年以来、十年以上私の妻として暮らすこととなった人を愛していましたが、同僚たちの多くがしていたような二重の生活をする資格はないと考えていました。こうしたさまざまな要素が重なった結果、一九五二年の六月、私はサン＝セヴランと教会を去る決心をしたのです。そして五三年八月に結婚しました。相手となる人を知っていた周囲の人たちが、どの点から考えても釣り合いが取れない相手だと警告していたにもかかわらず結婚したのです（結局それは十一年後に、離婚で終わることになりましたが）。

J・C　それはお母様にとってはひどい失望だったでしょうね。おそらく挫折感だったのではないでしょうか。

ランスに行って母と顔を合わせる勇気はなかったと言わなければなりません。母に手紙を書きましたが、それはまるで殺人を犯すような気持ちだった。心の中は、町に向かって爆弾を落とす飛行士のようでした。これは母にとっては一切の希望の瓦解だったのです。それとともに、私にはもう会えないだろうとも思いました。でも最終的には緊張が和らいで、私は折々にランスを訪ねるようになりました。

J・C　あなたの決心のうちにあった、引き裂かれるようなあらゆる苦しみの他にも、物質的な問題に直面したのではありませんか。

実際には、状況の変化を国立科学研究センターに報告したとき、その結果としてむしろ実質的な給与は上がったのです。研究センターでは、私が記憶するかぎり、聖職者には別に収入があるという原則に発して、研究費の四分の一しか支給されていなかったからです。でも、私の経済的状況がこのことでかなり楽になったとは言えません。まず私はジャン・マッサンが貸してくれた六区のピラミッド通り一四番にある家政婦用の部屋に住みました。一九五二年から五三年にかけて、パリの良きブルジョワジーが雇い人たちに与えていた「安楽」を実感したというわけです。二十ほどの部屋に対してトイレは一つか二つしかなく、暖房設備もなく、夏の暑さはひどかった。ある日友人を昼食に招いたとき、戸棚の上に不安定に並べてあった本が、まだ油が入ったままのフライパンの上に崩れ落ちてきたこともありました……。

結婚の後私はヴィトリ＝シュル＝セーヌに居を移しましたが、そこはローヌ＝プーランから流れてくる塩素の臭いがつねに漂っていた。それは妻の伯母の家でしたが物質的条件においてはとてもひどい所でした。その数年間は実に苦しかった。家庭の問題に加えて、私は絶えず将来への不安を抱いていたのです。当時国立科学研究センターの研究者には、現在彼らが知っているような公務員としての十分な保証はありませんでした。毎年人員交代があり、一時的にしかセンターにとどまることはできなかった。

ある年には委員会が時ならぬ熱意に駆り立てられて、たくさんの研究者を解雇しました。私はモーリス・ド・ガンディヤックが研究員の枠内に留まる許可を得てくれたおかげで、難破と失業を免れたのです。私が教会を去ると彼に話したときに、彼が私に書いてくれたとても理解のある手紙に大変感謝しているのですが、それと同じようにこのときも感謝しました。私がよく出席していたセミナーの教授ピエール＝マクシム・シュール(16)も、私の境遇を心配していました。高等教員資格(アグレガシオン)を取得していないので大学での地位は得られないのではないか。そして司書の資格試験を受けるようにとアドヴァイスしました。一年間その勉強をして、多くのことを学んだ。しかし司書のキャリアには魅力がなく、結局ＣＮＲＳに留まって博士論文のための研究を続けたのです。

Ｊ・Ｃ　結局十歳から三十歳までの二十年間、教会のふところの中におられたことになりますが、その内部をよく知ることになった宗教界について、今はどのようにお考えでしょうか。

まず、私に献身的に教えてくださった多くの先生たちから受けた知的で申し分のない教育に対して感謝しなければなりません。また、ずっと後になって知ったことですが、中等教育も高等教育も、その費用はランスの大司教区から支払われていたのですから、一層感謝しなければなりません。初等神学校そして高等神学校に行っていなければ、両親は私の学費を払うことはできなかったでしょう。

それに、教会との別れが友人たちとの別れとはならなかったことを言いたいのです。友人たちはとても共感を寄せ続けてくれましたし、とくにポール・アンリ、ジャン・ダニエルー、クロード・モンデゼール、そして私の親友ジョルジュ・フォリエです。私がキリスト教信仰から離れたのは、とてもゆっくりとでした。しばらくの間は宗教行事に参加することもありましたが、第二ヴァチカン公会議の後、聖歌がフランス語で朗誦され歌われるようになって以来、それがわざとらしく思われました。原則として、私はこのフランス語訳に反対したわけではないが、でもこのことは何よりも、二十世紀の世界と、キリスト教の典礼の神秘的でステレオタイプ化された式文との間にある大きな隔たりを明かしているように思われたのです。その隔たりは、語られていることを信者たちが理解しないままでいるときには、それほど感じられないものです。アンリ＝シャルル・ピュエシュは私と同じ印象をもっていたと思います。あるとき彼は *Agnus Dei* の翻訳を指して「イエスさま、神の子羊(ムートン)」と言って大笑いしたことがありました。理解できないのはラテン語そのものではなく、何世紀にもわたってラテン語の背後に隠れていた概念とイメージだったのです。

私が知っている一九三〇年から一九五〇年までの宗教界は、現在の宗教界とは明らかに大変異なっていました。その間に第二ヴァチカン公会議があり、そこで二十世紀前半の不幸な経験と、その間に偉大

（16） Pierre-Maxime Schuhl（1902–1984） オーリヤック高校および地方のいくつかの大学で教えた後、一九三九年に動員された。捕虜になってドイツのいくつかのキャンプに収容される。戦後になってソルボンヌの教授に任命された。主著に *Essai sur la formation de la pensée grecque*（1934）, *Machinisme et philosophie*（1938）, *Le Merveilleux, la pensée et l'action*（1952）がある。絵画の才もあった。

な神学者たちによって展開された批判が考慮に入れられたのです。しかも私はリュバック神父、コンガール神父、シェニュ神父ら、宗教会議に大きな役割を演じた神学者たちの書物を熱心に読んだものです。

しかし私にはある種の非難の気持ちもあります。当時の聖職者たちへの主な非難は特にシュルピス会の聖職者たちに対するものであって、それは十七世紀に確立された聖職者の会で、フランスの高等神学校の大部分を支配していました。ランスにせよヴェルサイユにせよ、大部分において彼らは、いまだに創立者ジャン＝ジャック・オリエ神父の時代に生きていたのです。オリエはかなり変わった人物で、彼について興味がある人はミュニエ神父(17)の『日誌』の一頁を読めば分かるでしょう。一つだけ例を挙げれば、ランスでもヴェルサイユでも、私たちは毎日食事の前に集められて、十七世紀のシュルピス会修道士トロンソン氏の内省を読み聴かせられるのです。それはいくらか近代化されていて、四輪馬車などは取り除かれていましたが、その内省に描かれた状況のすべては、実際十七世紀の日常生活のものであって、二十世紀のものではなかった。われわれはその勤行を無礼にも「トロンソナード」と呼んでいました。シュルピス会士の食前酒というわけです。でもこれはほんの滑稽な細部にすぎません。いちばん深刻だったのは、外の世界からまったく隔離されて、個人の自発性、独創性、責任感の自覚がまったく抑圧されている人工的な環境だったことです。われわれは世の中の現実、とくに女性の世界の現実などまったく知りませんでした。私の母にしては驚くべきことでしたが、彼女が、ランスのカテドラルの若く美しいオルガニストのシェヴロ嬢からオルガンのレッスンを受けるようにと私に提案したとき、私は恐れをなして断りました。女性は何か魔性のようなものをもっているという無意識の感覚がそれほど強かったのです。この閉ざされた教育環境の結果、そして私自身、一九四四年に司祭の資格を得たとき、普通の人々の日常生活の生きた現実に直面する準備がまったくできていなかった。自由になり自信をもつようになったのは、ほんの少しずつでした。ブルジョワ階級の教区の上流風の人たちの中では、どうにか司祭の職を勤めるとこができましたが、たとえば大都市郊外の悲しい現実の前ではまったく無力だったのです。

今では状況はずいぶん変わったと思います。それでも悪の真の源はつねに存在していて、それは私に言わせれば超自然主義とでも言えるものです。超自然主義という言葉で私が意味するのは、自分の行動の仕方を変えられるのは何よりも超自然的な方法によるのだという考えで、あらゆる状況に面と向かうのを可能にする恩寵の全能性への盲目的な信頼なのです。ちょうど最近、聖職者の少年愛の話が雑誌やテレビで話題になっていましたが、そういう機会に、超自然主義とはどのようなものかがはっきりと分かる。聴罪司祭と聖職者は、もし誰かがある欲情を抑えられないならば祈ればよい、特に聖母に祈るのだ、そうすれば欲情から解放されるだろう、と考える傾向があまりに頻繁なのです。実のところ、この態度には心理学的理解がまったく欠けていて、今お話しした少年愛の件でも、本当に責任を負うべき人は聴罪司祭であると思う。彼らは問題を抱えた司祭たちに、神の恩寵を信じれば十分だ、祈りによって困難から容易に逃れられるのだと言うからです。また——これは単純な良識に属することですが——、

(17) *Journal de l'abbé Mugnier*, Paris, 1985, p. 378.

こうした司祭たちに、子どもたちから遠ざける任務を与えるべき司教にも責任があります。以前私は、自分の弱点を意識した聖職者が、危険にさらされる場所から遠ざけてくださいと頼んでいるのを見ました。そして司教やより高位の者は彼にこう答えたのです。「神があなたをそこに置かれたのなら、それはあなたの困難を克服するという恩寵を与えてくださったということだ。祈りさえすればすべては良くなるだろう」。

実際、トマス派の神学では、そしておそらくキリスト教神学全体の一般的傾向として、この超自然主義は〈啓示〉と〈贖罪〉以来、自然の道徳は存在しないという観念に基づいているようです。私が持っていたスコラ哲学の手引書では、哲学のすべての分野が扱われていましたが、道徳だけはなかった。神学校の生徒に純粋に自然的な道徳を教えることは不要だ、と明記されていたからです。それは一つには、真の道徳は神学的道徳であり、またもう一つには、自然の道徳を説明しようとすると、生徒たちを自然主義の危険、つまり恩寵なしに徳を実践することができると考える危険に晒すことになるという理由からでした。この傾向にはまた別の面もあります。大切なのは神を信じることであり、罪びとであることは大した問題ではない、と思ってしまうことです。アンリ神父は次のルターの言葉に賛同して、折々に私に聞かせたものです。「罪を犯せ。ただしより強く神を信じよ」(*Pecca fortiter et crede fortius*)。これは実際、グレアム・グリーンの小説『権力と栄光』のテーマになっています。

罪びとであることを告白するのはいいことですが、彼の罪が他者に及ぼす不幸を考えることはもっと大切です。二〇〇〇年十二月六日の『カナール・アンシェネ』〔フランスの週刊風刺新聞〕に書かれていましたが（そう、私も『カナール・アンシェネ』を読むことがあるのです！）、エヴルーの司教ジャック・ダヴィッド師は、少年愛に陥ったある聖職者に、自らを告発するよう勧告しました。「私は過去にも、困難に直面した同僚たち〔つまり司教たち〕に、同じように行動するよう忠告をしたことがあります」と。結構なことです。しかし『カナール』は正当にもこう付け加えました、「困っているのは誰よりも子供たちでしょう」。そこにあるのは結局、実に教会的な反応です。教会の観点からすれば、何より重要なのは困難に陥った司祭、そして彼が困難をもたらした教会なのです。彼らはまずもって犠牲者のことを考えない、犠牲者たちがさらされている危険を即座に取り除かなければならないとは考えない。過去において、そして今もなおしばしば、このような行為を取り巻く黙殺行為の犠牲者になった、かわいそうな子供たちのことが想像されます。もっとも、このような偽善は教会だけのことではありません。同じような状況は軍隊や警察でも負けず劣らずで、それらは身体となった精神を有している。〈国家の道理（レゾン・デタ）〉〈教会の道理〉など、人はいつも立派な道理を持ち出すのです。

この超自然主義の結果の一つは、司祭たちが教会のため、あるいは彼ら自身のために有益であるならば、自然な徳の実践を免除されていると思ってしまうこと。その結果、信心からくる偽証や正義という美徳の歪曲が起こります。たとえば宗教の支配下にある企業の従業員は給料が安い、なぜならば彼らは教会のために奉仕しているのであって、そのために自己犠牲を払わなければならないからです。あるいはまた、私自身が確認したことですが、カトリック学院の図書館でミーニュの『教父著作集』のページが切り取られていたこともありました。それも聖職者の仕業だった可能性が大きいのです……。

この問題に関しては、「アメリカニズム」の古い歴史を思い出すことも無意味ではないでしょう。アメリカニズムとは十九世紀末のアメリカのカトリシズムに特有の、ある種の特徴に見合う動向で、教義や勧行よりも道徳的・社会的な問題に注意を向け、一般信徒の自由と個人的責任を重んじるというものです。アメリカ人の司教アイルランド氏の著書を翻訳し（一八九四年）、またヘッカー神父の『生涯』の翻訳の序文を書いたことで（一八九七年）、それが正しいか否かはともかくアメリカ的カトリシズムの扇動者とみなされてしまったクライン神父は、フランスで一箇の論争を引き起こしたわけですが、それに対して教皇レオ十三世は、ボルティモア司教のギボンズ枢機卿に宛ててアメリカニズムを糾弾する書簡「善意の証人（*Testem benevolentiae*）」を送ることで、一八九九年に終止符を打つことができたと考えました。その書簡によると、「アメリカニスト」は、特に分派の人々を惹きつけるため、教義のいくつかの要素を二義的なものとして日陰に置くか弱めるかするのにやぶさかでない人々であって、また信徒と教会の権威者との結びつきを緩める必要を支持し、そうすることで一般信徒の考え方の自由を守り、彼らが聖霊による霊感に従うことをより自由にするのだ、というわけです。教会では聖職者の支配と一般信徒の自主性との対立は、たとえばルーディ・インバッハの『ダンテ、哲学と世俗の人々』に見られるように、つねに教会における問題であったことを思い出してほしい。要するに「アメリカニスト」は、自然で能動的な徳のほうが、超自然的で受動的な徳よりも現代にはふさわしい、と考えたのです。「自然主義」に対するローマ・カトリック的な不信感は、百年後の今日もまだ残っています。そして聖職者たちが自然の道徳をいまなお、あまりにも軽視しているように私には思われるのです。

J・C　叙階されたときにあなたに課せられた反近代的な説教のことや、聖職労働者たちの運動のことにも簡単に言及しておられましたね。この二つの事柄についての教会の態度はどのように感じられましたか。

ローマ・カトリックが行なった譴責については今お話ししましたが、あのような糾弾の乱暴さは悲しむべきことだと思います。それは特に十九世紀の終わりと二十世紀の初めに、モダニズムとともに起こりました。ロワジー氏〔一八五七―一九四〇〕が、モダニズムの咎で教皇から破門を裁定されたのです。たとえば、コレージュ・ド・フランス教授であった彼は、教皇庁任命の司教の宗教的埋葬式に出席を許されなかった。彼が出席するだけで、祭式執行者は宗教儀式を邪魔されることになるから、という理由なのです。第二次大戦後ではピウス十二世の在位期間〔一九三九―五八〕、聖職労働者は有罪とされました。このことに関して思い出すのは、フランソワ・ルプリユール[18]のまったくもって注目すべき著書『ローマが断罪するとき――ドミニコ会修道士と聖職労働者』です。それは聖職労働者との結びつきがあるドミニコ会修道士が、いかに「自然権を侵害する」やり方によって有罪にされたかを示しています。多くの者が、なぜこのようなことになるのかも分からないままに処罰されました（教職の禁止、そして時には

(18) François Leprieur, *Quand Rome condamne: dominicains et prêtres ouvriers*. Éditions du Cerf, 1989. Yves Congar, *Journal d'un théologien, 1946–1956*, Paris, Éd. du Cerf, 2001 も参照。

追放〕。そして審問のときも、法廷に入った被告はなぜ自分が罪を問われるのか、訴状についても前もって何も知らされず、そして裁判の終わりには、尋問と有罪判決の過程で語られたことすべてについて黙秘することを宣誓させられることも知らされていないのです。フランソワ・ルプリユールはその結論で、ローマの有罪判決がもたらした癒されることのない心の傷について語っています。細かいことのすべてをお話しすることはできませんが、それでもおそらくピウス九世〔在位一八四六―七八〕以来、人々は中央集権的で独断的な体制のもとにあったことを認識しておく必要があります。幸いなことに罪人を処刑すべく世俗の裁判に引き渡しはしないまでも、異端審問の刻印はそのまま残していて、たいていの場合、人格への敬意の深刻な欠如を証しているのです。第二ヴァチカン公会議で、この態度を改善しようという賞賛すべき努力が払われたのですが、福音にかなったとはまったく言えないこのシステムは、残念なことに今日まで適用されているように思われます。驚くべきことに、有名な例をとればガリレオ以来、ローマ・カトリックの神学者たちは、彼らが絶対に不変だと考える一つの真理を自分たちだけが持っていると考え、折あれば人々の意見や方法を厳しく非難する。それも数年のうちには世界中が、ローマ・カトリック神学者も含めて、正しいと認めざるをえなくなるような意見を咎めるのです。これは釈義の領域において最も明白に現れています。

第二章　研究・教育・哲学

ジャニー・カルリエ　一九五三年以降は、国家博士論文の執筆に自由に集中できるようになられたのですか。

アンリ神父と一緒に、マリウス・ウィクトリーヌスの校訂本を作ることから始めました。この共同作業は、私の研究方法にとって決定的な転換点となっています。それまでは私はただの哲学学徒でした。形而上学に関心をもっていて、その上とくにプロティノスの神秘主義に惹かれていました。しかしこの時期以来、文献学者と歴史学者としての訓練を受けたのです。それまでしたことがなかった文献学的研究、原文の考証、手稿の解読、少なくともラテン語の手稿の解読です。この解読に備えるために、古文書研究学院と高等研究実習院の第四部門で授業を受けました。

哲学者たちの多くは、古代のテクスト研究が表すものに注目していません。たとえばマルクス・アウレリウスを翻訳しながら、ある特定のコンテクストのなかであるギリシア語が何を意味しうるかを知るために、一日中調べることもしばしばでした。こうしてポール・アンリとともにマリウス・ウィクトリーヌスの神学著作の編纂をしました。そして私自身では、ミラノのアンブロシウスの『ダヴィデの弁明』、ポルフュリオスのものと考えられる『パルメニデス注解』の断片の編纂をしました。またアフガニスタン国境のアイ・ハヌムで発見されたたいへん興味深い断片――おそらくアリストテレスの失われた対話篇の断片――の校訂にも参加しました。それからマルクス・アウレリウスの『自省録』第一巻の校訂をしたのです。現在ほかの巻の編集も進めているところです。

そのとき私は、歴史的方法というものもまた見出しました。それまで私は哲学のテクストを、アリストテレスでも聖トマスでもあるいはベルクソンでも、それらが時間を超えたもの、単語はどの時代にもつねに同じ意味をもっているかのように取り扱っていました。私が理解したのは、何世紀かを通して思想や心性は進化することを念頭に置かなければならない、ということです。あるとき、アンリ＝イレネー・マルーは次のような献辞を書いた抜き刷りを私に送ってくれました――「歴史家となった哲学者、哲学者となった歴史家に」。文献学という学問は骨の折れるものですが、それはしばしば喜びも与えてくれるのです。たとえば、皆が受け入れているテクストが明らかに間違っていると分かったときや、手稿や文脈や文法によって正しい読み方を再発見するときなど。これはマルクス・アウレリウスやアンブロシウスにおいて私が時々経験したことでした。これは謙虚さを教える点で、哲学者にとって有用な訓練なのです。テクストには問題性があることがしばしばで、それを解釈しようとするときには非常に慎重にならなければいけない。それはまた、それだけで自足した分野と化して、真の哲学的考察の努力を遅らせてしまうという点では危険な訓練であるかもしれない。ポール・アンリ自身にとっても、それは神学の重要な問題を問わずにおくための手段となっていたかもしれない、と思います。

J・C　一般に知られていないマリウス・ウィクトリーヌスとはどのような人ですか。

彼はプロティノスの論考を翻訳したローマの修辞学者で、最終的にはキリスト教に改宗した人です。ニカイア公会議で主張された三位一体における三人格の同一実体性の教義を擁護する論文を残しています。これは謎の多い作品です。彼はプロティノスを引用し、新プラトン主義的形而上学を展開していて、私はそれがプロティノスの弟子であるポルフュリオスを基にしたものと思ったのですが、最近ミシェル・タルデューが、この作品の何節かがまるごとグノーシス派の「ゾストリアノスの啓示」のテクストと一致することを発見しました。このテクストはコプト語訳でしか知られていません。おそらくウィクトーリヌスの文章と、グノーシス派の文章とに共通した典拠があるのでしょうが、それはいったい何だろうか。

私は生涯の二十年間（一九四六年から六八年まで）を、少なくとも部分的にですが、彼を翻訳することとその博士論文を書くことに費やしました。それは結果的には、完全に失われた時間ではなかったのです。この仕事でたくさんのことを学んだ。批評的方法と同時に歴史的方法の観点を学び、また新プラトン主義のほとんど知られていない局面を発見しました。とくに私がポルフュリオスの手によると考える『パルメニデス注解』のすばらしい断片の発見です。しかし結局はこの謎に関わることで、おそらくあまりにも出遅れてしまった。誰かが現れてウィクトリーヌスの典拠の謎を解明してくれることを、いまは望んでいます。

J・C　一九五九年にウィトゲンシュタインについて語っておられますが、これはフランスではあなたが最初の一人でしたね。これはウィクトリーヌスと何か関係があるのでしょうか。

ある意味ではそうです。結局ウィクトリーヌスの研究は、私の哲学への熱をあまり満足させてはくれなかった。とくに一九五八年から一九六〇年の間、いろいろな研究分野を訪ね回りました。ポール・リクールが主導する『エスプリ』誌の哲学研究会、そこではとくにジャン＝ピエール・ファイユに出会いました。イニャス・メイエルソンの比較心理学研究センターにはエミール・プーラの紹介があって行き、そこではとくにジャン＝ピエール・ヴェルナン、マドレーヌ・ビアルドー、そしてエカン博士に会いました。一九六〇年にはイニャス・メイエルソンがロワイヨーモン修道院でペルソナに関する興味深いシンポジウムを開催し、そこに私も参加して、その間になかでもルイ・デュモンと友人になったのですが、彼とは今も友好関係が続いています。ウィトゲンシュタインの『論理哲学論考』とさらに『哲学探究』

を見つけたのは、やはり一九五八年から六〇年のことでした。人々が論理実証主義者と紹介していたこの哲学者が、その作品の終わりの数ページで神秘主義について語っていることに非常に驚いたのです。どうしてこれが可能なのか、理解しようと努めた。こうして一九五九年四月二十九日に、ジャン・ヴァールが主導する哲学コレージュで『論考』についての発表をしたのです。日付を正確に覚えているのはマリー＝アンヌ・レスクーレの著書『エマニュエル・レヴィナス』に、このコレージュでの集会の様子が生き生きと描かれているからです。それはサン＝ジェルマン＝デ＝プレの門の向かい側にある建物で行なわれました。そのころ私はフランスではほとんど知られていなかったウィトゲンシュタインについて、一連の論文を書きました。『論考』の翻訳まで試みたのですが、それはずっと草稿のままにとどまっています。

一九六三年には、アンジェルとユベール・ド・ラドコフスキーからの要望で、「絶対の探究」叢書に『プロティノス——純一なる眼差し』という小著を一カ月で書きましたが、それはその後たびたび再版されています。そのとき私はプロティノスの神秘主義に惹かれていたのですが、それがわれわれの現代世界とはどれほど離れているかを、つくづく感じていました。

一九六八年からは、私はまったく別の方向に出発しました。とくにエラノス学会のために「自然哲学への新プラトン主義の影響」と題する講演を準備するためです。そこで私は自然観の考察の重要性をいっそう深く感じるようになり、以後この領域で三〇年間研究してきたので、たぶん今ならこの研究を一冊の本にして出版できるだろうと思っています。

J・C　一九六四年はいろいろな面で転換の年だったのですね。高等研究実習院の宗教部門の主任になられ、そして奥様に巡り合ったのもその年でした。

実習院の第五部門ではいくらかは知られていたのです。アンリ＝シャルル・ピュエシュの講義に出席して、彼の指導のもとで資格取得論文を提出しました。マリウス・ウィクトリーヌスの作品の翻訳です。アンドレ＝ジャン・フェステュジエールの講義にも出席し、マリヌスによる『プロクロス伝』や、プロクロスによるプラトンの『ティマイオス注解』を、彼が翻訳し解説するのを聞きました。彼を聴講してたくさんのことを学びました。私の資格取得には、何よりもルネ・ロック[1]とポール・ヴィニョー[2]の後ろ盾があったのです。おそらく問題なしにと思いますが、ラテン教父学の教授として選ばれた。マリウス・ウィクトリーヌス研究によってです。

J・C　その同じ年にアルト財団（Fondation Hardt）で、奥様となられるドイツ人女性に会われたのでしょう。

正確に言えば再会したのです。運命というものを信じるなら、彼女との出会いは天の星の定めだったのかもしれない。彼女と初めて会ったのは、実際はケルンでの中世哲学会でのことで、そのとき私は一目で彼女に惚れ込んでしまった。それから本を交換したり文通もしましたが、手紙が一通行方不明になって、それきりになっていたのです。一九六四年の九月に、アルテミス社から出版される予定のウィクトリーヌスのドイツ語訳を、ドイツ人神学者のカール・アンドレセンと一緒に最終チェックするために、ジュネーヴ＝ヴァンドゥーヴルのアルト財団に行ったのですが、私が到着すると、イルゼトラウト・マルテンさんが来ておられるとのこと。そのとき私は新しい人生が開けると分かったのです。私たちは一九六六年にベルリンで結婚しました。

彼女に会ったとき、彼女がベルリン自由大学で博士論文の執筆中だったことはまったく知らなかった。ポール・モローの指導のもと「セネカ、そして古代における精神的導きの伝統」というテーマで、それは哲学を精神的訓練と生のあり方とする、私自身が長い間向けてきた関心に非常に近いものでした。妻は私の思想の展開にとても重要な役割を果たしてくれたのです。

でもそれにもまして、私が今生きていることが彼女のおかげなのです。私はパリの病院の大の常連客

（1） René Roques　アルビ司教区の司教座聖堂参事会員。高等研究実習院の第五部門「中世初期の教義と方法」研究の正教授。彼と知り合ったのは私がパリで勉強していた一九四五年から四六年にかけて、カセット通りの邸宅においてであった。

（2） Paul Vignaux（1904–1987）　一九三四年にエチエンヌ・ジルソンから、第五部門の「中世神学の歴史」研究の正教授の座を引き継ぎ、一九六二年から七二年まで学部長を務める。特に中世末期の唯名論哲学に関心が深かった。キリスト教徒の組合活動の闘士として、フランス民主主義労働同盟（ＣＦＤＴ）の結成に重要な役割を果たす。私は一九六〇年に同盟に加入して彼と協働する機会を得た。

でした。過去二十年の間に四回も大手術を受けました。もし彼女が日夜私のそばにいてくれなかったら……。

J・C　高等研究実習院の第五学部のディレクターとしては、ラテン教父学の教授と呼ばれていらっしゃいますね。その名称を選ばれたのはご自身ですか。

同僚たちは、ポール・モンソーによって有名になったこの研究分野の伝統を守りたいと望んだのです。それに私のマリウス・ウィクトリーヌス研究と彼の作品の翻訳が、私が何よりもまずラテン学者だという印象を与えたのでした。しかし数年後に同僚たちはそのタイトルを変えることを認めてくれて、「ヘレニズム時代のギリシアおよび古代末期における神学と神秘思想」に変わりました。ミラノのアンブロシウスの説教集、それからプレイヤード版のために訳し始めていた世界的名著であるアウグスティヌスの『告白』の講義をしました（その出版計画は取りやめになったが、私がいまも尊敬しているブリス・パランに会う機会になりました）。その後でプロティノスの神秘主義的テクスト、そしてマルクス・アウレリウスおよび古代論理学の講義をした。この最後のテーマには、のちに有名になる何人かの聴講者がいました。高等研究実習院はすばらしい学校で、自由に聴講ができ、ディレクターは自由に論題を選ぶことができたのです。講義はオリジナルな研究の成果でなければならなかった。一九七一年か七二年にはその部門の書記になり、まず学術そして行政の責務を負うことになって、それはかなり重荷になる仕事でした。最初の心臓発作が、不整脈による転倒でしたが、面倒な議論の最中に突発したのです。つまりは過労による事故、というのが心臓専門医の診断でした。

一九六八年、まだ「事件〔五月革命の出来事〕」の跡が残っていたソルボンヌの一校に、ついに国家博士論文を提出します。「ポルフュリオスとウィクトリーヌス」と題して、この謎めいたキリスト教修辞学者の生涯と作品についての研究を付したものです（一九七二年に出版）。審査員にはモーリス・ド・ガンディヤック、アンリ＝イレネー・マルー、ジョゼフ・モロー、ピエール・クールセル、ピエール＝マクシム・シュールがいました。

私は外国でも少しは読まれるようになった。アスコーナでのエラノス会議(3)に招かれたのが一九六八年です。紹介してくれたのは第五部門での同僚アンリ・コルバンで、彼は私が彼と同様にユングの「元型」とか、大天使とか、「想像界」に強い関心をもっていると考えたのです。雰囲気はすばらしく、他の招待者たちも非常に友好的でしたが、私はそこの主流をなす正統派の信奉者ではなかった。私は西洋

(3)　現在も続いているエラノス会議は、カール・グスタフ・ユングを中心としてスイスのアスコーナの美しいマッジョーレ湖畔に創設された。最初の会議は一九三三年「東洋と西洋におけるヨガと黙想」という題目のもとに開催された。これらの会議に招待された学者は多数であるが、そのなかの何名かを挙げれば、H・コルバン、J・ダニエルー、G・オルトン、K・ケレーニー、L・マシニョン、P－J・ド・ムナス、P・ペリオ、H－Ch・ピュエシュ、K・レーン、S・ザンブルスキー、G・ショーレム、E・シュレーディンガーらである。一九六八年の滞在のときに最も印象的だった人物は生物学者A・ポルトマンだった。

の〈自然〉哲学における新プラトン主義の影響について講演したのですが、たいへん控えめな反響しかなかった。一九七四年にもう一度招待されました。マッジョーレ湖畔の景色もいつものようにすばらしかった。ソクラテスの人物像についての私の講演は前回よりは好評でしたが、それ以後は招待されていません。

ハンス・ブルーメンベルクのおかげで、一九七〇年にマインツの科学文芸アカデミーの通信会員になりました。学会には熱心に出席し、それでドイツの会員たちとのつながりを保つことができるようになったのです。

J・C　では一九六八年ごろには講座の論題の幅が広がり、その背後にはマリウス・ヴィクトリーヌスがあったのですね。彼によって文献学の厳密さを学ぶことになり、またその作品に一貫性が欠けていたことも一因となって、古代哲学とは何かを問うようになられた。このことが研究の方向を定めたのでしょうか。

初めは、講義のなかではプロティノスの神秘主義的論考の研究を進めながら、その翻訳と注解を作りたいと思っていました。これが実現したのはずっと後のことでしたが。しかしプロティノス自身が、そして授業で教え始めたマルクス・アウレリウスが、私が古代哲学なる現象と呼んでいるものを、もっと広範にわたって考えてみるようにと導いたのです。現象と言っても精神的なものだけではなく、社会的で、社会学的な現象です。哲学者とはどのような人物だったのか、哲学の学派とはどういうものだったのか、と自問してみた。こうして私は、哲学とは一つの純粋な理論ではなく、生のあり方だと考えるようになったのです。

その頃私はさらに、古代には精神の修練が存在したことの重要性を感じるようになった。言い換えればそれは実践で、食餌療法のように身体的なものや、対話や省察のように言語によるもの、あるいは観想のように直感的なものでもありえますが、いずれもそれを実践する主体に、ある変化または転生を起こさせるためのものです。哲学教師の弁論は生徒がそれを聴きながら、あるいは対話に参加しながら、精神的に進歩または内面的に変化しうるかぎりで、それ自体精神の修練の一つの形となりうるでしょう。私がパウル・ラボーの『心の導き（ゼーレンフュールンク）』と題する本を読んだのがその頃でした。それはストア派とエピクロス派がとりうる実践のさまざまな形を説明したものでした。それにはまた古代の精神性とキリスト教の精神性とのつながりを示している長所があったが、ただ訓練の弁論術的側面に限定しすぎていると思われました。

妻の著書や彼女との対話は、私が理解しようと努力していた現象の新しい局面を示してくれた。それは「精神の修練」と題して一九七七年の『第五部門年鑑』の巻頭論文になっています。この論文はまさしく私が授業で行なっていたことの見本となるべきものでした。しかし徐々に感じるようになったのは、私がこの論文で提示したのは、宗教的な様式で生きることができない、あるいは望まない人々にとっての、純粋に哲学的な生き方の可能性だったということです。

J・C　非宗教的な人たちに向けて純粋に哲学的な生き方を選択する可能性を提案すること——これはまったくもって注目に値することではありませんか？　それはまたあなたの学問的研究の大部分に、新しい位相での意味を与えるものではないでしょうか。でもその論文は「精神の修練」というタイトルです。結局のところ、この表現には何か宗教的なものがあるのではないでしょうか。唯一の真の宗教は哲学であるという考え方ですか。それともポルフュリオスが言うように「真の賢人のみが聖職者である」ということでしょうか。

キリスト教的な精神の修練というものがあるがゆえに、精神の修練とは宗教の領域に属するものだと人々は考えるのです。しかし正確に言えば、キリスト教的な精神の修練が現れたのは、キリスト教自体が二世紀以後に、ギリシア哲学を範とした一つの哲学としてその形を表そうと意図したからなのです。つまり、ギリシア哲学から受け継いだ精神的修練を含む生の様式です。ギリシア・ローマの宗教は個人の内面的な誓いを意味していたのではなく、何よりも社会的な現象であって、精神の修練という概念はありませんでした。しかし仏教や道教のような多くの宗教は、その信者たちに精神修養を含む哲学による生き方を強制しました。したがって、哲学による精神修養と宗教による精神修養とがありえるわけです。たとえば世俗主義の最盛期に、パイヨはその著書『意志の教育』（一九〇〇年ごろの出版）において、私が精神の修練と称しているものを推奨していました。そこで彼は精神的な退隠の大切さに言及し、それは群衆のなかにあっても可能だと言っています。また良心の検討や、自己抑制のさまざまな技術についても語っています。

もっと一般的に言えば、私たちは宗教と哲学をもっと厳密に区別するよう留意しなければならないと思います。私はこの問題について、ヌーシャテルの哲学者でもう亡くなりましたが親しくしていたフェルナン・ブリュネルとよく議論したものです。彼は哲学に宗教の音調(トナリテ)を与え、宗教に哲学の音調を与えることで、この両者のありうべき接近を求めました。私としては――間違っているかもしれないが――「宗教」という語は、神または神々に捧げられた像、人物、奉納物、祭式そして場所などを含む一つの現象を表すために使われるものと思うのです。これは哲学には絶対にありません。するとこう言われるかもしれない。それでは、精神や真理としての宗教、社会的・儀式的な面から解放されて神の臨在(プレザンス)の実践となった宗教はどうなのか。これに対して、私ならこう答えます。それは叡智または哲学の領域であると。

私が神秘経験というものを、それがさまざまな宗教のなかに現れるのを見るとしても、特に宗教的なものではないと考えるのはこのためです。それはさきに挙げた社会的な側面をもっていないし、たとえばプロティノスの場合など、純粋に哲学的な視野のなかに置かれています。その経験は、ジョルジュ・バタイユのようなまったくの無神論者においても見られるのです。

哲学はその起源からして、宗教の批判として発展してきました。それは破壊的な批判であって、たとえばクセノファネスは、人間は自分の似姿として神々を造ったのだと言っています。さもなければ純化してゆく批判であって、それはプラトン、アリストテレス、ストア主義者、エピクロス主義者そして終局的には新プラトン主義者の考えです。純化とは、哲学が終局的には宗教を哲学へと転化させることで、それは一つの神学、それも純粋に合理的な神学の形成であったり、あるいはさまざまな神性をアレゴリーを用いて哲学的に考えたりすることであり、たとえばストア派はゼウスを火、ヘラを空気に喩えています。また新プラトン派は異教の神々をプラトン主義のさまざまな実体と同一化し、さらにまたエピクロス派は神々を賢人として表している。一般的に言って哲学はつねに、宗教の神話からその神話的内容を取り除いて哲学的内容を与えることで、それを合理化する傾向があるのです。

J・C　四世紀と五世紀には、哲学のなかにとくに宗教的な領域の実践を取り入れていた新プラトン主義者たちがいたということは、反論にならないでしょうか。なぜならその哲学的生き方には儀式、それも「降神術」の儀式が含まれていて、その祭礼は魔術ではないが、精神的効果を得るために物体的な像を用いたという点では魔術に似たものだったからです。

まず認識しなければならないのは、新プラトン主義者が、異教の神々を自分たちの体系のさまざまな実体と照合させようとして、人間の想像力が生み出した魅惑や畏怖をそそるものをすべて抹殺したことです。彼らの純化的批判は、ほとんど破壊的批判でもありました。しかしそれでも彼らはその哲学に、ときおり迷信的で子供じみた実践を取り入れています。それはまったく確かなことです。そしてそのことが、私には許しがたいと思われた。イアンブリコスとプロクロスを好きになれないのはそのためです。

このように宗教を哲学に導入することは、私にはつねに謎めいたことでした。たぶんそれはキリスト教と競合するための不幸な試みだったのでしょうか。当時はキリスト教もまたプラトン主義的様相をもった哲学であるとともに、純化の儀式に結びついていたのです。

このような宗教の導入は、さらにイアンブリコスの後継者たちにもつながっています。彼らはややキリスト教的に、魂はいわば一種の原罪によって物質のなかに堕落している、したがって救済されるためには物体的な儀式と神の恩寵による救済を通さなければならないと考えた。この考え方はプロティノスには見られません。

J・C　プラトン主義はプラトン以来伝統的にエリート専用のものでした。ホイ・ポッロイ、すなわち文字通りに言えば「多数の者」、つまり大衆は何も理解しなかった。そこで新プラトン主義のイアンブリコスは三段階の降神術を設け、一般庶民のためには物質と結びついたレベルを準備しました。おそらくそこにもまた、われわれの教えは万人のもの、とつねに言っていたキリスト教徒と同じくらいの信徒を集めようという試みがあったのでしょうね。

そうです。ここに異教の哲学者たちが、キリスト教の地盤でその教えと競合しようとした苦労が窺えるのです。皇帝ユリアヌスは、異教の司祭たちがキリスト教の教父と同様に謹厳で慈善事業に献身することを望んだでしょう。われわれはここで、ある意味で新しい異教の誕生に立ち合うのです。それはさまざまな神々を唯一で不可知の〈原理〉からの発出と考える一つの神学をもち、ホイ・ポッロイ(大衆)もまた救済されることを可能にする浄化あるいは秘蹟の儀式をもっていました。ゲミストス・プレートンその他のユマニストがルネサンス期に復活させようとしたのがこのネオ・パガニスムです。したがってこのネオ・パガニスムには、異教とキリスト教の両方が混成されているのを見ることができるでしょう。

J・C 「現実の」宗教、人々が実践するもので神学者が学説とするものではない宗教の大部分は、人々が祈りによって(生贄や魔術的儀式や祈願など、考えられるものすべてによって)、どうにもならない絶望的な状況に神々が幸運をもたらしてくれるだろうと期待することを特徴としているのではないでしょうか。聖書の「神」もギリシアの神々も、願いを聞き入れてくれるのです。でも哲学者たちの神はそのようなことはしない。ホメロスの有名な詩句は「神々ご自身も心を動かされるのだ」と言ってギリシアの哲学者すべての怒りを買ったのです。

そう、哲学者たちの純化的批判がもつもう一つの側面は実際、何かを祈願する祈りの虚しさを暴き、その愚かさを強調することにありました。というのも、まったく矛盾した祈願が神に捧げられるからです。人々は雨と晴天を、また自分たちの勝利と敵の敗北を同時に祈願するからです。

しかしこの問題には二つのニュアンスを認めなければならない。一つには、ギリシアにせよラテンにせよ哲学者が「神」または神々に呼びかけるのは、神に願いを叶えてもらおうという〔俗に言う〕「宗教的」な祈りではなく、反対にエピクテトスが言うようにそれは一つの讃歌を意味していたということ。神つまり〈宇宙的理性〉を讃え歌うことは、ストア派の哲学者の使命の一つだったのです。それは観想という精神的修練でした。

また一方、ストア派とプラトン主義においては、宗教は哲学のなかにその明確な位置をもっていたことです。それは「つとめ」の理論のなかにはっきりとした位置をもっていました。神へのつとめは、エピクテトスの『手引書（*Enchiridion*）』に見られるように、哲学者の場合は神々の意志を曲げようとすることなくそれに従うことであり、また市民の場合は都市の信仰を実践して、祖先の習慣に従い献酒をし生贄を捧げることでした。神の概念の純化と社会への順応は、このようにして共存していました。ある哲学者たち、たとえばキケロが、宗教を批判しながらも彼らを取りまく社会の現実の要素として、生贄や占いその他の宗教の行事を十分に認めていたのはそのためなのです。

J・C　少しの例外はあったとしても、古代の哲学者に共通した宗教批判は、中世の衰退の後、ルネサンス期にまた現れたのではないでしょうか。

中世にはすべてが変わって、哲学は宗教の従僕にすぎなくなるのですが、しかし哲学が宗教から解放されるやいなや、それは純化的にせよ否定的にせよ、宗教への批判となりました。およそすべての哲学者、たとえばカントやスピノザの場合も、つねに「神」の観念を純化し宗教特有の表現から切り離そうとしています。自然宗教と呼ばれているものも、私には一つの有神論にすぎないもので、宗教に不可欠な儀式は持っていないと思われる。宗教をこのように定義すると、神とか超越とか神秘とかについて語ればすぐに宗教という言葉を使う非常に一般的な用法に、私は反することになると思います。私はこのことをトーマス・マンが手紙に書いた次の言葉のなかにみたのでした。「われわれは神秘のうちに生き、神秘のうちに死ぬ。そして望むならばわれわれが持つその意識を宗教的と呼ぶことができるだろう(4)」。同様にアインシュタインは、報いをもたらしたり罰を課したりする神は否定しながらも、彼自身の立場から見た科学の宗教性あるいは宇宙的宗教を次のように表現しています――「私は生命の神秘を前にして最も強い感動を覚える(5)」。またメルロ゠ポンティはその就任講演で、当然それが哲学の態度に関してであることを明らかにしながらですが、トーマス・マンやアインシュタインと同様なことを語っています――「哲学は世界の存在とわれわれの存在それ自体が問題であることに目覚めさせてくれ、それはベルクソンが言う「教師のノートのなかに」解答を求める習癖から、われわれを永遠に脱却させてしまうほどなのです(6)」。メルロ゠ポンティはこの哲学の態度を無神論と呼ぶことには反対しています。それはただ聖なるものを置き換えること、あるいは別の定義を与えることだ、と彼は言っているのです。

J・C　あなたは上級教員資格を取っておられず、高等師範学校(エコール・ノルマル)の卒業生でもありません。それにいま流行の論題を選んでキャリアを豊富にしたわけでもありませんでした。にもかかわらず、一九八二年にコレージュ・ド・フランスの教授に選ばれていらっしゃいます。これはフーコーの発案によるものですね。彼とは多くの点で異なっていますが。

この話は一九八〇年の秋に始まりました。私は初めての心臓手術を終えて退院したばかりでした。そのときフーコーから電話がかかってきたのです。高等実習院で私の聴講者だったパスカル・パスキーノがフーコーとかなり話をしていて、精神の修練に関する私の論文を彼に知らせていたのです。フーコーは私が候補者として出ることを承諾するか、と聞いてくれました。とてもびっくりすると同時に、とても嬉しかった。選考はいつも二段階に分けて行なわれます。初めに正教授としての講座名について、と

（4） Thomas Mann, *Lettres*, t. III, 1948–1955, Paris, 1973, p. 424.

（5） Albert Einstein, *Comment je vois le monde*, Paris Flammarion, 1979, p. 10; p. 17–19.〔「深刻な科学的精神にして自らの特殊な宗教感情を持たないものはほとんど見出されえないであろう。しかしそれは原始的人間の宗教とは異なっている。後者にあっては、神とは人が彼の慈悲から福利をあたえてくれるように臨み、彼の罰を恐れるような存在である。〔…〕しかし科学者は普遍的な因果の意識をもっている。〔…〕彼の宗教的感情は自然法則の調和性に対する恍惚たる驚きの形をとっている〔…〕」。アルバート・アインシュタイン『わが世界観』石井友幸・稲葉明男訳、一九三六年、四三頁参照。かな遣いは現代のものに変えてある〕

（6） Maurice Merleau-Ponty, *Éloge de la philosophie*, Paris, 1953, p. 53; p. 54–55.〔モーリス・メルロ＝ポンティ「哲学をたたえて」『哲学者とその影』木田元・滝浦静雄訳、みすず書房、二〇〇一年、五一頁参照〕

ある資格が、とある特定の候補者に対応していることをよく承知していながら投票します。この第一段階のためには「資格と業績」の記録を作成して、科学と人文学のすべての教授たちと面接しなければならない。面接は一九八一年の秋でした。それはとても面白い経験だった。私が驚いたのは、科学系の学者たちが持っている人文系の教養と、彼らが私の研究に寄せてくれた関心の大きさでした。ついに十一月二十九日（日曜日）の投票日がやってきて、司会者はポール・ヴェーヌ。昼過ぎしばらくしてフーコーから電話があり、選考会が私の就任を可決したとの報告でした。一九八二年の春には儀式的な第二段階があり、それは「名目的」なもので、めったに問題は起こりません。そして第三段階、これもまた儀式的なもので、八三年二月に行なわれた開講講演。そこで私は、古代哲学という概念に私が与える意味について講演しました。こうして私はこの立派な研究教育機関への所属を認められた。フランソワ一世によって創立されたことを示す大きな絵画を前にした、巨大なテーブルの周囲に席を占めて、会議が行なわれます。所属する教授たちがその研究を進め、それによってたくさんの一般聴講者に利益をもたらす自由を与える点で、注目すべき機関なのです。ただ私は、*Docet omnia*〔すべてを教える〕というそのややもったいぶったスローガンだけは非難したくなります。だれもすべてを教えるわけでないのは明らかですし、当然ながら、それぞれの教授はその表題が意味する内容のすべてではなく、その分野において彼が知識を前進させたと思う特殊の領域だけを教えるからです。これは、それ自体としてはとても良いことですが。私自身としては九年間の教職の間、それまでにずっと研究してきた、私にとって大切なテーマについて話しました。生き方としての哲学、古代の人々の自然に対する態度、プロティノスの神秘思想、マルクス・アウレリウスのストア主義などです。

こうして一〇年近くの間私は偉大な学者たちに会ってきましたが、そこから何らかの利益を得られたわけではないこと、あるいは得る術をもてなかったことは残念です。少数の友人ができただけでした。

J・C　この四〇年間の研究と教育から心に残っている一般的な印象はどんなものですか。フランスの大学制度についてはどうお考えでしょうか。

まず感謝しなければならないのは、自分の研究に従事することができる研究所に次々に受け入れられるチャンスを得たことです。初めは国立科学研究センター（CNRS）の研究員で、しかも当時は、人文科学の研究員はまず第一に自分が選んだ課題に取り組んでよい自由がありました。個人的に共同研究に参加することはありましたが（私はレイモン・バイエが企画していた『中世ラテン語の哲学語彙』のためにカードを作成していました）。しかし現在は、精密科学で当たり前になっている状況に倣って、研究者たちはチームでの仕事に参加することを求められ、彼らは自分が専念する分野、そしておそらくは能力を発揮できる分野から方向転換させられることもしばしばです。こうして仕事をするためにかなりの人材が集められることも多く、それも一人または少数のグループならばもっと速くできただろうと思われる仕事なのです。でも、私が知っている五〇年代と六〇年代には、研究者の孤立が非常に苦しいことだったのも確かでした。そのあと私は二つの理想的な学校、高等学術研究院（EPHE）とコレージュ・ド・フランスへの所属を認められた。そこはさきにも話したように、教職と研究とを見事に両立させることができるところです。EPHEには高等教員資格（アグレガシオン）もなく博士論文もないままに許可され、コレージュ・ド・フランスには知的貴族階級でもないままに許可されたわけです。知的貴族と言われるためには高等師範学校（エコール・ノルマル）の卒業生であることが第一の資格でしたから。今日人文科学の分野で理解されるためには不可欠な入門者の言葉さえ、話せませんでしたね。

そういうわけで、私は運が良かったのです。CNRSにはレイモン・バイエの推薦だけで入りました。一九五〇年と五一年という時代には、CNRSの教授、つまりコミッションのメンバーは全権をもっていたのです。そしてEPHEにはカトリック学院で知り合ったルネ・ロックと、私が以前その学生だったアンリ＝シャルル・ピュエシュの後押しのおかげで入りました。お話ししたようにコレージュ・ド・フランスに選ばれたのも、ミシェル・フーコーに私のことを話してくれたパスカル・パスキーノのおかげによるところが大きいのです。私はほとんど知られていなかったので、フーコーが私を候補者として推薦したとき、彼の同僚の一人は私の妻と混同してこう言ったとのこと。「ああそう、あのセネカの本を書いた人ですね！」自分が幸運に恵まれていたと認めることは、それだけですでに、国の教育機関を支配しているシステムを批判することになります。成功するためには一般に何をしなければならないかをまったく知らずに、幸運に恵まれたのですから。成功のためには早く始めなければなりません。リセに入ったらすぐに親は、子供を高等師範学校か他の高等教育機関（グランゼコール）に合格させる最善の方法を考えなければならない。最高のリセ、最高の予備学級はどれだろうか。その次は小論文の指導者、CNRSまたは大学に入学させるための強力な人物を選ばなければならない。すべては庇護者（パトロン）にかかっているからです。

経歴や出版物に関しては、万事に考えをめぐらせ、賢い戦略を用いなければならないようです。数年前の国際哲学コレージュのとき、私は『精神の修練と古代哲学』を、アウグスティヌス研究社というあまり販路のひろくない出版社から「内密に」出版したといって、ほとんど咎められてしまった。でも私は広く普及するような出版社との関係がなかったし、友人のジョルジュ・フォリエがこの論文集の出版を引き受けてくれたことにとても感謝していました。コレージュ・ド・フランスの教授になったら事情は変わってしまった。不思議なことに私は透明人間ではなくなったのです！　それ以前は確かに透明でした。コレージュの席へのとある候補者が私を訪ねてきたとき、お知己になれて嬉しい、と彼は言いました。でもその二、三年前に私は彼と一緒にそれほど大人数ではない学会に参加していて、彼の目の前で発表し、彼と向かい合って食事をしたり話したりしていたのに……。でも当時私はＥＰＨＥのディレクターでしかなく、立派なキャリアという視点からはほとんど無力だったので、関心を引かなかったのでしょう。

選出されるというのは偶然の結果であることがしばしばで、さまざまな利害関心とさまざまな政治の幸運な出合いの結果なのです。お話しした三つの選挙について、私が個人的能力によって選ばれたという証拠はまずどこにもありません。そんなことを自慢するのは間違っているでしょう。ある研究機関に選ばれたということは、それがどんなに高等な機関であっても、その人自身が高等だというわけではない。エリート組織、エリート主義、あるいは能力主義などとときどき言われますが、人が選ぶのが本当にエリートでしょうか。選択はいつも能力や知性、徳性、業績に応じて行なわれるのか。選択に貢献する真の要因は何か。それは結局、偶然の集積なのです。生まれ、財産、良い高校、器用さ、幸運（答えを準備していた問題が出たこと、強力な庇護者がいたこと、何かの交渉で取引の材料になっていたこと）など。キャリアの道を開き、国立機関の人事募集を確保する名だたる選抜試験(コンクール)は、「状況と偶然の合流(コンクール)」であることが多いのではないでしょうか。

J・C　選抜試験や、とくにアグレガシオンをあまり高く評価してはいらっしゃらないようですね。

選抜試験のシステム、とくに名だたるアグレガシオンは、科学においても人文学においても、受験者の知的な育成を損なうものではないでしょうか。修辞の素質や、知らない問題でもそれを扱う巧みさや、難解な言葉で流暢に語る技術などを特権視することが多すぎるのではないか。バルザックは一八四一年に『村の司祭』のなかで、当時すでに存在していた選抜試験のプロセスを見事に描いています（選抜試験での若者の成功は、大人になったときの彼の人格をなんら保証するものではない、と彼は語っていました）。一九〇〇年にはベルナール・オスリエが、シャルル・ミシェルによるギリシア碑文集の序文に[7]、「品位を落とす試験」や「学位や教員資格で狭められる視野」、「このような仕事を引き受ける余裕も勇気もない」フランスの学生たちについて語っています。一九六一年から六二年にはＥＰＨＥの第五部門の年鑑報告にフェステュジエール神父が彼の思いとしてこう書いています。「フランスの学生がまったく好奇心を失っているのは悲しむべきことだ。人々は空虚な日常性に沈み込み、精神の育成という人間性の本質となるものが失われてゆくのを目にしている」。この二十一世紀の初めに、状況は本当に変わったでしょうか。

いずれにせよ、私が持ち出した問題に戻ると、選挙では候補者の素質が決定的な要素ではないことがしばしばだということ。私が批判するのは、つねに最善を尽くしていると思っている人々のことではなく、欠陥があると思われる選抜方法のことです。このシステムでは、政治が大きな役割を果たすことがあまりにしばしばです。「政治」というのは部所ごとの政治ですが。大学ではすでに席を置いている候補者が有利です。これはある程度は理解できるが、他の候補者の長所を考えることをまったく除外することになる。それに教授たちの多くは、退官近くになると何よりも自分の後継者のことを考え、能力のある候補者らが、自分のお気に入りの後輩たちの将来の選抜を危うくしたり無益にしたりしないか、と考えるのです。あるアカデミーに選出されたいという某教授の正当な希望と同様に、そこには政治があります。そのためには有用な人物にならないといけません。人はときどき、アカデミー会員のだれかれの執拗な勧告をすすんで受け入れるのですが、そのアカデミー会員は弟子の一人を選出させようと思っているわけで、その声は貴重なのです。ただし一方では、EPHEとコレージュ・ド・フランスの選抜試験に意見する権利をもったあるアカデミーが、有力者たちの影響によって、それら研究機関の一つが

（7） Paris, 1900.〔“Préface” par B. Haussoullier, *Recueil d'inscriptions grecques* par Charles Michel, Bruxelles, 1900〕

出した採択の結果を受理しないことがある。その候補者が国民教育省によって任命されることを、科学的というよりは政治的、いや宗教的ですらある理由によって妨害するためです。これは採択の順序を逆転させて、第二位であったものが第一位になる。こんなことはめったに起こりませんが、実際にあったことです。さいわい国民教育省はいつもこうした影響を受けるわけではありません。しかしこのやり方は一世紀前からあり、一九〇九年にすでに道徳学アカデミーはこの方法で、近代主義者のアルフレッド・ロワジーがコレージュ・ド・フランスに選ばれるのを妨げたのです。

コレージュ・ド・フランスの場合、この組織は選抜試験の客観性を保つため、とても真剣な保証で守られていることを認めなければなりません。さらに候補者は資格と業績と非常に詳細な教育計画を提出しなければならず、それを教授会の全員が注意深く読むものとされています。さらに候補者はすべての教授に面会し、教授たちは候補者と面談するなかで、自分の資格を説明することになります。しかし教授会は「理系」と「文系」から成っていて、理系は文系の、文系は理系の研究計画を理解するのが困難です。ましてや候補者の研究が専門的であって、少なくとも文系の場合に限っても、同僚たちがその価値を十分に分かって判断するのが難しいこともあります。どうやってそれを解決するか。たぶん候補者の研究に近い分野の専門家の意見に頼るか、教授会以外の専門家あるいはできれば国外の専門家に助けを求めることになるでしょう。いずれにせよ、それは現実的だが、たぶん乗り越えられない問題です。私はその困難を実感しているのですが、解決に到るには賛否両論をじっくり秤にかけることになるでしょう。

J・C　CNRSについても聞かせてくださいませんか。

私はCNRSに十四年近く所属していました。それはまだCNRSがほとんど英雄的だった草創期でしたが、研究者の地位は不安定だったので、人員整理の場合にできれば守ってもらえるようにと、組合であるCFDT（フランス民主労働総同盟）に加入しました。よそと同じように、当時のCFDTの実動人員はあまり多くなかったので、私は組合のいくつかの役職にまで就かなければならなかった。それは人文科学の部門で、自然科学部門は生物学者のョンさんが引き受けていました。たとえば、研究者らが委員会の代表者をもつ権利をもったとき、その役職に就けるCFDTの代表者を選ぶことが問題でした。私自身は哲学委員会の組合代表に選ばれていて、それによってCNRSの公務活動に参加してそれがどのように行なわれているかを見ることができたのです。私の率直な考えですが、その当時の、研究者が選ばれる方法はかなり欠陥のあるものでした。それを支配していたのは *do ut des*［「きみがしてくれればぼくもしてあげる」］の原則だったのです。

特徴的な例を挙げましょう。私が同席していたある会合では、委員会の会長が数週間前に、とある候補者の書類の評価を会議の席で読み上げる報告者を選んでいたのですが、彼は自分の弟子の書類を某氏に渡していて、代わりに某氏の弟子の書類の報告を引き受けていました。でも後になってから、私は彼が二通の報告書を用意していたことを知ったのです。一通は、某氏が契約を満たした場合に使う好意的なもの、もう一通は、満たさなかったときに使う非好意的なもの。某氏は契約を満たしたことがわかった。したがって、会長が推した候補者は合格し、よって某氏の弟子も合格した、というわけです。会長の目から見れば、某氏の弟子の真の価値はどうでもよかった。それはただ報賞か報復か、どちらかの手段だったのです。

ところで、CFDTの組合はCNRSに対して、当時はあまり力をもっていませんでした。したがって研究者として認められるためには、FEN（全国教育連盟）と結びついた、科学研究者全国組合の支持を受けなければならなかったのです。私は一九六四年にEPHEのディレクターになったとき、ある候補者を推薦したいと考えました。非常に優れた人物で、その後もその証拠を見せてくれましたが、彼を合格させることができませんでした。その後三年間、同じ候補者を立てましたが合格しなかった。その後で私は彼に言ったのです。別の組合に紹介してもらいなさい、だれそれ氏に会いに行きなさい、と。彼は翌年すぐに採用されました。こんなふうに採用は候補者の価値によってではなく、組合の政治によって決まるのです。

一九六八年か六九年に、私たちはCNRSの改革案を出すようにと言われました。当時の人文科学のディレクター宛の手紙で、私は外国で行なわれているようなシステムを採用するのがよいのではないか、と提案しました。ドイツやスイス、あるいはカナダでも行なわれていると思われる方法、つまり研究者の採用や実験室の設立、あるいは出版助成金に関しては、委員会の外部の専門家、そしてよくあることだが外国の専門家の意見を聞くという方法です。

大学や組合組織のある種の人物たちがこのような支配力をもつことは、ある部門では、少なくとも人文科学の分野では、CNRSの調和的な発展を阻害したと私は思っています。哲学部門の委員会に属していたとき、私はよくこう言っていました。自然界では機関（オルガン）〔臓器〕を創るのは機能（フォンクシオン）であるが、CNRSでは機能を創るのは機関であると。つまり言いたかったのは、有力な教授または有力な組合員の某氏が助成金で実験室を作ってもらいたいと思えば、彼は漠然とした研究計画書を出すだけでよく、その計画がその分野の全体的な枠組みのなかで本当に急を要する有用なものかどうかを委員会で真面目に考えることもなしに、直ちに不可欠なものと判断されるのです。もっとも私はある日のCNRS改革委員会で、「獅子の最高の分け前をせしめる鮫ですね〔最良のものを取る貪欲者〕」と、ひどく支離滅裂な隠喩を使って皆を笑わせてしまいましたが。私には激怒する理由があったのです。

J・C　大学図書館の機能についてもきっと批判がおありでしょうね。

よく知られているフランス国立図書館の問題はさしおいて、大学図書館について言いましょう。カナダやイギリス、ドイツやスイスなど外国にいると（アメリカには滞在したことがないのですが）、学生たちはフランスにいるよりもずっと容易に、またずっと豊富に、資料にアクセスすることができるのが分かります。カナダでは、学生たちがそこで勉強をし、コンピュータも使える小さな部屋がありました。イギリスとカナダでは学生たちは書庫に入って書棚を見ることができる。ドイツではフランクフルト図書館で書庫へのアクセスが認められており、ベルリンでは広大な読書室があって、そこで学生たちは事実上すべての有用な文献、基本的なものからテクストの叢書そして歴史的資料の全集を手にとることができました。ソルボンヌ図書館の読書室には何冊かの辞書と、それから――これでもたいした進歩ですが――、ビュデ古典叢書（ギリシア語またはラテン語の原文とその仏訳を対訳にしたもの）の全集がありますが、結局まだまだ不十分なのです。

憂慮すべき最大のことは、学生たちがなかなか席を取れないこと、また修復中か貸出中か、あるいは盗まれたかした本を見つけられなくて苦労すること。何年か前の冬のこと、ソルボンヌ大学図書室の半分が部分的に停電で暗くなってしまった。これが何も修理されないまま何ヶ月か続きました。学生は懐中電灯を持ってやってくるか、それとも全然来なくなってしまいました。そのとき私は図書館の管理部に苦情を言ったのですがなんの役にも立たなかった。たぶん予算の不具合だったのです！でもこのような場合は資金が緊急に凍結解除されなければならなかったのではないでしょうか。また地方の図書館の貧しさについても話さなければならない。あるときマルーの前でとある博士論文の質を批判したことがありますが、彼はこう答えました、「何を期待するんですか。彼は地方で研究しているんですよ」。

J・C　一九九一年の秋に退職なさる前にも、本職としての教育や執筆以外に、何か気晴らしになることをする機会はおありでしたか。

五歳のときに両親はピアノを買ってくれて、レッスンを受けさせてくれました。十歳で初等神学校に入るまでレッスンを受けていたのです。それでモーツァルトやベートーヴェンのソナタや、ショパンのワルツを弾いていました。もっと年上になると、モーツァルトは朝、ベートーヴェンは昼、ショパンは夜弾くのがいい、などと言っていたものです。それからパイプオルガンを習ったのですが、あれはすばらしい楽器ですね。カテドラルの大身廊のために作られていて、まるでオーケストラをわがものにしたような印象を与えてくれるのです。礼拝のときの私の仕事はオルガンを弾くことでした。高等神学校の礼拝奏楽の責任者は、私があまり感傷的だったりロマンティックだったりする音楽を演奏するのを咎めて、クラヴサンのためのバッハの譜面をくれてそれ以外のものは弾かないようにと命じました。私は仕返しに、三連音符が入った曲をうんと物憂げに弾いてやったら彼は怒ってやってきて、バッハ以外の曲を弾いただろう、と言う。私は勝ち誇った気分で楽譜を見せてやりました。バッハのオルガン曲がすばらしいものであることに変わりはないのです。若いときはピアノが私の情熱だった。家では一日に何時間も弾いていたものです。教会を去った後もよく弾いていましたが、仕事や心配事でその暇がなくなってしまった。でもときどき復活しようと努めていました。去年はレッスンも再開したのですよ。考えることにきつい努力を要さないときには、仕事しながら音楽を聴くようにもなりました。メルロ＝ポンティもそうしていたそうですね。いくつかのオペラも魅力的で、たとえば『バラの騎士』などはヴィデオ・カセットで毎年大晦日の夜に聞いています。ワーグナーもいいですね。彼の音楽を聴きながら重力から解放されて、この世界の上を滑空するボードレールに共感しています。それからセザール・フランクやガブリエル・フォーレの『レクイエム』の「楽園にて（イン・パラディスム）」。それからグスタフ・マーラーの交響曲

『復活』のなかのいくつかの楽節は、まるで存在が湧出するさまを表しているように思われます。

読書についてはすべての本を挙げることはできないので、今までに何度も読み返したものだけに限りましょう。まずモンテーニュがありますが、彼は私に古代哲学を発見させてくれた著者で、いまだに完全に読破したとは言えないのです。それほどまでに彼には汲み尽くせないものがある。

リルケは私の愛読書でした。とくに一九四五年から六〇年ごろまでです。一九四四年にガブリエル・マルセルの『旅する人間』のなかの「リルケ――精神的なるものの証人」のおかげで知ったのです。『悲歌』や『オルフォイスへのソネット』をアンジェロスの注釈付きのすばらしい版で読みました。前にも話しましたが、私はジャン・ヴァールのもとでリルケとハイデガーについての論文を書きたいと思った。リルケの『悲歌』は、自分が『存在と時間』で言おうとしたことを詩の形で表している、とハイデガーが言っているからです。それは諦めた、と私が伝えたときヴァールはがっかりして、レイモン・バイエに対して怒ったものです。「彼〔バイエ〕は私の時間を奪うだけで満足しないで、私の学生まで奪ってしまうのか！」（バイエの授業はいつも、そのすぐ後のヴァールの授業時間に少なくとも十五分は食い込んでいたのです）。「存在はこの世の輝きである」という『悲歌』第七歌の詩句にハイデガーが賛同したかどうかは分かりませんが、私はその言葉を繰り返し自分に語っていました。『若き詩人への手紙』、『マルテの手記』、『時禱集』も読みましたよ。そこには神についてたくさんのことが語られていますが、キリスト教とはまったく違った形においてなのです。その神はこれから来たるべき神、われわれの実存が創造してゆく神、最も取るに足らないものでもそのすべての生命を生きる神です。工業的・技術的文明の批判を通して、リルケは人間と大地、人間と自然、人間と宇宙的統一性との分断をかくも強く感じさせました。リルケに熱中して私は、一九五〇年ごろにシエールにリルケ詣でをしてミュゾ城を訪ね、そこでリルケの友人ルードルフ・カスナーに出会い、ラローニュではリルケの墓参りをした。そしてこのヴァレ地方の全体、ローヌ河がレマン湖に流れ込むまでの流域で、私はずっとリルケの存在を感じていました。ドゥイノ地方を見なかったのは残念ですが。

リルケを発見したころ、もう一つの発見があった。アルベール・ベガンの著書『ロマン的精神と夢』のおかげでドイツ・ロマン主義を知ったことです。ノヴァーリスの作品、とくに『サイスの弟子たち』と『夜の讃歌』に熱中していたのはそのためです。シェリングにも惹かれましたし、リヒテンベルクにも。リヒテンベルクは真の意味のロマン主義者ではありませんが、彼をいまなお読み返しているのは、彼のアフォリズムはしばしば気晴らしになるし、とても深いものだからです。

特に一九六八年以後はゲーテに惹かれるようになりました。——私がアスコーナで行なった自然哲学に関する発表が彼に関心を向けさせたのです。自然科学に対する彼の審美的解釈に魅せられたわけです。結局それは科学的に大きな価値をもつものではないが、すでにベルクソンやメルロ=ポンティの知覚の哲学を告知するもののように思われました。雄弁なる粗描で自らを表現している自然の静寂と厳粛さに対して、無益で自惚れた人間のおしゃべりを彼が批判しているのがとても気に入ったのです。この頃から私は『親和力』、『ヴィルヘルム・マイスター』、『ファウスト』とくにその第二部を繰り返して読みました。現在という瞬間の価値に関するエピクロス派的、ストア派的な思想の遺産をそこに再発見したのです。これは汲み尽くせないものをもった作品ですね。でもゲーテの作品と彼に関する書物を読んで、私は彼が通常想像されているような堂々たるオリンピアンではないと分かったのです。人間的にやや期待はずれのところもあり、勇気に欠け、ややお酒好きで、自分の息子にギロチンの玩具を与えるような奇想をもった人だった。何よりもゲーテ的清澄さというものはなく、反対に、今度の著書で示そうと思うのですが、恐怖と賛嘆との間で分断された人だったのです。

また私が何度も読み返したもう一人の著者はニーチェです。全部読んだわけではありませんが。結局彼の思想の奥底を理解するにはまだほど遠いのです。初めて彼を知ったのはエルンスト・ベルトラムの『ニーチェ――神話学の試み』を通してでした。私はまずこの本の形式に魅せられた。これはニーチェの作品のあらゆる種類の意味深い細部をテーマごとにまとめたという独創性をもっています。たとえばデューラーの絵『騎士と死と悪魔』、ソクラテスの肖像、ヴェネツィアやポルトフィーノの風景画に見られる統一的シンボルについてなど。この方法は一人の著者の作品を、彼が経てきたさまざまな経験や見てきたさまざまな光景などと結びつけるもので、実り多いものだと思います。この異例の形式とはまた別に、この本はニーチェ自身の内面の並外れた豊かさを示してくれました。トーマス・マンも賞賛しているこのベルトラムの本は、ニーチェの学説を無視し過ぎているとして、ニーチェの思想の専門家とくにシャルル・アンドレールが異議を唱えていますが、私個人としてはニーチェという人間が彼のすべての矛盾とともに表されていると思うのです。ベルナール・コンドミナスのおかげで私はこの本（一九三二年初版）を再販する機会を得てその序文を書きましたが、そのなかで特にベルトラムと、彼が所属していたシュテファン・ゲオルゲのサークルについて書きました。確かにベルトラムという人は、その生涯と思想を批判されるかもしれませんが。ニーチェ自身に関しては、私はアフォリズムを読む調子で彼を読み、彼の洞察力と明晰さをいつも楽しんでいました。

まったく違った種類のものですがそれでもお話ししたいのは、私の好きな現代作家のディヴィッド・ロッジです。大学界隈やカトリック教会界隈の描画に、真実とユーモアが見られるので。これは気晴らしになるし、深いものがありますよ。

J・C　でも退職後もずいぶん勉強していらっしゃるのでしょう?

実際この何年もの間書こうと思っていた本を、ようやく書く自由ができて喜んでいます。プロティノスの翻訳と注釈、マルクス・アウレリウスの『自省録』研究（『内面の砦』）、マルクス・アウレリウス第一巻の翻訳（続きもやがてできると思います）。小著『古代哲学とは何か』を書けたことも、同様にとてもうれしい。それから、もう三〇年も前に始めた研究、〈自然〉のヴェールというテーマの研究を完成させたいのです（『イシスのヴェール』のこと）。八歳になる孫も私の時間を独り占めにすることが多い。彼は自分で作ったお話をパソコンに書き込んでくれと頼み、書斎の中を行ったり来たりしながら話して聞かせるのです。それが幸せで、誇らしい気持ちにさせてくれます。

第三章　哲学の言述

アーノルド・Ｉ・デイヴィッドソン　私たちは古代の哲学のテクストに対して、あたかもそれが現代哲学のテクストであるかのように臨む傾向がありますね。つまり世界や人間その他についての体系的な理論、われわれがいわば抽象的に証明したり反論したりできる諸命題の総和であるかのように考えるのです。しかしあなたの見方によれば、古代哲学のテクストと現代哲学のテクストとを同じように取り扱うのは、方向づけが間違っているということです。この二つのタイプのテクストの相違、そしてその二つのタイプの読み方に必要な基本的な相違を説明していただけますか。

おっしゃる通りです。古代哲学のテクストは現代哲学のテクストとたいへん異なっています。まず第一の相違は、古代哲学はつねに語り（オラリテ）に関わるもので、会話（オラル）の文体をもっています。たとえばプラトンの対話篇は、公衆の間での朗読の形で発表されるように作られていました。アリストテレス注解者の、よりいかめしいテクストでさえ、初めは生徒にたいして口述されたものです。それらは授業の間に生徒がとったノートのおかげで、私たちに届けられているのがしばしばです。ソクラテス以前の哲学者たちのテクストもまた、初めは公衆の前で読まれていました。それは哲学に限った現象ではなかった。言語学者アントワーヌ・メイエが言うように、古代の文芸作品はすべて口述と関係していました。このことは特に「それらが与えるゆっくりとした印象」[1]を説明するものです。ある歴史家たちは別の考え方をしていますが、古代文明と、そして中世の文明さえも、口述を中心としていたと私は確信しています。したがって古代の哲学のテクストは、つねに限られた聴衆に向けられていました。何千部も刷られて、世界中でいつでも誰でも読める現代の書物とは異なって、古代のテクストは限られた人々を目標にしていた。教え子たちの集団であれ、特定の弟子であれ、その者らに向けて書かれていた。それは語られた教えを書き留めたものかもしれず、あるいは質問した人に答えたものかもしれませんが、つねにまた、特定の、決まった状況で書かれていたのです。そして正確に言えば、古代哲学の大半を特徴づけるもの、それは問いと答えのやりとりに相当するものだということです。ソクラテスから紀元一世紀までの三世紀にわたって、哲学の教育はほとんどつねに問いと答えの形式に従って行なわれていたからです。ある問いに

（1） Antoine Meillet, *Bulletin de la société de linguistique de Paris*, 32 (1931), comptes rendus, p. 23.

対して答えることがつねに大切でした。弟子からの質問か、あるいは逆に教師からの質問です。たとえばソクラテスは、彼自身の考えの含意するところを生徒にすべて理解させるためにそれを行なっています。この「問い」の文化は、中世のスコラ哲学にも存続しています。

したがって教育は大部分において対話の形で行なわれていました。もっと後の紀元一世紀には、何かしら近代的ともいうべきものが導入されたことも事実です。人々はプラトン、アリストテレス、クリュシッポスその他ストア派、エピクロス派の哲学者たちのテクストに注釈をつけることを始めたのです。しかしハンス＝ゲオルク・ガダマーが指摘するように、(2) それらの注釈もまたテクストに向けられた問いでした。そして大部分において釈義もまた、一つの問いに対する答えで成り立っていました。哲学的問いを釈義という媒介を通して論じたのです。たとえば「プラトンは世界は永遠だと考えたか」という問いは「世界は永遠であるか」という問いを論じることに導きます。だから結局、古代哲学の歴史はずっと、ほとんどつねに同じ立場、つまり哲学の書物は問いに対する答えであるという立場に立っているのです。たとえばポルフュリオスはその著『プロティノス伝』のなかで、プロティノスはその書物を、授業の中で出された質問への答えとして書いた、と言っています。したがって私たちはきわめて興味深い現象を目前にしているのです。つまり書物に表された思想は、現実の全体的体系を表すべく展開されているのではない、ということ。この現実の全体的体系は、プラトンの精神、あるいはアリストテレス、エピクロス、クリュシッポスの精神のなかにおそらく存在するでしょうが、それはただ問いに対する答えのなか、あるいは出される質問のなかに想定されるだけなのです。書かれたものそのものは体系的な方法を表すことで成り立っているのではありません。加えて言えば、書かれたものはつねに教育に密接に結びついている、という状況のために、問いや答えは聴衆の必要に応じて与えられるのです。それを書く教師、またはその言葉を書き留める人は、それに先立って行なわれた議論を通して、弟子たちが何を知り、何を知らないかが分かっています。また彼らの精神的状態や抱えている問題も知っていて、そのときの状況に合わせて語ることもしばしばです。人々はつねに、多かれ少なかれその時と場合に応じた作品を目にしているのであって、それはあらゆる時代、あらゆる地方に通用する絶対的普遍性をもった説明ではなく、逆にとても特殊なものなのです。ここまで話してきたことはみな、とくにヴィクトール・ゴルトシュミットが推奨する構造主義的方法には反しています。彼は古代哲学の口承的側面を過小評価する傾向がありますね。[3]

A・D　口述にはそれに特有な制約があって、それは現代の書物の場合とはまったく違う。書物はもはや語りや特定のグループのための教育にはほとんど結びついてはいない、ということですね。対話形式は古代哲学の特権的なジャンルだとお考えになりますか。哲学の分野としての対話は、私たちの間ではほとんどなくなってしまい、あるのは何よりも体系的な理論です。特定のグル

（2）　Hans Georg Gadamar, *Wahrheit und Methode*, p. 345.
（3）　Victor Goldschmidt, "Réflexions sur la méthode structurale en histoire de la philosophie", *Métaphysique, Histoire de la philosophie*, Neuchâtel, 1981, p. 230–231.　フェルナン・ブリュネルに捧げた論文集。

ープ、特定の聴衆に結びついた文学ジャンルとしての対話の優先性については、どのようにお考えでしょうか。

古代では対話が教育の最も基本的な形式だったことは確かです。単純化して言いますが、それはかなり多様な形をとりえました。体系化された規則でもって論証する訓練の形や、あるいはまた、弟子たちの精神を涵養して、都市や法廷での論戦に備えさせるという目的もあった。また自由な対話の形式で姿を表すこともありました。それは時には弟子の一つの問題だけに集中し、それに対して教師は長く見事な説明をもって答えるのですが、それでもつねに一人の限定された聴き手に向かって語られるのです。ある意味では、エピクテトスがその師ムソニウス・ルフスとの対話について語っている通り、各々がみな、ムソニウスが特に自分に向かって話しているような印象を受けたということです。(4) キケロはその著『究極について（*De finibus*）』第二巻の始めに、こうした対話のさまざまな形について述べています。*1 しかし私たちにとって何よりも大切なことは、ここで語ってきた対話、問いと答えという枠組みなのです。ラテン人が哲学的著作について語るとき、それを「対話篇」と呼んでいるのを見るのは興味深いことです。たとえばキケロやセネカの作品を指すときですが、そこではつねに、実在のにせよ架空のにせよ、ある対話者によって差し向けられた問いがあるのです。

つまり古代では、哲学は本質的に対話であって、観念との抽象的関係というよりも、むしろ人と人との間の生きた関係でした。ヴィクトール・ゴルトシュミットがプラトンの対話篇について語ったすばら

しい言葉を借りれば、哲学の目的は情報(アンフォルメ)を与えることではなくて育成(フォルメ)することだったのです。(5)

しかし古代にはまた、別のジャンルの哲学文献があったことも明言しなければなりません。前述したように、たとえば注解書、つまりあるテクストについて問いを措定することがありますが、他にもエウクレイデスの『原論』を模範とする幾何学的なタイプの体系的説明もあります。これはエピクロスの「ピュトクレス宛書簡」*2に表れているのが見られますが、完全な形はプロクロスの『神学綱要』と『自然学綱要』に見ることができます。思うに、彼の目的は公理を立てる理論的訓練に専念するというよりも、厳密な論証によって、生活の規律となるべきその学派の定説のゆるぎなき確実性を、弟子たちに会得させることだった。このことはエピクロスにおいてかなり明確に現れており、またプロクロスの場合も大いにそうなのです。

A・D　古代には、今はなくなってしまった哲学のジャンルが他にもありますね。たとえば「慰め」や文通です。ある時期になって、体系的な論考が哲学全体を覆っていったように思われます。「慰め」や文通は純粋に個人的なものになって、例外はあっても、本当の対話はもうありませ

(4) Épictète, *Entretiens*, III, 23, 29.〔エピクテトス『人生談義』國方栄二訳、岩波文庫、下巻、一四五頁。師ムソニウス・ルフスについて「彼はわれわれひとりひとりが座っているとき、だれかが自分を非難しているのだと思うような、そんなふうに話をしたものだった」とある。また同書上巻、四二〇頁の解説参照〕

(5) Victor Goldschmidt, *Les Dialogues de Platon*, Paris, 1947, p. 3.

ん。このさまざまなジャンルの書法がなくなるとともに、何が失われたのでしょうか。

慰めや文通という文学ジャンルは、弟子や友人が特殊な状況にあるとき、つまり慰めの場合は苦しい出来事、文通の場合はさまざまな状況に面したときに、哲学者が与える勧告ですね。エピクロスやセネカの手紙がその例です。結局、それは対話のもう一つの形なのです。書物としてのこれらの形式――対話、慰め、文通――は中世、ルネサンスを通して十七世紀まで存続していますが、正確にはそれは書物の形式としてであって、哲学の教育自体が対話形式だったわけではない。バークリーやヒュームその他の哲学の対話形式もあります。パラティーナのエリザベート公女に宛てたデカルトの「書簡」も、ときおり古代にふさわしいような精神的指針の様相を見せています。[*3] それ自体のために体系を提示する意図をもって書かれた体系的な論考は、十七世紀と十八世紀に始まったと思われます(デカルト、ライプニッツ、ヴォルフ)。古代の文学ジャンルはそれ以後、ますます失われていきました。

このように見ると、失われたものがあるのではないかとお尋ねでしたが、確かにあります。また後で述べますが、部分的には確かに、生き方としての哲学や、生き方の選択としての、またセラピーとしての哲学の概念は失われた。哲学の個人的な、また共同体的な局面が失われたのです。そのうえ哲学は、是が非でも新しさそれ自体を目指す研究への、純粋に形式的な道にはまり込んでいった。哲学者はできるだけ独創的であること、新しい体系を創るまではいかなくとも、少なくとも独創的たらんとするあまり極めて複雑な言述を創り出すのです。多少とも巧みに造られた概念の建造物は、それ自体が目的になります。こうして哲学は人間の具体的な生からますます遠ざかっていったのです。

　またこの変化は、歴史的で制度的な要素からも説明されることを認めなければなりません。公務員免許を取得して職業キャリアを開かせるような学習プログラムを学生に用意する大学の狭い視野のなかでは、人間的関係や共同体の関係は必然的に失われますし、教育は全員のための教育、言い換えれば誰のためでもない教育になってしまいます。残念なことに今日では、古代哲学のもっていた対話の性格を復活させるのはたいへん難しいと思います。対話による教育の形は、哲学を共に生きる（当時の言葉では *sumphilosophein*）ために作られた古代の学校のような共同体でなければ、実現しないように思われる。もしかして修道院のような社会ならば可能でしょうか。しかし今日の生活様式や大学の生活においては、それはとても不自然なものになるでしょうね。

　しかし対話的教育法に戻らなくても、十九世紀の始めから現在に至るまで、対話による哲学や倫理学がもつ豊饒さが再発見されているようにも思われます。つまり〈我〉と〈汝〉の関係で、それはシュライアーマッハーやフォイエルバッハの書物で輪郭を取り始め、それからブーバーそしてハーバーマスにおいても展開されていきます。

A・D　テクストの哲学的意味作用とその文学ジャンルの間には密接な関係が認められますが、それはあなたのマルクス・アウレリウス『自省録』の解釈においてとても明らかですね。もしこの『自省録』を体系的な論考と考えるならば、いろいろな面で一貫性のなさや矛盾を指摘することになって、それは体系的構成に欠けていると思われるでしょう。でも文学ジャンルと、それが『自省録』においてもつ哲学的目的との関係をよく理解するならば、そのテクストをまた異なった観点から理解することができます。そこには一つの論理が見られますが、それは現代の体系的論理ではない。マルクス・アウレリウスのようなテクストが、古代に見るような文学ジャンルと哲学的特殊性との一体化の必要性を、どのようにしていま一度示しているのか、説明していただけますか。

マルクス・アウレリウスの書物は、文学ジャンルの問題を例示するのにとても特権的な例ですね。実際、さまざまな歴史家がマルクス・アウレリウスの『自省録』を、それぞれの時代に彼らが哲学的な文学ジャンルの理想とするものに関連して解釈してきました。しかも注目すべきことは、十七世紀にマルクス・アウレリウスをよく研究したのはイギリス人でした。それはトマス・ガタカーとメリク・カゾーボン（彼はイギリス人ではないがイギリスに住んでいた）で、彼らは二人とも、マルクス・アウレリウスの書物の真の文学ジャンルとは何かを直ちに見極めたのです。彼らはギリシア語のヒュポムネーマタ（*hupomnêmata*）という語、つまり人が自分自身のために書くノートという意味の語を用いて、それはマルクス・アウレリウスが彼自身に与えた勧告であると考えました。それとは反対に、同じ十七世紀のフランス人ジャン＝ピエール・ド・ジョリは、『自省録』の一見まとまりのない性格は、マルクス・アウレリウスが体系的な論考を書いたが断片のままにしておいたものの整理を誰かが試みたもので、それはパスカルの『パンセ』の場合にいくらか似ているのではないかと想像しました。ロマン主義時代には、それは『アミエルの日記』やモーリス・ド・ゲランの日記のような、私記だと考えられた。マルクス・アウレリウスはドナウ河での戦いの晩に生への嫌悪感、彼の悲しみを綴っています。

最近ではガタカーとカゾーボンの見方に戻っており、とくにブルントの論文[(6)]、ラザフォードの著書[(7)]、そして私の研究の場合も同様です。マルクス・アウレリウスは彼の生を支配すべきストア派の教義を自らのなかに復活させようと努力したが、その説得力は失われていた。したがって新たに確信を得る努力を絶えず行なわなければならなかったのです。彼の目的は、ストア派の教義を役に立つ方法で手元におくことでした。とくにエピクテトスの三つの基本原則です。すなわち、客観的でないものは精神に認めないこと、人間共同体の善をつねに己れの行動の目的とすること、自らの欲望を宇宙の理性的秩序に合致させること。したがって、マルクス・アウレリウスの著作には内在的な論理があるのです。しかしこれらの原則をあらゆる場合に呼び覚ますためには、アフォリズムの形式を取らなければならない、つまりそれらに生命を与える短くて説得力のある定句の形です。これは古代哲学をより広く理解するための、たいへん興味深い側面だと思います。この観点では私は若いときに〔ジョン・ヘンリー・〕ニューマン枢機卿の『同意の文法（*Grammar of Assent*）』から影響を受けました。この本でニューマンは、観念的な

（6） P. A. Brunt, "Marcus Aurelius in his Meditations", *Journal of Roman Studies*, 64 (1974), p. 1–20.
（7） R. B. Rutherford, *The Meditations of Marcus Aurelius*, Oxford, 1989.

同意と真の同意とを区別しています。英語では notional assent と real assent ですね。観念的同意は、2プラス2は4であるという数学の命題のような、ある一つの論理的命題に抽象的な意味で同意することです。これは何に関することでもなく、純粋に知的なものです。真の同意のほうは、その人の全存在に関わることです。私たちが遵守する一つの命題は、私たちの生き方を変えることになる。ニューマンはこの説をキリスト教擁護の視点から述べていますが、これはマルクス・アウレリウスの場合にも適用されると思います。彼が望むのはストア派の教義、その命題への真の同意を得ることでした——たとえば、倫理的善と悪以外に善と悪は存在しないこと、また他の人々も理性によって互いに親族なのだから、彼らを愛し、また許さなければならないという教えです。この真の同意に到達するためには、理性的判断とともに想像力を、そしてまるごと一つの心理学を用いることが必要です。

A・D　この問題に関しては、ウィトゲンシュタインの『哲学探究』が同じ枠組みのなかで考えられることに注目すべきだと思います。これは体系的な論文ではまったくありません。アメリカで時折行なわれているようにこれを体系的論文として読んでしまうと、これは一貫性がなく、上手に書かれていないということになる。マルクス・アウレリウスの著作に対してなされてきたのと同じ批判です。実際それは、たとえばスタンリー・カヴェルその他が示しているように、一種の対話なのです。毎回新しくなるたくさんの小さな対話で、その度に人は一つの誘惑を乗り越え、対話相手の意見のみならずその生き方を変える真のセラピーを行なうことになる——

そしてその対話相手は、自分自身を変えなければならないウィトゲンシュタインその人なのです。フランスでウィトゲンシュタインを最初に見出した人があなただったということは、それだけの意味がありますね。一九五九年か六〇年の論文（「言語ゲームと哲学」）のなかで、あなたはウィトゲンシュタインについて語りながら多分初めて「精神の修練」という言葉を使われ、そこには一つのセラピー術があるので、近代的なタイプの体系があるのではない、と強調しておられます。このことは現代にもなお、古代に見るような文学ジャンルと哲学のタイプとが再発見されることを示唆しています。こうして哲学史のそれぞれの時期ごとに、それらを更新しようと試みる著者が見いだされるのですね。このモデル――つまり生き方を変える、自己変革の必要性としての哲学――が、大学その他、さきに言われたような場面全体でやや日陰になっているにもかかわらず、まだこのように活発であるのはなぜだとお考えでしょうか。

少しだけ敷衍させてください。ウィトゲンシュタインの読者は『哲学探究』には不整合な箇所がたくさんあるのを見つけたと言われましたが、生き方の選択または精神の修練としての哲学という考えが私のなかに生まれたのは、その問題を考え始めたことからなのです。つまりある哲学者たちに見られる不整合をどのように説明するか。私は六〇年代にミュンヘンで、未公刊の学会発表をしたのですが、それは確か「哲学における体系と不整合」という題でした。私は「アリストテレスは一貫性に欠ける」、「聖アウグスティヌスは書き方が拙い」と歴史家たちが言うことにいつも驚いていました。古代の哲学書は体系を展開するためにではなく、育成する効果を生み出すために書かれているのだという考えに導かれたのは、このことによってなのです。哲学者は読者や聴衆が精神を働かせ、ある種の自由な姿勢に身を置けることを望んだのです。これはかなり重要なことではないかと思います。セラピーその他としての哲学について、多少とも教訓的な考え、たとえば仏教と競合するような考えをもっているわけではありません……そうではなく、実際それは次のような厳密に文学的な問題でした。古代の哲学者の書物はなぜこのように脈絡のない印象を与えるのか。その構想がなぜこれほど分かり難いのか。

　哲学の古代的モデルの再興が可能か、という疑問に答えるために、ここでは私たちがいま実際に話題にしている文学ジャンルの問題を考えてみましょう。まず、口頭による古代文明は印刷術の発明によって決定的に失われました。そしてそれもまた、やがてインターネットによって追い越されるでしょう。それで私はさきほど、哲学教育の対話的性格を復活させる可能性への疑問を語ったのです。しかしあなたが指摘される通り、ルネサンス以来今日まで、書物において古代の文学ジャンルを復活させようと試みた著者たちがいました。たとえばモンテーニュの『エセー』はプルタルコスの作品のジャンルをそのまま思わせますし、デカルトの『省察』は、読者がその考え方やものの見方を変えるに至るまでに必要な時間を考慮に入れています。またシャフツベリの『試論（エグゼルシス）』はマルクス・アウレリウスやエピクテトスから着想を得ていますし、さらにショーペンハウアーやニーチェのアフォリズム、ウィトゲンシュタインの『論理哲学論考』があります。

　ある意味において哲学には、つねに相反する二つの概念があるということができます。一つは言述（ディスクール）

に、もう一つは生き方に重点をおくものです。古代においてすでに詭弁家（ソフィスト）と哲学者（フィロゾフ）は対立していました。前者はその弁証の巧みさと言葉の魔術によって際立とうとし、後者は弟子たちに、ある生き方を具体的に取り入れることを勧めるものでした。結局この状態は、時代によって一方または他方の傾向が優勢になりながら繰り返されてきた。哲学者たちは「語る楽しみ」に感じる自己満足から抜け出ることが、決してできないのではないかと思います。いずれにせよ、哲学の深いインスピレーション――ソクラテス的とでも言いましょうか――に忠実であるためには、哲学の言述の新しい倫理を提示しなければならないでしょう。そうすることで、自らが終着点であるかのように考えたり、もっと悪いことには哲学者の雄弁さをひけらかす手段として考えたりすることをやめ、自分自身を超えて普遍的理性と他者に対する開かれの平面へと導く手段となる、そのような倫理を提案しなければならないのです。

第四章　解釈・客観性・誤読

アーノルド・I・デイヴィッドソン　現代はみな、テクストの客観的解釈を行なうなど不可能であって、解釈とはつねに解釈者の観点に依存するものだと主張する傾向にあります。こうした解釈学上の問題は、次の質問に関連づけられます。「テクストを解釈するのに最も重要なものは、著者の意図、著者が言わんとすることだろうか。それともテクスト自身の自律性だろうか」。したがってテクスト解釈のためには、著者の意図の再発見を試みなければならないか、それも多少なりとも客観的な方法で行なうことができるのか、という問題になります。

このことは私がハンス＝ゲオルク・ガダマーの理論を読んでから、しばしば自問したことでもありました。ガダマーはあなたが言われたように、読み手がその主観に応じてテクストを解釈することを示しています。またレイモン・アロンもその非常に興味深い著書『歴史哲学入門』のなかで、客観的であることの難しさを語っています。これらの理論には一つの長所があることを認めなければなりません。それは歴史家の客観性について人々が抱きがちな錯覚、つまり彼の情念や怨恨、社会的地位、解釈についての哲学的選択などを考慮に入れずに抱く錯覚を、正当にも明るみに出しています。まったくその通りですが、でも問題の一面にすぎません。結局この相対主義はある危険性を表しているのではないか。それは直ちにある一つの立場に帰着するからで、フーコー自身もあるときこのことを認めていました。それは一つには、注解者は著者が言おうとしたことを本当に知ることはできないということ、そしてもう一つは——何よりも——著者自身がもう存在しないということ。ですから私たちは、何に関しても、どんなことでも語れる、といった解釈を表明することができてしまうのです。このことがとても危険だと考えるのは私一人ではありませんし、多くの例がそのことを証明しています。ゴンブリッチがその芸術論の書で述べていることはとても印象的でした[1]。彼は一八八六年と九七年の間にピカデリー・サーカスの噴水の上に建てられたエロス像の意味について考察しています。それは偉大な博愛主義者であった第七代シャフツベリ伯の偉業を記念するための像でした。ゴンブリッチは人々がこの記念碑に次々に与えたさまざまな解釈を数え上げています。当時、彫刻家のアルバート・ギルバートは、エロス像によってシャフツベリ伯のキリスト教的慈愛の精神を象徴したいと言っていたのです。にもかかわらず、あらゆ

（1） E. H. Gombrich, *Symbolic Images, Studies in the Art of Renaissance*, II, Oxford, Phaidon, 1978, p. 1–5.

る種類の解釈が——ここでは列挙できませんが——そのあと提示されました。この例から刺激を受けたゴンブリッチは、芸術作品やテクストを解釈するには何よりもまず作者の意図を研究するべきだ、という原則を表明しました。この問題に関連して、彼はE・D・ハーシュの文学作品解釈に関する重要な著書[2]から引用しています。ハーシュはそこで「意味（サンス）」と「意味作用（シニフィカシオン）」を区別しています。彼は著者が意図した意味、人々がそれを捉えようと努力すべき意図があることを示しています。しかし続けて彼は、さまざまな大衆がその作品に与えうる、異なった意味作用を見出す可能性を認めています。このことで、ピカデリー・サーカスのエロス像に次々に与えられた異なった解釈を説明することができるでしょう。言うなれば、ある表現、あるシンボルは、それ自身としてさまざまな意味内容をもちうるのです。たとえばエロスの像を選ぶことは、その像にまつわるさまざまな集合的表象によって、作者の意図にはなかったある種の意味合いを持ち来たらすことができるのです。アンドレ・ジッドが『パリュード』で書いているように、「われわれは自分が何を語りたかったかを知っているとしても、そのことしか語っていなかったかどうかは分からない。われわれはつねに「そのこと」以上のことを語っているのである」。ハーシュの著書にはもう一つの貢献があります。彼が強調するのは、著者が望んでいるテクストの意味は、そのテクストが書かれている文学のジャンルに密接に依存しているということです。この本は非常にニュアンスに富んだものですが、現在の流行には逆らうものでしょう。これが翻訳されるようにと私は努力したのですが、まだフランス語訳が出ていないのはそのせいでしょうか。禁書目録があるのはローマだけではないと考えさせられてしまいます。

A・D　テクストの意味は著者の意図を通して見出すことができるという考えを批判する人は、著者の意図を、読者が見つけ出さなければならない秘められた心理的現実のように考えます。あなたはマルクス・アウレリウスの『自省録』の読解において、秘められた事実や心理的、自伝的な発見を持ち出すことなしに、読解の鍵を見出されたと言ってよいでしょうか。

マルクス・アウレリウスの著書のアフォリズムのなかには、三要素から成る図式(シェーマ)が見られます。三つの規律あるいは三つの禁欲で、つまり欲望の規律、行動の規律、そして判断の規律です。これらがそれぞれ、彼の欲望、彼の行動、彼の判断を理性に適うようにするのです。この図式がこの書物全体を通して容易に認められることこそ、それが著者の意図に応えるものであることを示しています。この繰り返しは、たとえば読者にストア派の教義を教えようとするものではありません。著者の意図は明白です。それはマルクス・アウレリウスにとって、生き方を導くべき教義を彼自身のために現実化し再生させることにあるのです。手稿ではマルクス・アウレリウスのこの書は「彼自身のために」と名付けられていて、このことが著者の意図に申し分なく一致しています。それは他者に宛てられた「思想」でも、著者の感受性の発露でもありません。それは心理的あるいは自伝的発見とは関係ない。著者の意図は作品の内容と形式にはっきりと書き込まれています。しかし現代の解説者にとって、著者が望んだ意味と彼の

（2） E. D. Hirsch, *Validity in Interpretation*, New Haven, 1967.

意図とを把握するのはとても難しいことを認めなければならない。われわれはそれが書かれた歴史的条件、つまり誰に宛てたものか、また誰かを模写したものか、その多くを知らないので、容易に時代錯誤に陥ります。こうして私たちは、マルクス・アウレリウスはその著書で彼の日常の精神状態を表現したのだ、またアウグスティヌスはルソーと同様にその『告白』で自らを告白したのだ、そしてプラトンはその対話篇で彼の体系を方法的に表現したのだと考えました。実際は、アウグスティヌスの書のタイトル『告白』は「神を讃える」ことを意味しており、そのことは作品の最初の数行にはっきりと現れています。神がアウグスティヌスになしたことに対するとともに、人間一般に対してなしたことへの賛美です。アウグスティヌスは彼の生涯の出来事を救済の歴史のシンボルと考える傾向があるからです。たとえば少年時代に犯した有名な梨盗みの話を書いたとき、実際はエデンの園でアダムが禁断の木の実を取った罪を描くのが目的でした。このテクストに現れる聖書の文章へのさりげない言及は、そのことをはっきりと表しています。プラトンの対話篇に関しては、彼の口述授業に関する論争はさておき、プラトンは情報（アンフォルメ）を与えるためにではなく育成（フォルメ）するために書いたのだと言ったゴルトシュミットに、万人が賛同するでしょう。いずれにせよ、ハーシュが指摘したように、著者の意図を識別する第一の方法は、その作品が属する文学ジャンルを研究することなのです。

　実際、一般的に古代の著者においては、言述の規則は厳密に体系化されています。作者はそれぞれの文学ジャンルに特有な要求に従った、伝統的な形式で書いているという事実を考慮に入れなければなりません。勧告するとき、慰めるとき、ある教説を述べるとき、または対話するときに、ひとは同じ仕方では書きません。ある主張を理解するためには、またその作品の全体的な意味ならばなおのこと、まずその著者が語るはずのことを注意深く見分けなければなりません。たとえば彼がプラトン主義者であるか、ストア派であるか、どのような文学ジャンルを用いているか、どのくらい教養ある聴衆に語っているかによるからです。続いてその著者が語りうること。たとえば彼はより強い印象を与えるために、ある教説を誇張して表現したり、ある種の受け手に適合させるために自分の学派の教えに不忠実だったりすることもありうるのです。そして最後には彼が語りたいこと。それは彼の深い意図、たとえばマルクス・アウレリウスの場合は自分自身への勧告で、告白することではなく、世界と人間界における神の業を讃えることだったのです。

　古代の作家たちあるいは学派の創立者たちもまた、それ以前の伝統や文学ジャンルによって左右されていたのではないかと、私たちは疑問に思うかもしれない。私もそう思います。歴史には絶対的な始まりはない。ギリシアの最初の思想家たちは東洋のモデルに影響されていました。ジェラール・ナダフはソクラテス以前の思想家たちの書いたものが、三要素から成る方式を重んじていたことを示しています(3)。それらは神々の起源、人間の起源、都市国家の起源で、バビロニアの宇宙論的神話から受け継いだもの、そして聖書の創世記もこの文学ジャンルにあてはまります。この図式は『ティマイオス』にも見られます。『ティマイオス』もまた一つの「創世記（ジュネーズ）」、発生（ジェネラシオン）の歴史なのですから。こうしてこれらの著者た

(3) Gérard Naddaf, *L'Origine et l'évolution du concept grec de* "phusis", The Edwin Mellen Press, Lewiston, Queenston, Lampeter, Canada, 1992.

ちは、それ以前の伝統に結びついているわけです。学派の創立は複数の伝統に依存している。たとえばプラトンはソクラテス派、ピタゴラス派そしてソフィストの伝統のなかに位置づけられます。ところで、哲学者はみな他の思想家への反動として思考する、と言ったのはベルクソンだったでしょうか。しかしこの状況はまた、彼を条件づけ、ある決まった問題系を課し、ときには彼の思考の躍動(エラン)を制限してしまうのです。

さらにあなたが言われたように、著者の意図について語るとしても、多かれ少なかれ秘められた心理が問題となるわけではありません。この心理学的タイプの解釈は、芸術作品とはユニークな個人性の表現であるという考えに基づいたもので、つねに著者にのしかかっている制約を考慮に入れないロマン主義的な考え方です。古代世界に関しても、文章による表現がその当時どのようなものであったかを考慮に入れていない。実際のところ著者の意図というのは、その作品が目指すもののために、その表現形式や方法、彼を強制するあらゆる規則に沿って演じることができるような様式を選択することでした。

歴史上の心理は、おおいに注意を払って扱われなければなりません。たとえば紀元二世紀以後、人はみな心気症(ヒポコンドリー)だった、というようなことをです。未来のマルクス・アウレリウスの修辞学の教師であったフロントが自分の病気について彼に手紙を書いているからとか、ガレノスがローマの貴族たちの前で解剖学の講演を行なったからとかで、ひとはそれを証明しようとしました。ここでもまた、その真の意図を見極めなければなりません。手紙の内容を見ると、フロントは自分の病気について得々と語っているわけではなく、たんに不在の理由として書いているのです。ローマの貴族たちについては、病的な好奇心ではなく、科学的な好奇心が問題でした。彼らはアリストテレス主義者で、したがって科学的探求に熱心だったのです。エピクロス主義のルクレティウスが人々を不安から解放しようと努めたのも、彼自身が不安だったということではない。「ルクレティウスの不安[4]」を語ることは無謀なのです。

また語られていることのすべてが、必ずしも著者の意図することだとはかぎらないこと、そしてあるテクストの全文が必ずしも彼の考えを表現しているわけではないこともあります。とくに、著者がことわらずに他の著者のものを用いている場合で、このことは少なくとも古代末期にはしばしば（そして時には現在でも……）ありました。たとえばラテン教父やギリシア教父はその説教のなかに、異教徒から借りた優れた思想を取り入れました。こうして彼らは、それと明言することなしにプロティノスからも引用したのですが、それもしばしばたった一文だけだったりします。その一文と説教全体の主旨との関係は分かりやすい。したがってその一文のために、彼らはプロティノスの一節全体を引用したくなる。そこで彼らは、その文章の文脈をなしている一節を引用するのですが、その文脈には、さきの一文が彼らに意味することとは異なったことが書いてある、といった次第です。こうして多くの解釈者たちが、アンブロシウスやニュッサのグレゴリオスはプロティノス主義者であったと言うのですが、豊富に引用のあるコンテクストに含まれている教理のすべてを著者のものとすることはできないのです。したがって著者のテクストの中にあっても、彼の主張とは一致しない文章が存在することになる。それがあれこ

(4) Dr Logre, *L'Anxiété de Lucrèce*, Paris, 1946.

れの教理を明確にするための著者の意図であるとは、この時点では言いきれません。蓋然性の高い方法で著者の意図を探り出すためには、テクストの綿密な考証が必要なのです。

A・D　それでは解釈において、なんらかの客観性に到達することは可能だとお思いでしょうか。

解釈者の仕事のすべては、客観的な事実をできるかぎり見つけ出すことにあります。古代後期から例を取ると、ミラノのアンブロシウスのテクストを読んで、そこにオリゲネスのギリシア語のテクストが逐語訳されているのを見るとき——それは『ダヴィデ擁護』に関する彼の説教に関して私が気づいたことですが——ひとつ確かなことがあります。つまり、彼はこのギリシア語のテクストに接したことがあったのです。そしてまた、オリゲネスのテクストに関してたびたびきわめて明らかなのは、アンブロシウスのラテン語のおかげで、オリゲネスのテクストには欠損していたギリシア語の単語が再発見されるということです。これは科学的厳格さに至れる領域です。ポール・アンリが私に教え込んでくれた大切なことは、決定的なのは教理の比較ではなく字句の比較であるという、まさにこのことでした。つまり、歴史家の多くがしているように教理の関連性を探す場合は、ただ漠然とした類似性や、多くの著者が繰り返しているような決まり文句だけによって、ある作者と他の作者との影響関係を支持することもできます。しかしこれは何も証明していないのです。反対に、テクスト原文において議論の余地のない一致が重なるときには、私たちはそれらの著者の関係を客観的に結論づけることができます。今の例は、かなり特殊な領域における一例にすぎませんが、他の場合にもたくさん数え上げることができるでしょう。かくして、特徴的な語彙で説明されている独特な概念構成の並行関係は、決定的な証明になりえます。先にもお話ししたエピクテトスとマルクス・アウレリウスに共通の三項図式もその一例で、そこにもまた客観的な事実を見つけることができるのです。

科学的客観性の問題は、精神の修練という観点から見ても非常に興味深いことなのです。アリストテレス以来、科学は利己的であってはならないと人は認めてきました。あるテクストにせよ、微生物にせよ天体にせよ、それを研究する者は主観性から解放されていなければならない。ガダマーとレイモン・アロンは、それは不可能だ、と言うことでしょう。それでも私は、そこにはある種の訓練によって到達しようと努めるべき一つの理想があると思うのです。ある特定の場面で間違えていたことを認める勇気をもった科学者、あるいは自分の偏見に左右されまいと努力する科学者は、自分自身を離れるという精神の修練を実践しているのです。客観性は一つの美徳であって、しかもそれを実行するのはとても難しいと言えるでしょう。個人的・感情的自我の偏向性から解放されて、理性的自我の普遍性にまで昇らなければならない。また私がいつも思うのは、民主主義政治の実践のあるべき姿もまた、このような態度をもたなければならないということです。〔利己的〕自我から離れることは、科学者と同様に政治家にも要求されるべき道徳的態度なのです。

A・D　解釈の客観性についてのお考えの、もう一つの面について伺います。引用しますと、「過去についての研究は現在的、個人的、形成的、実存的な意味をもたなければならない」。いつもこの点を強調しておられましたが、そうすると次の疑問が起こってきます。蓋然的なものであれ解釈がもつ客観性と、哲学テクストの現在の意味とは、どのようにして両立させられるのか。ニーチェに関するベルトラムの著書[5]の序文にあなたが書かれた文章は見事だと思います。「歴史を書くことは、おそらく人間の他の活動もそうだろうが、相反する二つの要求、どちらも喫緊の要求に応じようと努力する、対立物の一致（*coincidentia oppositorum*）でなければならない。歴史的現実を知覚し評価するには、一方では意識的、全面的に自己に関わり、他方では自己からすっかり離れて客観性と不偏性を意図しなければならない。私が見るところでは、われわれ自身が歴史のなかに入り、それに実存的な意味を読み取る権利を与えるのは、客観的で不偏的な判断が要求する科学的厳密さという禁欲、自己から離れるということにほかならない」。この二つの要求の間で、テクストの「現在的な」意味の可能性とはどのようなものになるのでしょうか。

これを書いたことは覚えていないのですが、でも引用してくださってありがとう。この問題はちょうど今私が考えていることだからです。科学者にとって、また科学者のみならず古代のテクストを読む人にとって、まず第一に必要なことは客観性を目指すこと、そしてできれば真実を目指すことです。つまり現代の生活の要求に適合させたり、心が憧れるものに合わせようとしてテクストの意味を歪曲することは、なんの役にも立たない。何よりもまず、第一の義務は客観性を目指すことです。

さらに可能であれば、研究しているテクストをその歴史的展望のうちに置き直す努力をすること。テクストに現代的な意味を与えようとして時代錯誤を犯さないことがきわめて重要です。この問題に関して、私がテクスト解釈においてつねに気遣っていることの一つ、つまり時代錯誤を避けることについて簡単に述べましょう。それは作品をできる限り、それらが書かれたときの具体的条件に置き直してみる努力なのですが、それは一方では精神的条件、つまり哲学や修辞学や詩作における伝統であり、そして他方では物理的条件、つまり学問的・社会的環境、執筆への物質的支えからくる制限や、歴史的な状況などです。作品はみな、それが生まれてきた実践（プラクシス）のうちに置き直して見られなければなりません。

しかしアリストテレスが快楽について語っているように、客観性への努力にはそれを補うものがついてきます。この追加分とは、そこに精神的栄養を見出す可能性です。この場合はある意味で、われわれは解釈のなかに含意されることになります。われわれはあるテクストを客観的に解釈しようと試みると、それに続いてほとんど自発的に、そこに人間的な意味を見出すことでしょう。まったく何も教訓的なものではなくても、それを人間性一般の、つまり人間の問題の中に位置づけるのです。それは根本において、ストア派がその表象において行なったのと同じことを行なうことです。まず、〈これが語られたことである〉という適切で客観的な判断があり、次に時として〈これが私の人生にとって何がしかの意味

（5） E. Bertram, *Nietzsche. Essai de mythologie*, Paris, éd. Du Félin, 1990. アドによる序文の p. 34.

がある〉という価値判断が続きます。この場合、主観性への回帰を語ることになるわけですが、この場合の主観性は、さらにある種の普遍的な視点に高まろうと努めるのです。

実のところ、古代の著者が意図した意味は決して現代的なものではありません。それは古代的（アンティーク）であり、それがすべてなのです。しかし、それがたとえば現在のある思想の源として現れるようなとき、またとくに現在のわれわれの姿勢、あれこれの内心の動きやあれこれの精神的修練に霊感を与えるとき、われわれにとって現在的な意義をもつものとなりうるのです。この問題に関しては、レイモン・リュイエ[6]の次の文章が興味深いと思います。「専門家でなければ誰も、ヘラクレイトスの自然学から引き出されたストア派の前提事由や、エピクロス派の道徳、デモクリトスの原子論などにたいした興味をもたないだろう。しかし姿勢としては、ストア派もエピクロス派もつねに活発に生き続けているのだ」。したがってかつてそうした姿勢を正当化していた思考様式（イデオロギー）と、現在化可能な具体的な姿勢とを区別しなければならないでしょう。古代のメッセージを現在のものとするには、その時代を特徴づけるもの、過去に特有の思考様式から離れて、ブルトマンが福音書について語っているように、それを「脱神話化」しなければならない。そこに含意されている内的な思考過程や具体的な姿勢にまで辿ってゆこうとしなければならないのです。たとえばエピクロス主義には、現在という時を喜んで受け入れるという姿勢がありますが、それはつねに認められる考え方であって、快楽の最小限と最大限に関する説を考慮するまでもないのです。もっとも、これもエピクロスがアリストテレスから借用したものと思われるきわめて専門的な理論なのですが。同様に、過去によって潰されたり未来に不安を抱いたりせずに現在に集中するというストア派の姿勢も、つねに妥当でありつづけるでしょう。さらに古代の箴言で、前述したような神話学的・社会的な条件からまったく自由なものもあります。たとえば「やがてきみはすべてを忘れ、すべての者がきみを忘れるだろう」というマルクス・アウレリウスの言葉は、私たちに直接語りかける箴言です。それは永遠の価値をもっていると言えるでしょう。「優れた格言は時間の歯車には硬すぎ、変転する万物のさなかにあって不滅である」とニーチェは言いました。[7] またマルクス・アウレリウスの主旨は、死への思いのなかで自らを励ます必要からきたものでした。この意味でそれは歴史的な記録です。でも、まったく困難なしに再び現在のものとなりえます。

A・D　私の理解が正しければ、客観性の追求のあとに、評価という第二段階があるということでしょうか。そして古代のテクストを評価するには、それを現在化するために何かをしなければならない。それを変形（デフォルメ）させてはいけないが、別の文脈のなかで、私たちの現在の要請という観

（6）Raymond Ruyer, *La Gnose de Princeton*, Paris, 1974, p. 220.

（7）Nietzsche, *Humain, trop humain*, t. II, *Fragments posthumes*, §168, t. III, 2, Paris, Gallimard, 1988, p. 74.〔ニーチェ「さまざまな意見と箴言」一六八、『人間的、あまりに人間的』II、中島義生訳、ちくま学芸文庫、二〇一七年、一二二頁。「良き格言は〈時〉の歯には固すぎる。〔…〕それは、文学における最大の逆説、変転のただなかの不易のもの、塩のようにいつも尊重されつづけ、しかも塩ですらそうなるように味のぬけることの決してない食物である」〕

点から、読み直すということですね。このことは、重要なことは再び現在化されるべき意味作用の核心だということでしょうか。これは普遍的な哲学的態度、つまり普遍的プラトン主義、普遍的エピクロス主義などがあって、それ自身はつねに同じだが、つねにある違った文脈のなかにあって繰り返し現在化されるということかと思われますが。

たしかに、さまざまな普遍的態度の存在を主張することは、人間本性という観念のような何ものかを想定することですね。少なくともこの普遍的態度は、超歴史的で超文化的なものだと言えるでしょう。『内面の砦』のなかでこの問題に言及したとき、記憶が正しければ私は次のように書いたと思います——実存に向き合った人間が取りうる態度は、結局はかなり数少ないものであって、歴史的事象からの影響も受けないし、異なる文明も、この点では類似した態度に導かれるのだ、と。中国に関して、それは明らかです。『古代哲学とは何か』のなかで、私はピュロンから次の風変わりな例を引用しました。彼は他の人々の生き方とまったく同じような生活をして、完全な無差別性に到達しようと試み、妹の豚の世話をしたり、鶏を売りに市場に行ったりした。続けて中国の哲学者の列子についてですが、彼もまたまったく同じように豚の世話をし、妻を助けるために家事を行なっているのです。この無差別の姿勢——たとえば環境がどうであれつねに同じであること、ものごとの価値判断をしないこと、これは良い、これは悪いと語るのを断つこと、生活のすべてを受け入れること、すべてを他の人々と同様に行なうが、すべてに対して区別をせず何ごとにも執心しないこと——これはまさしく〔ピュロンの〕懐疑論的態度です。懐疑論的と言っても、十七世紀的な意味、つまり確実性を知的に否定することではなく、ギリシアと中国のどちらの場合も、ものごとの価値判断の差異を拒絶することです。これは普遍的存在の様相をおびた一つの態度であって、一人の人間が自分自身で見出すことができるもの、あれこれの書を読む必要もなく、一人で到達できるものなのです。オリヴィエ・ラコンブはプロティノスの神秘経験を、ヒンドゥー思想のある種の傾向と比較しています。どちらの場合にも、すべての二極性を超越しようという努力が見られるのです。この類似性（アナロジー）は神秘経験の一つの普遍的な形に根付いているとは言えないでしょうか。もう一つの例は、運命を受け入れるというストア派の態度ですが、これも中国にみられ、ジャック・ジェルネが引用している中国のテクストがそれを証明しています。エミール・ブレイエもまた、ストア派の態度を仏教のある種の態度と比較照合しています。エピクロス主義、つまりある種の安らぎ〔緊張緩和〕の姿勢が普遍的なものであることも、おおいに考えられます。この精神的姿勢の普遍性という考えは、ある姿勢つまり生き方の選択の本質を、神話や伝統という覆いから解放する努力だと見ることもできるでしょう。

A・D　一九六八年の小論文に概略を書かれた、もう一つの方法論的分野のことを取り上げたいと思います。それは「哲学、釈義、誤読」[(8)]ですが、そこでは、哲学の歴史には誤読と誤解があるこ

（8）*Études de philosophie ancienne*, Paris, Les Belles Lettres, 1998, p. 3–11 に再録。

とを強調して、それらが「頻繁に哲学の歴史における重要な進化を引き起こし、とりわけ、新しい概念を出現させた」と書いておられます。誤読が客観性の一様式でないことは明らかですが、創造的誤読と呼ばれるものの重要性を指摘していらっしゃいますね。

ご指摘の小論文は三十年前のもので、哲学史の進化を理解するための一般原理をなんらかの形で定義しようと、やや向こう見ずな試みをしていたのです。哲学史における誤読について語りながら、私はとくに古代哲学について考えていました。たとえば、アリストテレスがソクラテス以前の哲学者たちの思想を歪曲して伝えたことはよく知られています。新プラトン主義者は、プラトンの対話篇から引き出されるちぐはぐでしばしば相容れない概念を、作為的なやり方で体系化しようとする試みにおいては他に引けを取らなかったし、さらにそれらの概念を、オルフェウス詩や『カルデア神託』から取られた神話的概念に近づけようと試みています。古代の解釈学、とくに新プラトン主義の解釈学は、それが語らせたいと望むものをテクストに語らせ、暗黙のうちに大量の誤読を犯して、それがさまざまな形をとることになった。さらにその解釈学は非常に効果的な道具、すなわち寓話を用いることで、それがテクストに、その原意から非常に隔たった意味内容を許容することになるのです。ストア主義者やプラトン主義者やキリスト教徒のそれぞれが好むような内容です。タルデュー氏[9]が示したように、とくにキリスト教徒にとっては、聖書の新約と旧約との連続性を主張する助けとなりました。

間違った解釈や誤読を契機として、新しい概念が現れるというのは事実です。その好例と思われるのがヘラクレイトスの箴言の一つで、通常は「〈自然〉は隠れることを好む」(*phusis kruptesthai philei*)と訳されているものです。一九八三年のコレージュ・ド・フランスの講座で、私はこのテクストの解釈の歴史を研究したのですが、このテーマについての本をまもなく出版したいと思っています。このアフォリズムの原義を確定するのはたいへん難しい。すべての議論を取り上げることはできませんが、ただ言えるのは、その意味は生と死との対照（アンチテーゼ）に関係があるように思われる、ということです。この時代の*phusis*という語の意味を調べると、これは「生命を与えるものはまた死も与える」、あるいは「生まれたものは死へと向かう」という意味である可能性があります。しかしその後何世紀かの間にピュシスという語の意味が変化し、このアフォリズムはさまざまな哲学者によって異なった意味をもつようになった。紀元一世紀の初めにこの言葉を引用したアレクサンドリアのフィロンは、この箴言に「〈自然〉は隠れることを好む」という意味を与えています。これは本来の意味との関連では、誤読であるように思われる。フィロンにとっての〈自然〉が造物主としての〈神〉にほかならないことを考えればなおさらです。この見方からすれば、〈自然〉が隠れるのは、それが超越的であるからでしょう。またこのアフォリズムは新プラトン主義者たちにおいて新しい意味をもちました。彼らにとって〈自然〉は実在の最も低位の部分、つまり感覚可能な世界と低位の神々の世界に相応し、〈自然〉が隠れることを好むのは、その超越性ではなく反対にその弱さと地位の低さゆえなのです。そしてこの見方からすれば、「隠れる」

(9) M. Tardieu, *Leçon inaugurale.* 一九九一年四月十二日、パリ、コレージュ・ド・フランス就任講演。

は身体というヴェールや神話というヴェールに包まれることを意味します。いまはこのテーマの歴史全体を語ることはできませんが、ただハイデガーにとって、ヘラクレイトスの箴言がさらに新しい意味をもったということのみ話しておきましょう。彼は次のように訳しているのです。「隠れることは〈存在〉が好むところである」[*1]。したがって彼は*phusis*を〈存在〉と同一化している。隠れることはまさに〈存在〉の本質だ、ということです。現れているもの、それは存在者たちです。しかし存在者たちが出現すること自体、あるいはそれによって存在者が出現するそのこと、それが〈存在〉であって、その〈存在〉は開示されるのを拒むのです。出現させるもの、それ自体は隠れている。このように私たちは、謎めいた三つの語から、その著者が意図した意味を確信することのないままに、一連の新しい解釈を引き出していることが分かります。いずれにせよ新しい解釈を創り出すという意味においては、創造的な誤読と言えます。これらの意味は、ヘラクレイトスが思いつきもしなかった概念を含意しているのですから。こうした誤読が真理を創造する、という意味ではありませんが。

一九六八年に私に強い印象を与えたのは、少なくとも古代哲学の歴史を通して続いてきた無理解と、誤った解釈と、寓意的ファンタジーの積み重ねでした。それはたとえばウーシアーの概念、すなわち本質ないしは実体の概念の歴史ですが、それはアリストテレスに始まり、教父や神学生の間の論争にいたるものです。なんたるバベルの塔でしょうか！　理性がこれほど非理性的なやり方で働き、哲学的言述が（そして神学的言述も）解釈の気まぐれと誤解とにまかせて展開しうるということを思うと、当惑してしまいます。しかしこれは手短かに扱うことのできない問題で、お話ししたように、限られた紙面で取り組むのは向こう見ずなことなのです。

A・D　まずは客観性について、それから「現在的意味（アクチュエル）」の探求について、そして創造的誤読についついて話していただきました。おそらく創造的誤読は、しばしば「現在的」意味の要請と関連しているのですね。誤読と「現在的」意味の要請との間に関連性はあるのでしょうか。古代の思想の現在化は、ときに誤読を必要としました。客観性と「現在的」意味という二つの要請があって、現在化がときに誤読に導くということがあるのでは？

お答えとしてフッサールからの例を取りたいと思います。これは私がコレージュ・ド・フランスの就任講演で話したものです。『デカルト的省察』の結びでフッサールは、彼の思想の例証としてアウグスティヌスの言葉を引用しています。「外に探してはいけない。あなた自身に戻りなさい。真理は人間の内面に宿っているのだ（*Noli foras ire, in te redi, in interiore homine habitat veritas*）」[*2]。アウグスティヌスのこのテクストは、聖パウロの書簡からの引用です。しかしアウグスティヌスのこの引用は、聖パウロのテクストに照らすと誤読なのです。間違いはアウグスティヌスのせいではなく、彼が引用しているラテン語聖書によるのです。そのラテン語版は異なった二つの文章に属する語句を、勝手につなぎ合わせているのです。最初の文章でパウロは、弟子たちの心にキリストが住み給うように（a）と願い、次の文章では、弟子たちが人間の内面において（b）強められるようにと祈願しています。アウグスティヌスが引用したラテン語版は、このテクストを次のように表現しています。「人間の内面に（b）キリストが住み給うように（a）」。この語群が著者の意図と一致しないことは明らかです。しかしアウグスティヌスは、そこに彼自身の教義を読み込みました。彼はキリストを〈真理〉に変えたが、それは彼にとって明白なことでした。そして〈真理〉は我の自己自身への改心のうちにあるのだと主張する新しい意味を、この箴言にあたえたのです。フッサールはさらにこの箴言をもう一つの箴言、つまりデルフォイの神託――「汝自身を知れ」――に結びつけて用い、こう書いています。「デルフォイの神託〈汝自身を知れ〉は新しい意味をもつようになった。まず世界をエポケー〔判断を差し控えること〕によって（つまり現象学的にはさしあたり除外して）、自分自身の普遍的意識のなかでそれを再発見することである（*Noli foras ire, in te redi, in interiore homine habitat veritas*）」。私たちはまずパウロの言葉がアウグスティヌスによって現在化（アクチュアリザシオン）されて、内的な改心を表すのに用いられているのを見、次にフッサールによるデルフォイの神託の現在化を見ます。フッサールにとって、自己を知ることは超越論的〈自我（エゴ）〉を知ることであり、したがってフッサールによるアウグスティヌスの箴言の現在化は、内的人間とは超越論的〈自我〉である、となるのが分かります。フッサールには古代の伝統の再現在化の良き一例と、その伝統への注目すべきオマージュが見られ、さらにそれは彼の視点から見ると、この伝統のなかに位置づけられるデカルトの『省察』へと拡大されてゆくのですが、そこにあるのは本当のところ、誤読といわれるものではないと言えるでしょう。なぜならばデルフォイの神託の場合もアウグスティヌスの場合も、そして終局的にはフッサールの場合もですが、フッサールが行なう再現在化は概念の次元に位置するものではなく――つまりテクストの解釈に関わるものではなく――一つの実存的な態度の回復であって、世界をよりよく再発見するために世界から自由になるという自我の意識の深まりだからです。それはまさに精神の修練、精神の行為が次々に再現在化されることです。ある一つの態度、精神の修練、内面の行為が現在化されうるなら、それに応じてテクストのほうも、その時代の観点から理解され解釈されなければなりません。仮に思いがけない方法で新しい概念を出現させるような創造的な誤読があっても、それは誤読という代価を払えばテクストを現在化できる、という意味ではありません。客観性の要請は決して消え去ってはならないのです。言い換えれば、そしてこの対話の初めに戻ることになりますが、古代のテクストを私たちと同時代のテクストのように扱うことはできない。そうすると意味を完全に歪曲してしまう危険性があります。分析哲学者たちにしばしば見られる過ちは、昔の哲学者を歴史的に遡ることなしに論じることにあります。おかしなことに彼らはアリストテレスが、ラッセルとホワイトヘッドの『数学原理（*Principia Mathematica*）』を知らないことに驚いているかのようにさえ思われる。哲学史家、そしてもちろん哲学者の第一の資格は、歴史的感覚をもつことだと私は思うのです。

第五章　合一体験と哲学的生

アーノルド・I・デイヴィッドソン　神秘主義について、とくにプロティノスの神秘主義について、長い間深い関心を示していらっしゃいますが、その原因は何でしょうか。その関心の理由とは？

それは前にお話しした私の思春期の経験から来たわけではありません。私が受けた宗教教育のなかでキリスト教神秘主義に出会ったとしても、私は自分が経験したこととキリスト教神秘主義者について読んだこととを結びつけたことはなかった。まだ本当に若いときにパスカルを読んだのですが、そこには「心で感じられる神」という有名な言葉がありました。また彼の死後、衣服に結いつけられた「覚え書（メモリアル）」が見つかり、そこには一六五四年に彼が経験した一種の恍惚感が記してあったと言います。いずれにせよ、私が「神秘体験」という言葉を初めて知ったのは、新トマス主義者ジャック・マリタンの『統一するために区別する、あるいは知の段階（*Distinguer pour unir ou les degrés du Savoir*）』という本のなかで、そこではその経験が知の頂点として書かれていました。しかし何よりも、高等神学校で行なっていた「精神的」読書のなかに、十字架の聖ヨハネの本があったのです。この神秘主義者は神秘主義の道程を三つの段階に分け、浄化の道、照明の道、合一の道としましたが、これはプロティノスと新プラトン主義から受け継いだものです。でも彼はまたすばらしい詩を書いてもいて、それが私にとても魅力的でした。私も似たような経験をしたいという欲望を感じたものです。それは私の目には、人間の生が高められうる最高の頂点に見えました。そして他のキリスト教徒と同様にそこに到達できると無邪気にも考えていました。十字架のヨハネにすっかり魅せられて、在俗の修道士をやめて瞑想の隠遁生活を送るカルメル会修道士――まさに十字架のヨハネのような――になりたいと思ったほどです。しかしフォンテーヌブローに近いアヴォンのカルメル会修道院での静修は、神との直接の触れ合いを望むことは間違いであると気づかせてくれたのです。イエス・キリストを通すことが絶対に必要でした。それで私は、キリスト教の教えと神秘主義とは終局的には相容れないのではないか、と考えた。なぜなら神秘主義的経験は、さきにも言ったように、神との直接の触れ合いを与えるものと見なされているのに、キリスト教では仲介者としてのキリストが絶対に必要だからです。でもこの難しい問題をいま論じるのはやめましょう。いずれにせよ、私は神秘体験をしたことは一度もありません。

マリタンの著書ではプロティノスの神秘主義が何度か言及されており、それがキリスト教神秘主義にどのような点で劣っているかを示しています。それでもマリタンは、それがアウグスティヌスに影響を与えたことを認めている。一九四五年から四六年にかけて私がプロティノスを読み始めたのはそれゆえで、それは特に彼が神秘体験を語っている論考でした。こうして私は、純粋に哲学的な神秘体験があることを見出したのです。

付け加えておきたいことは、プロティノスの神秘主義的テクストを長い間研究したとはいえ、それでも普遍的な神秘主義の壮大な領域のほんの小さな一部分にしか取りかかっていないということです。それに私は、神秘主義「そのもの」については恐る恐るにしか語れないのです。

A・D　たとえそれが期待された結果、つまり神秘的合一の経験を約束するものではなくても、神秘体験への哲学的な準備というものがあるのでしょうか。別の言い方をすれば、あなたの場合、精神的修練と合一の経験との間にはどんな関係があるのでしょうか。

プロティノスの場合、その経験に備えるには二つの道があります。まず認識の道で、そこでは人は神学、とくに否定神学を学びます――プロティノスによればそれは一種の道路標識で、道を指し示しはするがその道を辿らせはしない――、そしてもう一つは実践的な道で、それが具体的に経験へと導く真の道です。プロティノスにとってこの実践的な道は、浄化、禁欲、精神的修練、徳の実践、〈精神(エスプリ)〉に従って生きることでした。この意味において、プロティノスにとっての哲学は、その言述においても生き方の選択においても、神秘体験に備えるものだったと言うことができます。私はプロティノスの翻訳のいくつかでしたように、ここでも意図的に「精神（エスプリ）」という言葉を使いました。私が「精神（エスプリ）」という語で表すのは、大多数のプロティノス翻訳者や注解者が正当にも〈知性（ヌース）（Intellect）〉と呼んでいる実在で、プロティノスが絶対的〈一者〉と呼ぶ最高の実在から直接に発出した最初の存在です。神的な〈知性〉は存在のあらゆる形相、あらゆる〈観念〉を内包しています。明らかに精神的なものを含意する〈精神（エスプリ）〉という語を用いたのは、「精神（エスプリ）に従って生きる」という表現をよりよく理解してもらうためでした。というのも、〈知性〉に従って生きるという意味は、たぶんもっと理解しにくいと思うからです。しかしエミール・ブレイエが示すように、プロティノスにとって〈知性〉が表すのは、何よりも自分自身を内省する精神的な態度です[1]。人間としての〈われ〉が〈知性〉あるいは〈精神（エスプリ）〉に従って生きる、あるいはそれと同一化すると言うとき、それは自分自身との関係において完全な透明性をもつこと、自分という個人の局面を超えて普遍性と内面性のレベルに達することなのです。結局〈知性〉とは、すべての存在が互いに内在し合い、それぞれの〈形相〉が自分自身であると同時にあらゆる〈諸形相〉でもあるような場なのです。したがって〈われ〉は、自分自身のうちに、他者のうちに、そして〈精神（エスプリ）〉のうちにある。この高さの〈われ〉に到達することは、すでに神秘体験の最初の段階に到達することです。なぜならそれは、超理性的な思考と存在のあり方に関わるものですから。さらに高い段階は完全な合一

（1） Émile Bréhier, *La Philosophie de Plotin*, Paris, Vrin, 1982, p. 97–98.

の状態であって、〈一者〉であると同時に〈善〉であるものとの触れ合いです。

A・D　ということは、神秘主義にはいくつかの段階があるということですね。ところで神秘主義のタイプに関連して、また別の問題があります。神秘経験は人為的な方法で、たとえば麻薬によっても呼び起こされますが、このようにして喚起された神秘体験と、偉大な神秘主義者の合一の経験との間にはどのような違いがあるでしょうか。

その点については、本当に適切なお答えができるとは思っていません。ただこの問題について見事に論じたミシェル・ユランの書物を読まれることをお勧めできるだけです。前にも話した『野生の神秘』[2]です。彼はこの用語によって、ある宗教とかある精神的伝統といったものにはつながらない神秘体験全体を表しています。そして一方では「大海原にいる感覚」について、また他方では麻薬の使用で得られる経験について整理しています。麻薬の効果で得られる経験で、神秘体験とかなり類似した印象を与えるように見える経験に関して、それは人為的経験であると彼は示しています。そのような経験は、道徳的・禁欲的準備の枠組みのなかでの個人の実際の変化に基づいたものではないので、ついには結果として、ひとは非現実、失望、苦悩の餌食になり、結局はむしろ破壊的な経験になってしまうのです。

「大海原にいる感覚」に関しては、ミシェル・ユランがきわめて興味深いことを書いています。とくに私が若かったとき、そしてその後もしばしば経験したことに関連して、そのことをすでにお話しましたね。全体として、とくに最初のときは、その経験は突然に、自発的に、禁欲的もしくは知的な準備などなしに、現れたのです。それ以来私は、自分の存在が宇宙の一部であるという意識を呼び起こそうとたびたび努力し、その強烈さを再体験しようとして、ときには成功したこともありました。いずれにせよ、私が経験したことは、私にとって一つの好機だったと思います。それは哲学という天職への起源になりましたし、また〈自然〉や〈宇宙〉や実存に対する感受性を深める源になったのです。「大海原にいる感覚」は、たとえばキリスト教的またはプロティノス的な神秘経験とはかなり違ったものだと思っています。たしかに、これら二つの神秘経験には共通点があり、それは自分があるものの現前の感覚、あるいは他の何ものかとの融合の感覚をもつことですが、しかしキリスト教やプロティノスの神秘経験のなかにはある種の人格的な関係があって、それはしばしば愛に関する語彙から取り入れた言葉で説明されています。プロティノスにも、〈一者〉を神として語るときに、この人格化への傾向が窺われるのです。

A・D　実際、神秘経験と愛の経験、それらを説明する言葉はしばしば同じだということですね。愛の経験と神秘経験の道との関連は、正確に言うとどんなものでしょう。

（2） Paris, PUF, « Perspectives critiques », 1993.　本書一二三頁参照。

精神史の伝統のなかでは、あらゆる神秘主義者が、自分の経験を愛の経験から借りた言葉で語っているというのは一つの事実です。これは普遍的な現象で、たとえばユダヤの伝統では、「雅歌」は愛の詩であると同時に神秘の詩でした。これはイスラーム教徒やヒンドゥー教徒でもそうですし、キリスト教徒でも、神との合一を語るときにはやはりなお「雅歌」の表現を用いています。プラトン主義の伝統でもそうで、プラトンの『パイドロス』や『饗宴』にはこの昇華された愛が見られます。プロティノスの場合に注目すべきことは、プラトンと異なって――プロティノス第五〇論考を読んでいて気づいたのですが――神秘経験のモデルになりうるのはただプラトンに見るような男性的愛なのではなくて、夫婦の愛でもありうることでした。実際プロティノスにおいては、神との一体化と愛による一体化との類比があるだけではなく、人間的な愛は神秘経験の出発点であって、神秘的な愛は人間的な愛の延長上にあるのです。というのも、私たちがある存在を愛するのは、まずもって本来、至高の〈美〉を愛するからであって、その存在を通して至高の美が私たちを惹きつけるからです。したがってこれは、すでに神秘経験を予告しているということなのです。さらに、二者が一体になるという身体的合一は、神秘主義者とその経験の対象との一体化のモデルとなります。この主題に関しては、まったく別の問題を考えないといけません。それは神秘主義者にとって、神秘経験が愛の喜びの禁欲的節制の埋め合わせになりうること、さらには、神秘経験が性的な快楽を、肉体の性的な反響を伴うことにさえなりうるということです。でも私はこのことについてお話するほど、神秘主義者の心理に関する十分な知識は持ち合わせていません。

A・D　近年、あなたは否定神学と神秘経験との重要な違いについて書いておられます。否定神学は論理的な方法による哲学理論ですが、神秘経験は理論を超えたところに変容の具体的な道程を要求します。〔プロティノスの〕第三八論考の注解に書いておられるように、(3)「理性は神学的方法によって〈善〉の概念にまで高められるが、〈精神(エスプリ)〉による生のみが〈善〉の実体に導くことができる」。否定神学と神秘主義の具体的な経験との関係を説明していただけますか。

まず、否定神学とは何かを明確にしましょう。それは神学、つまり神を論じるものですが、否定のみを用いるものです。偽ディオニュシウスの神秘神学から例を借用すると、神は動くことなく、不動でもなく、一性でもなく神性でもなく、善でもなく、精神(エスプリ)でもない等々。これらの否定の理由は、神は人間が語るために用いうるあらゆる修飾語を超越していると考えられるためです。この方法は、至高の原理は思考不可能であって、「絶対者」は人が語れる対象ではありえない、そしてプロティノスが言うように、(4)

(3) P. Hadot, *Plotin, Traité* 38, Paris, Éd. De Cerf, 1988, p. 349.
(4) P. Hadot, *Plotin, Traité* 9, Paris Éd. Du Cerf, 1994, p. 82 (chap. 3, ligne 49).〔「善なるもの一なるもの」田中美知太郎訳、『プロティノス全集』第4巻、中央公論社、一九八七年、五七二頁。(VI, 9, 3)「われわれはかのものから由来するところの何かをもっているけれども、かのものは自分だけで自分のうちにあるからである。〔…〕ただわれわれはいわばその外側のようなところを走りまわって、われわれ自身の体験をことばに直して言おうとしているにすぎない」〕

神について語るとき、われわれは自分自身について語るだけであるということを意識させます（つまり、われわれは相対的なものについてしか語れないというのがその前提です）。この神学思想は、紀元前一世紀以後のプラトン主義（アレクサンドリアのフィロン）において広められ、キリスト教徒やグノーシス派に受け継がれました。私たちは否定神学と神秘主義とを混同することがあまりに多いように思います。この混同は広範囲にわたるもので、歴史的な基盤をもつとも言えるでしょう。というのも、ディオニシウス・アレオパギタつまり偽ディオニシウスの書『神秘神学』という書名には、たしかに「神秘」という語があるからで、この言葉はギリシアの伝統全体を通して「秘密」を意味しています。実際その内容を調べると、それは否定神学に関する書でしかないのです。しかしあなたも言われたようにプロティノスは、純粋に論理的で抽象的な否定神学と、合一体験とを区別しています。さきにも言ったように、彼は合一体験を道を指し示す標識に喩えていますが、それは道そのものではなく、苦行と〈精神（エスプリ）〉に従う生の道なのです。それでもやはり、否定神学は合一体験と密接に結びついている。否定を積み重ねることは、心のなかにある種の空白を生み出し、それが神秘経験への素因となると言えるかもしれません。

「語りえないもの」と「神秘的なもの」とのある種のつながりは、ウィトゲンシュタインの『論理哲学論考』にも見出されるのです（これは否定神学が問題になっているとは言えませんが）。ウィトゲンシュタインはそこでこう書いています（6・522）。「語りえぬものがある。それはおのずから現れるのであって、それが神秘なのだ」[*1]。言語の限界、あるいは言葉では言い表わせないもの、それはまた同時に「神秘」なのですが、このことはウィトゲンシュタインにとって実存そのものであったと思われます。

たとえば彼が次のように言ったときの、世界の実存です。「この世界があるということ、そこに神秘があるのだ」〔ibid.〕。

A・D　神秘経験は普遍的なものと思われるけれども、その経験の描写や解釈はつねにある一つの伝統やドグマの総体、特定の思想の世界に結びついていると書いておられますね。この経験の普遍性とその描写の多様性とは、どのように結びつくのでしょうか。

実際、ある普遍的な現象が問題になっているのだと思います。神秘主義の文献は世界中にたくさんあります。まず極東には、道教、バラモン教、そして仏教があり、そしてギリシアにはプラトン主義と新プラトン主義、そして新プラトン主義の影響を受けたキリスト教とユダヤ教とイスラームのうちにもあります。これら全部に加えて、ミシェル・ユランが語る「野生の神秘」のきわめて多くの経験がありま す。そのどこにおいても神秘経験は、その神秘家たちの語るところでは、基本的に同じ特徴をもって現れる。つまり、ことばでは言い表せないもので、ときには甘美な苦悩、あるいは歓喜と平穏をもたらすのです。多くの場合、それは突然に現れ、そして消え去ります。しかし違いもある。まず、神秘家の注目は精神的な対象に向けられます。たとえば、プロティノスの場合は〈精神(エスプリ)〉と〈一者〉、十字架のヨハネの場合は〈三位一体〉のように。しかし感覚的な対象の場合もあります。ピエール・リュックマンが言うように、仏教の禅においては「仏陀の絶対性は平凡で直接的な現実の絶対性のなかに見出される」といいます。[5] またウィトゲンシュタインにおいては、神秘家の注目は実存（「世界が在るということ」）に関わります。さらにこの状態の理論的、神学的な説明は、伝統によって非常に異なっています。たとえば十字架のヨハネとキリスト教神秘主義者はこの状態を、〈父〉と〈子〉と〈精霊〉という〈三位一体〉の内面的生へと魂を結びつける、神の恩寵の結果であると考えます。一方プロティノスは、〈一者〉との愛による合一を次のように説明しました。神的な〈精神（エスプリ）〉あるいは神的な〈知性（ヌース）〉には、二つの局面あるいは二つの契機がある。一つは、それが〈一者〉から生まれてまだ「思考」はせず、ただ「愛」するのみであって、それの源である〈一者〉に対して愛の酩酊状態にあるとき、そしてもう一つは、自らが思考する〈精神（エスプリ）〉となるときです。神的な〈精神（エスプリ）〉と結ばれた「魂（アーム）」は、愛する〈精神（エスプリ）〉と一致したとき、合一の体験を覚えるのです。また別の伝統では、異なった説明が見出されるでしょう。しかしこの経験自体は実際、何によって成立していて、どのように説明されるのでしょうか。最も大切なのはこのことであって、それを語ることは、私にはまったく不可能です。プロティノス研究のなかで答えのいくつかの要素を示そうと試みましたが、それはほんのわずかな貢献にしかなりません。問題は壮大なのですから。

A・D　いまや哲学的な準備——禁欲的、道徳的、知的な準備が、あなたにとっては合一体験と同じくらい大切なものであるように思われてきます。この体験が得られなかったとしても、それを準備する振る舞いのなかに価値があるのですね。合一体験の可能性と、哲学的な生き方の必要性との間にはどのような関係があるのでしょうか。

私の考えを言う前に、やはりプロティノスの話で始めましょう。彼にとって、哲学的な生き方が事実上、神秘経験への準備をするのであれば、その哲学的生き方はそれ自体価値あるものだろうと思います。実際には、プロティノスの神秘経験は非常に稀なものでした。ポルフュリオスが言っているように、それ以外のとき、つまりほとんどすべてのとき、彼は「自分自身と他者たちとに対して現前している」よう努めたのです（『プロティノスの生涯』*Vie de Plotin*, 8, 19）。これは結局、あらゆる哲学的な生き方のあるべき姿のみごとな定義なのです。

いま問題を一般的に考えるならば、脱我の経験は、どんな種類のものであれ、哲学的生に不可欠というわけではありません。何らかのかたちでもしそれが不意にやってきたら、それは哲学者に実存の神秘についての視野を開いてくれることは事実でしょうが、しかしそれが終着点ではないし、それを探し求めるのも無益なことでしょう。

A・D　『プロティノス——純一なる眼差し』（一九九九年）の最新の校訂版では、プロティノスの神秘主義についてちょっとした批判を書いていらっしゃいますね。「〈すべてを取り去れ〉とプロ

（5）Shitao, *Les Propos sur la peinture du moine Citrouille-amère*, Hermann, 1984, p. 45.〔石濤『苦瓜和尚画語録』〕

ティノスは言う。しかし、まさに生き生きとした矛盾のなかで、彼は〈すべてを受け入れよ〉とも言うべきだったのではないか」。この軽妙な批判は、確かにあなたの哲学的嗜好の変化につながっていると思います。なぜなら今は新プラトン主義的神秘主義よりも、ストア主義とストア派的精神の修練に関心を惹かれていらっしゃるように思われるからです。

「すべてを取り去れ」というプロティノスの勧告それ自体は、合一体験を望んでいる人に対する適切さという観点からは正当だと思われます。それは何ものにも立ち止まらず、つねに無限に向かってゆく動きのなかで、特殊なもの、限定されたもの、限りあるものをすべて超えてゆくことなのですが、それはプロティノスの見方からすれば、限定というものはすべて否定的だからです。けれども、「すべてを受け入れよ」と付け加えたとき、私はこの除去の神秘思想に対して、受容の神秘思想があることを示そうと思いました。その神秘思想においては、ものごとは光を遮る障壁ではなくて、光を顕わす色彩豊かな反映なのです。『ファウスト』第二部の序詞で滝を見るファウストが、そのなかに「生がある」と言っているように。私たちは最も単純で最もつつましい、最も日常的なものの現実のなかに、言葉にならないものの存在を認めることができる。私が言おうとしていることを分かっていただくために、フーゴー・フォン・ホフマンスタールの『チャンドス卿への手紙』から、ちょっと長い引用をするのを許してください。「先日の夜、私は胡桃の木の下に、若い庭師が置き忘れていった散水用のバケツをみつけました。半分ほど水が入ったこのバケツは木の影に隠れていて、一匹のミズスマシが薄暗い水のなかを、一方の端からもう一方の端へと水をかきながら往来しています。このちょっとした出来事の組み合わせが、私の面前に無限性の存在を開き見せて髪の付け根から足の先まで貫通するので、私は何か叫びたい気持ちになりましたが、もしその言葉を見つけていたら、自分が信じてもいない智天使ケルビムでさえも平服させたにちがいないと思ったほどでした」[*2]。無生物の世界だけが問題なのではありません。日常生活それ自体が、とくに他者との関わり合いにおいて、神秘的な価値、あるいは少なくとも神聖な価値を帯びることがあるのです。セネカはすでにこう言っています――「人間は人間にとって聖なるものである」。ですからプロティノスの神秘主義に対する私の批判は、普遍的な神秘主義という一般的な観点からのものです。神秘経験にはたくさんの異なった形があるという事実を強調したいと思ったわけです。

付け加えて言えば、プロティノスの神秘主義についての私の疑問は、すでに一九六三年に『プロティノス――純一なる眼差し』の結論に書いたことなのです[*3]。私はそこで、現在プロティノスと私たちとの間にある隔たりを強調しました。プロティノスの神秘主義は、ベルクソンの表現によれば、一つの「呼びかけ」として現れています。プロティノス的経験を従順に再現する呼びかけではなく、ただひたすら勇気をもって、人間の経験のなかに神秘的なもの、語りえないもの、超越的なものを受け入れることです。というのもあの本を書きながら、文字通りに解釈されたときにそれが読者を蜃気楼のなかに、具体的な現実とはほど遠い「純粋な精神」という錯覚のなかに引き入れる危険性がどれほどあるかを案じていたからです。本を書き上げてすぐ、私はその危険性を確認したのです。他のところでも書きましたが、あの小著を書くためにひと月の間ほとんど修道院にこもったような生活をしたあとで、パン屋にパンを買いに行ったのですが、そのときの印象がなんと奇妙だったことか。「私は未知の惑星にいるような印象を受けた」と書いたのは十分な表現ではなかった。実際、パン屋で私の周りにいるまともな人たちを見たとき、私はひと月の間むしろこの世界とはまったく違った別の世界、いやそれよりもひどいことに、まったく非現実的で生きることなどできない世界に住んでいたかのような感じだったのです。でもこのことは、その後何年かプロティノスの研究をする妨げにはなりませんでした。ある種の神秘体験であるこの異常な現象について考えると同時に、この体験とプラトンの教えとを関連づけるものは何なのかを考えましたし、それに神秘思想を表わすプロティノスの文章の文学的美しさに魅せられてもいたのです。ただ個人的な見方からすれば、私にとって神秘経験は、キリスト教的なものにせよプロティノス的なものにせよ、青年時代に感じていたような強い魅力は失っていましたし、新プラトン主義は手に負えない位置にあると思われました。とくに私は、その著書や生活において一種の新プラトン主義を奉じていたジャン・トルイヤールの姿勢からは、早々に遠ざかっていました。彼にとってプロティノスはつねに現在的であって、私が『プロティノス――純一なる眼差し』の結びに、プロティノスとわれわれとの間にある大きな深淵についての文章を書いたことは、彼の非難の的となりました。

質問に戻りますと、たしかに現在は、哲学について私が抱いている考えを分かってもらうには、プロティノスよりもストア派とエピクロス派の思想のほうが、いまの同時代の人々には近づきやすいというのが事実だと思われます。エピクロス派の思想のいくつか、マルクス・アウレリウスの箴言のいくつか、セネカのページのいくつかは、今日でもまだ受け入れられる考え方を示唆しています。反対にプロティノスが言おうとしていることを理解するには、長い注解でテクストを解明せずにはほとんど不可能なのです。一九八七年にセール社版の選集の出版を企てたのはそのためでした。いまそれはリーヴル・ド・ポッシュ版で『プロティノス著作集（*Les Écrits de Plotin*）』として出版されています。

A・D　神秘経験においては〈われ〉の変貌があります。さらにまた、一見パラドックスに見えますが、あなたの考え方では一見そう見えるだけのパラドックスである、〈われ〉との断絶があります。〈われ〉の変貌がどのようにして〈われ〉との断絶でもありうるのでしょうか。

神秘経験についてのプロティノスの説明には、一方では〈われ〉がいわば自らを失うという事実を強調する表現がたくさんあります（38 = VI, 8, 34）[*4]。彼はもはや自己意識をもたず、いかなる特定のものももたず、魂（アーム）でもなく、〈精神（エスプリ）〉でもなく、明らかに肉体でもありません。これが〈われ〉との断絶です。しかし他方では、とくに第九論考（VI, 9）[*5]には、〈われ〉の強化を印象づける横溢、拡張、拡大という一連の表現があります。これは〈われ〉の変貌の一局面と言えるでしょう。終局的にはこの二つの局面は同一ではないかと私は思うのです。脱我の瞬間には〈われ〉はその限界から脱して、無限へと拡

（6）*Plotin, Porphyre*, Paris, Les Belles Lettres, 1999, p. 15.

がってゆく。これは喪失であると同時に一つの獲得、〈われ〉がより高い存在形式へと上昇したということです。〈われ〉が到達しうる、より高度な地点は、彼を完全に超えた何ものかのなかに自分を失うという印象を与える地点なのではないか。しかしプロティノスにとって、この状態は意識の流れの断絶ではないのです。心はその脱我状態を記憶していますし、不正確ではあってもそれについて語ることができるとプロティノスは強調しているのですから。

A・D　『プロティノス——純一なる眼差し』のなかで、「真のわれ」という表現を使っていらっしゃいますね。でもそれは「真のわれ」の発見というよりはむしろ、〈われ〉の変貌に関わることではないでしょうか。

この質問に答えるには、〈われ〉のレベルをどのように理解しうるかを確認する必要があります。私は三つのレベルと、「もう一つ」に分けて考えたい。まず三つのレベルとは、感覚的意識のレベル、つまり身体と一体であるかのようにふるまう〈われ〉、次に理性的意識のレベル、つまり自分を心であり論理的反省力として意識する〈われ〉、そして第三は霊的な意識のレベルです。この第三のレベルの〈われ〉は、自分が無意識のうちにつねに〈精神（エスプリ）〉または〈知性（ヌース）〉であって、理性的意識を超えており、論理や反省なしに一種の霊的、直観的な光明に到達すると考えるものです。プロティノスと、とくに彼の弟子ポルフュリオスが「真のわれ」と考えるのがこの第三のレベルでした。哲学は第一のレベルから第三のレベルに上昇することなのです。

私は三つのレベルと「もう一つ」といいましたが、それは、神秘経験がまったく違ったレベルを表しているからなのです。〈一者〉の神秘経験において、さきの「真のわれ」は〈精神〉との合一状態を超えて、絶対的な統一と純一さの状態に到達します。それはある意味で〈精神〉とともに非決定と無限性の状態を生きることで、プロティノスの言では〈精神〉が〈一なるもの〉から分かれて生まれる瞬間に覚える酩酊状態だと言います。それは自分自身を超えて変貌し、無限のなかに拡散します。しかしこれは哲学者にとってきわめて稀で、非常に例外的な経験です。

A・D　プロティノスの経験に関してクローデルの詩の一行を引用しておられますね――「われのなかにあり、われ以上にわれなるもの」[*6]と。

クローデルの場合はプロティノス的神秘主義ではなく、キリスト教の見地からのもの、つまり基本的には、造物主はわれわれ以上にわれわれ自身である、それは〈われ〉の源であるから、ということです。それはプロティノスの教理の場合と同じだとも言えます。〈一なるもの〉もまた諸物の源なのですから。でもプロティノスに関してこのクローデルのテクストを引用したのは理にかなっていたかどうか、自分でも疑問に思います。この点については、難点を列挙するほかありません。まず、キリスト教の神は人格的であって、人はその神を「ある人格」として、われわれの自我の内面にある一体の〈われ〉として考えることができます。プロティノスの〈一者〉は人格ではありません。〈精神〉は限定され、主体と客体の二重性をもつので、私たちの「真のわれ」と考えうるのですが、〈一者〉の絶対性は私たちの〈われ〉にはなりえないのです。プロティノス的神秘経験において〈われ〉と〈一者〉との同一化を語れるかどうか、疑問に思うのはそれゆえです。相対的なものがどうして〈絶対者〉と一致できるのか。むしろ定義できないものの〈臨在〉の感覚を語るべきかもしれません。それでもプロティノスは第九論考において、はっきりと同一化を語っていると思われます[*7]（VI, 9, 10, 21）。この文章は同一化の印象を語っていると解釈してもよいかもしれません。これは私自身が問い続けている問題なのです。

A・D　付け加えますと、「賢者の姿」[7]と題する論文であなたは、真の〈われ〉の問題はたんに神秘主義の問題にではなく、知恵の問題に結びついていることを示していらっしゃいますね。人はつねにその〈われ〉を、自分自身を超えたところに求めなければならない。真の〈われ〉は内部にあると同時に彼方にある。これは自分自身の最善の部分を見つけようとする絶え間ない探求で、それは自分を超えることであると同時に、われわれ自身の一部に真の〈われ〉があるという認識でもあるのですね。ストア派、アリストテレス、そしてプロティノスの場合がそうでしょうか。

たとえばアリストテレスの場合、知性がわれわれを超えたものとして現れるのは確かです。それは神的な次元にあって、それでもなおわれわれの真の〈われ〉なのです。ですから、人間の精髄をなすものは、人間を超えた何ものかなのです。プロティノスは、知性(ヌース)はわれわれ自身の一部であり、われわれはそれに向かって上昇するのだと言うでしょう。またマルクス・アウレリウスは内面にある神的なものとしてのダイモーンについて語りますが、それは〈宇宙理性〉にほかならず、われわれ自身であると同時にわれわれを超えたものなのです。哲学者が知恵に到達しようと努力するとき、彼は理想の〈われ〉であるこの真の〈われ〉と完全に同一化した状態に到達しようとするわけです。

一般的に言えば、私個人としては、この基本的な哲学の選択、したがって知恵への努力は、不公平で偏った、自己中心で利己的な自分を超えて、ものごとを普遍的で全体的な観点から見るような、より高いレベルの自我に到達しようとする努力だと考えたい。それは自分自身を宇宙(コスモス)の一部として意識し、したがってものごとの全体を視野に入れることです。私はアンヌ・チャンがその著『中国思想史』のなかで「道(タオ)」について書いた文章を記憶しているのですが、それは「あらゆる精神性の形式は、「放棄すること」、つまり、限定され限定せんとする自我を捨て去ることである」[8]というものです。この言葉を見ると、「自我」のレベルを変えるという考えは、たいへん異なったさまざまな哲学のなかに見出されるのだと考えたくなりますね。

(7) *Sagesses du monde*, éd. par G. Gadoffre, Paris, 1991, p. 9–26.
(8) Anne Cheng, *Histoire de la pensée chinoise*, Paris, Le Seuil, 1997, p. 198.〔アンヌ・チャン『中国思想史』志野好伸・中島隆博・廣瀬玲子訳、知泉書館、二〇一〇年〕

第六章　精神の修練としての哲学

アーノルド・I・デイヴィッドソン　哲学の視点から見た精神の修練とは何でしょうか。その例を挙げていただけますか。

「精神の修練」という表現は、私が知るかぎり哲学に関して用いられることはあまりありませんでした。一九五四年に出版されたパウル・ラボーの著書、『心の導き――古代における修練の方法』は哲学のこの面に関して関心をもつ人々に刺激を与えましたが、彼は「道徳的修練（エグゼルシス）」という表現を用いて、聖イグナティウス〔デ・ロヨラ〕の有名な『霊操』がこの伝統に属することを示しています。一九四五年にルイ・ジェルネは「修練」という語を、精神を一つにして集中させるための技法として用いました。(1) また一九六四年にはジャン＝ピエール・ヴェルナンが『ギリシア人の神話と思想』のなかで、「精神の修練」をエンペドクレスに関連して、過去の生を想起する技術として語っています。[2] この表現は稀なようにみえますが、それほど奇異なものではありません。

個人的には私は精神の修練を、個人の変化、自己の変容を目指した意志的で個人的な行為であると、定義したいと思います。ジャン＝ピエール・ヴェルナンとルイ・ジェルネはその例となりうる二つの手本を示しました。もうひとつの例は、これもまた古いものですが、人生の困難に備えるもので、ストア派にとっては貴重とされるものでした。病気、貧困、追放などの運命の転変に耐えるには、そうした機会がありうることを考えて準備しなければならない。覚悟していたものはより容易に耐えられるのです。この修練はストア派よりもかなり古くからありました。それはすでにアナクサゴラスによって勧告され、エウリピデスの『テセウス』のなかで繰り返されています。しかもアナクサゴラスは彼の息子の死を知ったとき、ストア派に先がけて、一人のストア哲学者のごとくこう言っているのです。「私は死すべきものを生み出したことを知っていた」。もう一つの例は『パイドン』に見るプラトンの定句です。「哲学することは、死への修練である」、つまり肉体から離れ、肉体が強いる感覚的で自己中心的なものの見方から離脱するということでした。エピクロス派も精神の修練を提起しています。たとえば良心の審問、過ちの告白、黙想、欲望の制御など。

（1） Louis Gernet, *Anthropologie de la Grèce antique*, Paris, 1968（2e ed. 1982, p. 252）に収録された論考。
（2） Jean-Pierre Vernant, *Mythe et pensée chez les Grecs*, Paris, Le Seuil, 1965, t. I, p. 94.

精神の修練に関して私が著書で一般的に語ったことは、私がそれを避けようと努めたにもかかわらず、次のような印象を与えかねないものでした。つまり、精神の修練とは哲学の理論や哲学の言述に付け加えられるものだ、という印象です。そうすると、たんに抽象的な理論や言述を完成させる実践であると思われてしまいます。修練とは実際には哲学全体であって、それは教育的言述であると同時に、われわれの行動の指針となる内面的理念でもあるのです。確かに修練とは、むしろ内面の言論のなかで、またそれによって実現されるものです――このことに関しては、エピクテトスがその『手引書』のなかでしばしば用いているギリシア語の *epilegein* という慣用的表現があります。つまり、「内面の言葉を現状に付加する」ということです。たとえば人が次のような格率（マクシム）を心に思ったとしましょう。「起こることが起こらないようにと願ってはならず、起こることは起こるべくして起こることを望まねばならない」。これらは私たちが用いる内面的な箴言であって、個人の気の持ち方を変えます。しかし外的な言述、教育の言述のなかにも精神の修練はあります。これがとても重要だと私が思うのは、今示そうと思ったことは何よりも、われわれが純粋な理論つまり抽象と考えることは、その表明の形式におけると同様にその目的性において実践であるということだからです。プラトンが対話篇を書いたとき、アリストテレスが講義をしてその講義録を公けにしたとき、エピクロスが書簡をまとめその複雑で長い自然論を紀草したとき――不運なことにそれはヘルクラネウムで発見された小片群の形で断片的にしか残っていないのですが――これらいずれの場合も、哲学者が一つの学説を展開していることは確かです。しかしその展開はある種の方法、すなわち情報（アンフォルメ）を与えるというよりは育成する（フォルメ）という方法で行なわれているのです。

すでに話したように、哲学的言述はしばしば学問教育の方法と関連して、問いに対する答えの形で表されています。たんに知識欲を満たすためであれば、ある問いに対してある答えを与えれば十分でしょう。しかし多くの場合、特にアリストテレスにおいては特徴的ですが、学者は問いに対してすぐには答えず、答えをもってくるために多くの回り道をします。プラトンの対話篇においても、またプロティノスの場合も同じです。彼らは証明をいくたびか繰り返しさえします。この回り道と繰り返しはまず論理的思考を会得するためですが、また同時に探求の対象が、アリストテレスが言ったように、ついには完全に親しく身についたものになるようにすることなのです。(3) つまり知識を終局的に完全に内面化することです。この訓練の意義はソクラテス的対話と呼ばれるもの、そして結局はプラトン的対話でもあるものにおいては明らかで、そこでは問いまたは答えが個人のなかに疑問を生じさせ、さらには感動を、そして反発さえも引き起こすとプラトンは言っています。この種の対話は一種の苦行であって、議論の規則に従わなければならない、つまり第一には、他者に自己表現の権利を認めること、第二には、明白な証拠があるときはそれに賛同すること——これはひとが間違っていることが分かったときには難しくなります——、そして第三には、対話相手たちの上に、ギリシア人がロゴスと称する規範、どんな場合にも客観的であろうとする言述を認識することです。このことはソクラテス的論法には確かに当てはまりますし、

(3) Aristote, *Éthique à Nicomaque*, VI, 1147 a 22.〔『ニコマコス倫理学』加藤信朗訳、『アリストテレス全集』13巻、岩波書店、一九八八年、二一七―二一八頁。「学問が分かるためには、それらの言葉が、いわば、一つの根から出て生い茂るように相互に結び合わなければならないが、そのためには時間を要する」〕

いわゆる理論的と称される論説も、特に弟子たちに対して精神的生き方の教育を目指すものにおいては真実なのです。それはより劣った理屈、とくに感覚的証拠や感覚的知識を超えて、純粋な思考と真理への愛に向かって上昇しようとすることです。理論的説明に精神的修練としての価値があると私が考えるのはそれゆえなのです。理論的説明は、聞き手が同時に内的な努力をしないかぎり完全ではないというのも本当でしょう。プロティノスの言葉を例にとるなら「人は情念と肉体から解脱しないかぎり、魂の不死を理解することはできない」のです。

A・D　古代では精神の修練が中心的位置にあったことを、どのようにして実感なさったのでしょうか。あなたが言われたのは、それは精神性を追求したことの結果ではなく、むしろ方法論的問題、古代哲学のテクストをどのように解釈するかという問題の結果だということでした。修練と体系とは、方法論的に対立させられるのでしょうか。

始めに言いましたように、私にとって問題は、哲学者たちの一貫性のなさ——一見そのように見える——をどのように説明するかということでした。プラトンの対話篇には謎があって、それらは難点（アポリア）を含み、互いに不整合であるということです。またアリストテレスの『天体論』への序文でポール・モローが、アリストテレスは矛盾している、書き方が拙い、と言っているのを見てはっとしました。さらにまた、プロティノスの論説では思考の動きを把握するのも極めて難しい。結局私は、これらの一見不整合と見えるものは、古代の哲学者がまずもって意図したことが真理の体系的理論を提示することではなく、思想のみならず生き方を方向づける方法を弟子たちに教えることであったという事実によって説明されるのだ、と考えるに到ったのです。古代には体系的理論の概念がなかったという意味ではありません。体系（システム）という言葉は存在しましたが、それは思想で作られた構築物ではなく、各部分が互いに依存し合っている有機的な全体を意味していたのです。系統立った思考という概念も、エウクレイデスの幾何学と公理論の影響のもとに存在していました。哲学の書物のなかにも体系的と呼ばれるジャンルが存在したことは先にも述べましたね。つまり、原理や基本的定理から導き出しうるすべての結果を演繹する、という形です。実際この体系化の努力は、行動の指針となる基本的教理をその手にもち、論理の厳密さと一貫性の印象が与える揺るがない確実さを取得することを弟子たちに可能にすることを目標にしていました。このことは教理の一貫性で名高いストア派の学者たちに当てはまりますが、またエピクロスの『書簡集』にも当てはまります。後者には、エウクレイデスの『原論』を模範とした跡が見られるのです。

まとめとして、二つのことを挙げたいと思います。一つは、解釈の努力をしながら分かったことですが、古代哲学を解釈しようと思うならば、何よりも著者の思考の動きと紆余曲折に従ってゆく努力をしなければならないこと。それは結局、哲学者が弟子に実践させようとする弁証法的または精神的な修練であって、たとえば論題をさまざまな異なった出発点から取り上げて見ることであって、アリストテレスに見るように、必ずしも厳密に一貫性をもつとは言えない連続的な訓練なのです。そしてもう一つは、エピクロスやストア派の哲学者のある種のテクストのように体系的な構想を目指す場合は、精神的修練の実践はいわば記憶術（mnêmotechnique）とも言えるもので、それは生き方を定める教理をよりよく同化し、自分自身のものとして確実に所有させることを目的とするものなのです。

A・D　現代的な体系の目的は、世界や人間についての説明を与えることですが、それに対して古代の哲学の主要な目的、それは聞き手を変化させることだと言えるでしょうか。

さきにも話したと思いますが、ゴルトシュミットがプラトンの対話篇について語った見事な言葉を思い出したいと思います。彼はこう言いました、「これらの対話の目的は情報を与えること（アンフォルメ）ではなく、育成すること（フォルメ）だ」と。そしてこれは古代哲学全体について言えることだと思うのです。哲学の言述が存在や物質、また天体の現象や元素についての情報を与えるのを目的にしていることは当然ですが、それと同時に精神を形成すること、つまりいろいろな問題や理にかなった方法を認識するように、そして考え方や生き方を方向づけるように導くことを目指しているわけです。ヴェルナー・イェーガーが前古典（アルカイック）および古典の思想の全貌を描いたその著書を『パイディア』、つまり「育成」と題したとき、彼はすばらしい直感をもっていたと思う。ギリシア人にとって重要なことは、身体と精神の育成だったからです。エピクテトスもしばしば、さらに円熟した哲学者を指して *pepaideumenos*、つまり「育成された人」と称しています。形成ということに対するこの考え方が、ある種の現代哲学との大きな違いなのではないでしょうか。

A・D　ということは、もし読者が哲学的定句をその言表の文脈から引き離して、それ自体で価値ある純理的な命題をそこに認めようとすることは、それらの意味作用を曲解し、意味を歪曲する恐れがあるということでしょうか。

私個人としては、哲学者についてはその作品を分析しながら研究することを第一と考えていて、それは作品の文脈から離れて論理的命題を引き出しながら一つの体系を取り出そうとすることよりも大切だと思っています。作品は生きています。それは著者と読者とを運んでゆく行為であり、動きなのです。体系の研究は、枯葉で一杯の植物標本みたいなものです。一つの作品、たとえばエピクロスの「ヘロドトスへの書簡」[*1]の枠内では、その理論的命題を、エピクロスがそこで提議している自然に関する主張にとって完全に有効なものと解釈するのは当然です。その書簡を書いたときエピクロス自身が、それらを理論的命題として表明することを望んだのです。しかしその文脈を無視してはいけない、つまりそれは彼が書簡の結びで明らかにしている、そのセラピーとしての役割です――これらの命題は弟子たちに心の平穏を与え、神々への恐れから解放するためのものです。これらの理論的命題は、救済の効果を最善の方法で生み出そうという試みのなかで主張されたものと考えられます。

哲学テクストの理論的内容を決定するに際しては、いつもおおいに慎重にならなければなりません。古代全体を通してプラトン主義者たちは、プラトンが本当に『ティマイオス』において、〈世界〉は時間のなかで、それを可能な限り良いものにしようと考えた〈造物主〉によって造られたのだと教えようと望んだのかどうか知ろうとして議論しました。プラトンは明らかにそう語っています。しかし新プラトン主義者たちは、プラトンにとって可感的〈世界〉は永遠であり、意志や論理の仲介なしに叡智的〈世界〉から発出したのだと考えるでしょう。彼らにとって『ティマイオス』におけるプラトンの主張は、彼がその作品において展開したいと考えた神話的な語りという視点に置かれるべきものなのです。一般的に言って、ある一つの主張の意味は、著者が選んだ文学ジャンルとその主張が書かれた文脈との関連において解釈されるべきものです。これも先の話のなかで触れたことですが。

A・D　「精神の修練」という言葉を聞くと、私たちはほとんどすぐに宗教とかキリスト教的精神性を考えてしまいます。しかしあなたのお考えによれば、このような解釈は非常に限定されたものですね。なぜなら精神の修練は歴史的にも哲学的にも、必ずしも宗教に結び付いてはいないからです。「精神」という言葉をどのように解釈すればよいのでしょうか。

「精神の修練」という言葉はさんざん議論の的になりました。哲学コレージュの私の研究に関する検討会で、同僚で友人のサンドラ・ロージエも疑義を呈しました。私がこの問題について初めて書いたとき、それは「洗練さに欠ける」と言われたのです。しかし何人かの哲学者はこれをかなり自然に受け入れてくれ、そしてプラトンに関してさえ、同僚のリュック・ブリッソンが、さらには快楽主義的唯物論を奉じるミシェル・オンフレーも認めてくれました。

なぜ私がその表現を選んだのか、そしてそれが含意しうる宗教的な意味のためにではないとなぜ言えるのか。私を決定づけた理由を言いましょう。私は戦後に出版されたある選集のタイトル、『精神の修練としての詩』に強い印象を受けたのです。残念なことにその本は失くしてしまったのですが、そのタイトルは私を詩というものの概念に目覚めさせてくれた。その後私はエリザベート・ブリッソン[4]のベートーヴェン論のなかで、ベートーヴェンが生徒に与えた作曲のレッスンを「精神の修練」と呼んでいたこと、それはある形の知恵に到達することであり、その知恵はおそらく美的と称せられるものであることを知ったのです。さらにまた先に触れたパウル・ラボーは、聖イグナティウスの有名な『霊操』が古代の思想から、その表現を使っていた修道士たちを介して受け継がれていたことを示しています。それは彼らの実践における精神の修練です。パウル・ラボーの著書が意味するところは、少なくとも私の観点からすれば、精神の修練という言葉は本来哲学に起源をもつものであって、宗教的ではないということだと思われます。これがこの表現を使った第二の理由でした。第三の理由としては、この言葉を避けようとしてその代わりに言える言葉をいろいろ考えもしたのです。道徳の規律に関わるものではないから「道徳性（モラル）の修練」はだめです。「倫理的修練」もいけません。「知性の修練」は、精神の修練が表すものを包括するには、ほど遠いものです。「実践的」はどうにか使えるかもしれない。レイモン・リュイ

（4） Élisabeth Brisson, *Le Sacre du musicien. La référence à l'Antiquité chez Beethoven*, Paris, Éditions du CNRS, 2000, p. 261.

エは「モンタージュ」という表現を使っていました。(5) しかしこれは人工的な印象を与えます。フーコーが流行させた「自己をめぐる実践」はあまり好みませんし、「自己の記述（écriture de soi)」という表現はさらに遠くなります。実践の対象は「自己」ではないし、ましてや描く対象も「自己」ではない。われわれは自己を変えるための修練を実践するのであり、〈われ〉に影響を与えるために文章を書くのです。これは現代哲学に見る不適切な隠語(ジャルゴン)の例を補足した余談ですが。それで私は結局、かなり一般的な「精神の修練」という表現を用いることに決めたのです。この概念は先に話した自発的な実践を表すものとして、長い間あちこちで用いられてきました。それに「精神の修練」という言葉は誰をも欺きません。人々は——哲学者も歴史家も——宗教や聖イグナティウスを考えることなしに、この言葉を使ってきたのです。またこの言葉に決めさせたのは、〔ジョルジュ・〕フリードマンの『力と知恵（*La Puissance et la Sagesse*)』のなかの著者の日記の断片に「毎日が精神の修練である」という言葉を見たことでした。そして彼は例として、まったくもってストア派と言えるような実践を挙げているのです。彼は宗教的な領域の実践など少しも考えてはいません。また前述したように、この言葉はルイ・ジェルネやジャン＝ピエール・ヴェルナンも古代の慣習について用いていて、それは時には呼吸法に関するものでした。そのテクニックは身体的なものですが、心理的効果をもたらすだけに、やはり精神的な価値があるのです。こうしたことから、私はこの言葉に問題があるとは考えなくなりました。

しかしそれでもこの表現は、古代哲学についての私の考えを十分に説明してはいません。古代哲学が精神の修練であるのは、それが生の様式であり、その形であり、その選択だからなのです。

A・D　私たちが習慣的に考えるのは、精神の修練とは哲学のなかでも倫理的分野に属するものであって、他方その論理的で自然学的部分は、理論の分野にとどまるということです。しかし実際には、理論と実践の境界線は、それぞれの分野の内部において交わり合っていることを示していただきました。論理学、自然学、倫理学の三者がみな、理論的であると同時に実践的であることを立証するのが、あなたの解釈の主要な要素ですね。

今言われたことはとても重要だと思います。このことがはっきり見えてきたのはストア派に関してでしたが、これは古代全体を通して普遍的な現象だったと分かりました。ストア派の哲学者たちは、哲学の言述と哲学それ自体とを区別していたのです。哲学の言述は論理学、自然学、倫理学の三部に分かれており、そのことは、哲学を教えるとき、論理学の理論、自然学の理論、倫理学の理論を生徒に説明するということです。しかしそれと同時に、こうした哲学の言述は哲学そのものではない、と彼らは言っていました。哲学は実効力のある、具体的で生きた修練であって、論理学や倫理学や自然学の実践なのです。真の論理学は論理の純粋理論ではなく生きた論理性であって、正しい仕方で考えること、毎日の生活のなかで正しく考える思考の訓練です。そこにあるのは生きた論理であり、それはストア派の学者が言う表象、すなわち外界から受けるイメージの批判であって、生じることが悪か善かを即座に判断せ

（5） *La Gnose de Princeton, op. cit.*, p. 216.

ず、〔外面的〕表象を判断し批判することなのです。

このことが倫理学についても当てはまることは明らかです。真の倫理学とは倫理の理論なのではなく、他人たちとともに生きる生活のなかの倫理です。自然学についてもやはり同じでしょう。真の自然学とは自然についての学説ではなく、生きられる自然学、つまりこの宇宙(コスモス)に対するある一つの態度です。この生きられる自然学は、まずものごとをあるがままに見ることであって、それはものを擬人化したり自己中心的に見たりするのではなく、宇宙と自然の視野に立って見ることです。この態度はマルクス・アウレリウスの自然学の定義とも呼べる言葉のなかにはっきりと現れている。それは定義される対象を自然の一部として見ることで、この地上や人間界のものごとは広大無辺性のなかのごくわずかな一点であること、皇帝の緋の衣も貝の血にすぎず、死は自然の一現象であると知ることなのです。

またこの生きられる自然学は、人間が〈全体〉の一部であることを認識し、われわれがその一部であるがゆえにそれと同一化するところの〈全体〉の必然的推移を受容しなければならないことを意味します。それは結局、最も取るに足らない物にも美を見出して、この宇宙のすばらしさを観想することにあります。しかも生きられる自然学のこの局面は、すべての学派に見られます。私は「プラトンの『ティマイオス』における自然学と詩」と題した論文で、プラトンの『ティマイオス』の根底には精神の修練があり、そこで哲学者は〈全体〉からの観点に身を置きなおす努力をすることを示そうとしました。この傾向は懐疑派と呼ばれる傾向をもったプラトン主義者たちの伝統においても同様です。たとえばキケロはこう言っています――人は自然についてたいしたことは分からないが、自然を知ろうと努力すること、つまり自然を観想することは、非常に大きな喜びを引き起こすのだと。そしてこれは実のところ、アリストテレスの『動物部分論』のたいへん美しい一節を受け継いだものにほかなりません。そこではアリストテレスもまた自然現象の研究は、たとえそれが嫌悪感を引き起こすような現象であっても、大きな喜びをもたらすのだと言っている。*2 このことは古代末期にまで認められます。プトレマイオスの有名な詩を考えてみましょう。「星々をじっと観ているとき、私はもはや死すべき身ではないのだ」(6)。

歴史の地平をもう少し広げると、哲学史のなかでも精神の修練としてのこの自然学は常に存在していたと思います。ゲーテはその完璧な一例です。彼の自然学はすべて、ある種の実存的な経験につねに結びついていたからです。それは自然学ではありますが、精神的な価値をもったものでした。このような自然学の観念は、やや度を越したものもあるとはいえ、ドイツ・ロマン主義のなかにも見られます。

A・D　宇宙的意識という観念は、私たちにはやや並はずれたものにも思われますが、自然学の精神的修練の視野に含まれるのですね。人は宇宙的意識に達するよう、努力することができるということです。それは今日でも私たちが実践できる修練でしょうか。

(6) Ptolémée, dans *Anthologie palatine*, IX, 577.「私は死すべきものとして生まれ、一日しか生きないことを知っている。しかし星々の賢明な回転の跡を追ってゆくとき、私の足はもはや大地を踏んではおらず、ゼウスの傍で神の養酒アンブロシアに満たされるのである」。

『マリコルヌ』と題した書物でユベール・リーヴズは、天文観測者が望遠鏡で初めて土星を発見したときの衝撃について語っています。(7) こうした感動や経験は同時代の自然学の発展に依拠しているのではなく、それは一つの知覚の経験、宇宙のある部分が他の部分と接したという経験に拠っているのです。実際、世界を理解するには二つの方法があります。一方では器具や測定器を使って探索し、数学的計算をする方法がありますが、他方ではナイーヴに感覚を用いる方法もあります。この二元性は、フッサールが指摘しメルロ＝ポンティが繰り返している次の言葉を考えると、よりよく分かるでしょう。理論物理学は地球が動くことを認め証明しているが、知覚の観点からすれば地球は不動である、と。ところで私たちが生きている生活の基盤自体は、知覚のほうなのです。あなたが言われる精神的修練が位置づけられるのはこの知覚という見地においてであって、これは「自然学（フィジック）の精神的修練」とは言わないほうがよい。フィジックという語は今日では非常に限定された一つの意味しか持たないので、むしろこう言ったほうがよいでしょう――「世界が現前している、そしてわれわれがその世界に所属しているという意識」、と。ここでは、哲学者の経験は詩人や画家のそれと重なります。つまりこの修練は、ベルクソンが示しているように、私たちが世界について持っている功利的な知覚を超えて、没利益的な世界の観想に到達しようとすることなのです。好奇心を満たす手段としてではなく、私たちがそれを初めて見るかのように眼前に立ち上がってくる世界を純粋に観るための修練です。「真の哲学とは」とメルロ＝ポンティは言いました、「世界の見方を学び直すことである」。こうして哲学は、知覚の変貌として現れます。この点に関してはカルロ・ギンズブルグの論文からも引用できるでしょう。(8) 彼は何人かの小説家（ギンズブルグはトルストイについて語っている）に見られる精神修練を暗示していますが、それは物事をあたかも奇異な〔疎遠な〕ものであるかのように観ることなのです。そのようなヴィジョンのあり方の例として、彼はまさしく前述のマルクス・アウレリウスとその自然学の定義を引用しています。物事を奇異な〔疎遠な〕ものとして見ること、それは人間が習慣や凡庸さから解放されて、それらを初めて見るという印象をもつように、視線を変貌させることなのです。

純粋に感性的(エステティック)な観想は確かに大きな価値をもっていますが、問題はそれだけではなく、われわれの部分的で偏った視点をもう一度超越させ、物事やわれわれの個人的存在を、宇宙的で普遍的な視座から見直させてくれるような訓練が重要なのです。それは私たちを宇宙の広大無辺な出来事の中、しかも実存のいわば計り知れない神秘の中に置き直してくれるものです。私が宇宙的意識と呼ぶのはこのことです。

さらに付け加えたいのは、現代の物理学と天文学の発達が科学者の前に開いてみせた、目が眩むような視野によって、科学者自身をして純粋に科学的な理論の限界を超えさせ、謎に満ちて壮大な宇宙の特性に目覚めるように導くだろうということ。アインシュタインの場合がそうでした。しかしこのようなケースは他にもたくさんあるはずです。私は現実の科学の文献には通じていないので、その例をみな挙げることなどできないのですが。

（7） H. Reeves, *Malicorne*, Paris, Le Seuil, 1990, p. 183.
（8） Carlo Ginsburg, "Making Things Strange", *Representations* 56, Fall 1996, p. 8–28.

第七章　生き方としての哲学、知の探求としての哲学

アーノルド・I・デイヴィッドソン　古代哲学には際立った六つの学派がありますね。プラトン派、アリストテレス派、ストア派、キュニコス派、エピクロス派そして懐疑派で、それぞれにその特徴的な精神の修練があります。しかしこれらの学派を、それぞれ特殊な生き方の選択によって区別することもできますね。この生き方の選択、実存的な態度が、ある意味でそれぞれの学派の特徴を表していると思います。哲学的に生きる仕方とはどんなものか、そして哲学的な生き方の選択は日常の生活とどのような関係にあるのでしょうか。

哲学的な生き方というのは、まさに単純に、哲学者の日常の振る舞いなのです。たとえば共和制時代のローマのストア主義者でアシアの州の統治者であったクィントゥス・ムキウス・スカエウォラは、前

任者とは異なり、己の名誉にかけてアシアでの滞在費を自前で払い、側近の者たちにも同じようにさせて、ローマによる徴税過剰を終わらせました。さらにスカエウォラ家のストア主義者たちは、贅沢を禁じる法に従った唯一の人々でした。ですから彼らは日常生活で、他の人々には見られない厳格さをもっていたのです。もちろん、ここで私は特に道徳的態度について話していますが、それは他の領域にも広げられます。実際、それぞれの学派には特徴的な行ないがありました。それに私が知る限りでは、いまだ徹底的に行なわれていない研究があります。それは喜劇物語の作者たち、そして大衆が、たとえば、さまざまな学派をどのように見ていたかということです。プラトン主義者は傲慢で――エピクテトスもそう書いていますが――「人を見下ろす目つき」をしているとされました。またエピクロス派と言えば、何も食べない人たちだと。現在私たちがエピクロス派について持っているイメージとは異なって、彼らはたいへん簡素な生活をする人々と考えられていた。ストア主義者は過度に厳格な人々とみなされました。ただ一つ注目されなかったのは懐疑論者で、それは彼らが順応主義者だったからです。喜劇作家が外面を描くとこうなるのです。

キュニコス派のことを考えると、哲学がどのような生き方になりうるか、すぐに分かるでしょう。キュニコス派はなんの教義も語らず、何も教えず、ただある流儀の生き方を良しとしていました。樽のなかのディオゲネスの物語はだれもが知るところです。彼らは日常生活の慣習、一般の人々の通常の考え方を拒否する人々だった。わずかなもので満足し、物乞いをし、恥らいを感じず、人前で自慰行為をしました。彼らの生き方は文明以前の自然への回帰だったのです。この極端な場合までは行かなくとも、哲学の学派はみな、何よりもある生き方の選択によってその特徴を表していた。プラトンが生きていた時代のプラトン主義の哲学は、次の三つの局面を特徴としていました。まず、政治的影響力をもつことが関心事でしたが、それはプラトン主義的理想の規準に従ってのことです。それからソクラテスの伝統、つまり問いと答えによって教えを行なうという議論への熱意があった。さらにそこには、主知主義がありました。というのも、プラトン主義の本質は魂と肉体を分離するという動向であって、論理を超越するという傾向ですらあったからです。そして古代末期のプラトン主義者たち、つまり新プラトン主義者においては、生きるとは考えること、つまり精神（エスプリ）によって生きることとなったのです。

アリストテレスの伝統においてはこれもまた特徴的な生き方ですが、最終的には学者の生活です。研究に捧げられた生活で、それも自然学に限らず数学、天文学、歴史そして地理学でした。したがってそこでは人々は、アリストテレスの用語によれば「観想的（テオレティック）」と称される生き方、つまりものごとを「深く見つめる（コンタンプレ）」生き方に戻ってくることになります。しかしそれは神的思惟、宇宙の〈第一動者〉の思考に参与することでもあり、星辰界の観想でもありました。私たちはここに精神の修練としての自然学の概念を再発見します。これと同様に非常に興味深いのは、アリストテレス派の人々に見られる純粋に没利害的〔無私〕な科学のあり方です。「観想的」な研究は、特定の利益や物質的用途のために行なわれる学問ではないのです。

エピクロス派については先にもふれましたが、彼らの生き方は何よりもまずある種の禁欲で、それは精神を完璧な平静に保つためのものでした。幸福になりたいという欲望には限度をつけなければならなかった。よく知られていることは、彼らが自然で必要な欲望（飲む、食べる、眠る）と、自然だが必要ではない欲望（性的欲望）、そして自然でも必要でもない欲望（名誉欲、金銭欲）を区別していたことです。そして普段は絶対的に必要な欲望だけで満足しなければならなかった。例外はあったが、少なくとも原則としては、政治的活動を排除しました。都市の行政からはできるだけ身を退いていたのです。一般的には、人々はエピクロス主義者の生活についての概念を、何よりもまずエピクロスの書簡とエピクロス派の詩人フィロデモスの詩から得ていることが多い。そこには友人たちとのたいへん簡素な食事が語られています。というのも、エピクロス主義者の間では友情が大きな役割をもっていたからです。つまりエピクロス派の人々は、世に在るということの単純な喜びを味わおうとしたのですね。

懐疑論者に関しては、さきにも言ったようにむしろ順応主義的で、彼らが認めた唯一の行動規則は都市の法律と慣習とに従うことで、判断を下さないことでした。彼らはものごとについての判断を留保し、それによって心の平静を見出したのです。

実のところ、あなたも暗示しておられましたが、古代の哲学者はつねにほんの少しソクラテスその人のように考えられている。彼は「自分の場所をもたない人」、つまり *atopos* で、彼は一つの場、ある特定の階級に所属させられない人、つまり無所属者なのです。理由はそれぞれに異なりますが、すべての学派に日常生活との隔たりがあって、それは内面ではまったく無関心に日常生活に接している懐疑主義者らの場合もそうでした。しかしそれと同時に、その哲学は日常生活を支配し、時には細かい処方さえ与えているのです。こういうわけでストア主義者は、生活のあらゆる場面で守るべき行ないを示した手引書、十七世紀の用語を使うならば決疑論者（カジュイスト）たちのマニュアルとも言えるものをもっていたことで有名でした。アリストテレスの注釈者であるアフロディシアスのアレクサンドロスは、哲学の授業の間に足を組んでもよいか、父親と食事をするときに自分が一番大きな部分を取る権利があるか（！）、などと問うストア主義者を揶揄しています。ローマ時代のストア主義に関する論文で私の妻は、グラックス兄弟およびキケロの『義務について』に関して、ストア派の決疑論のうちには対立する二つの態度があったことを示しています。[1] たとえば、次のような問題が問われてきました。ある人が家を売ろうとしているとき、その家の欠点を隠しておいてよいか、それともその欠点を明言すべきか。どちらかと言えば異端的なストア主義者は、そう、隠しておいていいよと言い、正統派のストア主義者は、いや、隠すという法はないよと言います。あるいはまた穀物の売買交渉人の事例では、穀物を満載した船が飢饉の土地にやってくる。その交渉人は、後からもう一艘の船がやってくると、結果として価格が暴落してしまうなどと言うだろうか。彼らは日常生活に起こりうるあらゆる可能な行為を予見していたのですが、ごらんの通り問題はつねに、哲学の理想にかなう態度とはどんなものであるかを知ることだった。人間性を少しずつ堕落させてゆく利益崇拝主義ほど、誠実さ、透明さ、絶対的な欲得のなさを個々人に要求するストア派のモラルに反するものはなかったのです。

　また異なった哲学学派のなかにも、それぞれに異なった生き方を通して、共通した傾向が見られると言えます。なかでも、個人的な偏った観点からしか表現されないような異なった価値をものごとに与えることを拒絶することがそれでしょう。魂を平和に導くのは、無私無欲と公平さなのです。

この日常生活の問題は、古代哲学にとってなかなか複雑でした。最近エピクテトスの『手引書』を研究したのですが、残された『語録』（*Entretiens*）と同様に『手引書』においても、エピクテトスは時々矛盾した方法を助言しているようであることに気がつきました。ニコポリスで彼が教えていた生徒たちは、若く、その多くは裕福で、政治家への道を選ぼうとしていました。しかし学校にいる間は、彼は生徒たちに最も厳格な哲学を実践するように指導していた。つまりこんなふうに言ったのです。女の子を追いかけてはならない、食事は控えめにしなければならない等々。すべての勧告がいわば厳格主義の勧告です。これを私は、宗教的生活のために修道院に閉じ込められている修道見習士、しかしその後は世間に送り出されてゆく若者たちのようだと考えました。エピクテトスの生徒たちもやがて出てゆくので、彼らが家に帰ったときに何をするか、エピクテトスは予見していた。だからエピクテトスは、宴会に出席するときの作法、劇場での作法、政治家としての心得まで助言しています。これは理論的には世間から隔離していなければならないが、しかし実際には世間に戻って他者とともに日常生活をしなければならない哲学者の問題なのです。この領域でソクラテスはつねに模範でした。プルタルコスが正しくも語ったみごとな文章を私は思い出します。ソクラテスが哲学者だったのは教壇に立って教えたからではなく、友人たちと歓談し、彼らと楽しんだからであると。彼は市民の広場にも出かけて行き、そして最後

（1） Ilsetraut Hadot, « Tradition stoïcienne et idées politiques au temps des Gracques », *Revues des Études latines*, 48 (1971), p. 133–179.

には模範的な死に方をした。ですからソクラテスの真の哲学は、彼の日常生活の実践だったのです。(2)

A・D それと同時に、日常生活と哲学的生き方との間には、ある隔たりがあるのではないでしょうか。そして哲学的生き方が日常生活に大きな影響をもつのでは？

その通りです。哲学はまず政治家の生き方の改革にある種の影響を与えました。具体的な例を挙げると、法律史の学者の多くは、法律の進化はストア主義の影響のもとにあることを認めています。とくに奴隷の処遇法において、あるいはまた自覚的な意志を前提とする刑事責任の意味という領域において。

A・D あなたのお考えでは、諸学派のなかからとくに一、一つの学派、一、一つの基本的態度を選ぶことは必ずしも必要ではない、ということでしょうか。たとえばゲーテやルソーやソローに見られるように、ストア主義的態度とエピクロス主義的態度が渾然としているように。

カントは『人倫の形而上学』において、徳の実践はストア派的なエネルギーとともにエピクロス派的な生の喜びをもって行なわれなければならないと言っています。ストア主義とエピクロス主義とのこのような出会いは、ルソーの『孤独な散歩者の夢想』にも見られるでしょう。そこには存在することの喜びと、自然の一部であるという意識とが同時に存在するのが分かります。ゲーテは『ファルクとの対話』のなかで、[3]生まれつきの傾向で半ばストア的、半ばエピクロス的な人々について語っている。そしてソローの『ウォールデン』のなかにもこの種の態度が見られます。[*1] ニーチェに関して言えば、彼は「遺された断想」の一つで、エピクロス的処方から利益を引き出した後でストア的態度を取ることを恐れる必要はない、と語っています。[4] 結局このような態度は人々が折衷主義と称するもので、それは哲学者たちからはしばしば悪く見られている言葉です。総じてカントからニーチェに至るまで、ストア主義とエピクロス主義とが問題になっているわけですが、それ以外にもたくさんの例があります。

この折衷主義的な態度は、現代の人々には重要な意味をもちうるかと思います。じっさい現代人にと

（2） Plutarque, *Si la politique est l'affaire des vieillards*, 26, 796 d.〔「（ソクラテスは弟子たちと）一緒に気晴らしをしたり酒を飲んだりしたが、かれらの中の幾人かとは共に兵役に従事したりマーケットをぶらついたりして、とどのつまりは投獄されて毒杯を仰いだのだ。彼こそ、実に人生がいつ、どこであれ、あらゆる活動と体験の中に例外なく哲学を受け容れていることを明示してくれた最初の人なんだ」。「老人は政治活動に従事するべきか」プルタルコス『モラリア』第九巻、伊藤照夫訳、京都大学学術出版会、二〇一一年、一八三頁〕

（3） F. von Biedermann, *Goethes Gespräche*, Leipzig, 1910, t. IV, p. 469.〔ビーダーマン編『ゲーテ対話録』第四巻、高橋義孝訳、白水社、一九六八年、五〇六—五〇七頁参照。「すべての哲学は、もし人生にとって意味を獲得しようとするならば、愛され、生きられるものにならなくてはいけない〔…〕折衷主義が人間の内的自然から生まれて来るところでは、折衷主義も同様にいいものであり、私はそれを決して非難しないだろう。生まれながらの傾向から言えば半分はストア主義者で半分はエピクロス主義者である人間が、何としばしば存在することだろう」〕

（4） Nietzsche, *Œuvres complètes*, t. V, Paris, Gallimard, 1982, p. 530.

っては学派というものがないばかりでなく、その上、いかなるものであれ、一つの学派に影響されるがままになることには躊躇いを感じるものです。これはある意味ではすでにキケロの立場でした[5]。彼はプラトン主義のなかでも蓋然主義とも言える傾向に属していました。われわれは自由で、独立していて、どんな義務も押し付けられてはいない、われわれは個々の場合と状況に応じて決断し、その解決がエピクロス主義でもストア主義でも、あるいはプラトン主義やその他の生き方の模範であっても、そのつど最善と思われるものを選んで日々を生きるのであると。

折衷主義についていま話したことは、みな反論の対象となりうることでしょう。もし人が自由であることを選び、ある一つの学派に従属しないことから始められるのであれば、模範になるものなど選ばずに一人で解決を見つけることもできるだろうと。しかし、なかでもストア主義とエピクロス主義に関して私たちが話していることの関心事は、何世紀にもわたって経験されてきたことで、また議論され、批判され、修正されてきたことなのです。そしてニーチェはこの観点から、古代の道徳学の諸派を、私たちがその成果を利用することができる実験室として語っています。ミシュレが言うには「古代はその思想を濃縮された状態、妙薬の状態で保っている」[6]。ごく最近のこと、三人の著名な古代人類学の専門家が、古代の政治生活の経験は現代の民主主義の指針となりうることを、説得力をもって示しています[7]。倫理の経験や哲学的生き方に関しても同様ではないでしょうか。

A・D　根本的だが難しい質問です。私たちは一つの生き方の選択を正当化できるのでしょうか。

キケロとプラトン主義的蓋然論者ならば、理性的反省が、ある個別の状況のなかでおそらく選択すべきものを発見させてくれるものだと答えたことでしょう。キケロは前四九年三月のアッティクスへの手紙（IX, 4）[*2]のなかで、カエサルとポンペイウスの対立によって引き起こされた政治的危機に際して彼が取るべき行動について数々の問いを立てて、それらを列挙しています。都市を破壊する危険を冒しても僭主と戦うべきか。交渉によって解決すべきか。このような状況において身を引いてしまう権利はあるか。僭主の敵対者たち自身も過ちを重ねてきたのだから、彼らを支持すべきか。

A・D　ただ一つの態度を選ぶのは本当に困難ですね。しかしある場合にはストア派的、他の場合にはエピクロス派的に行動するように導かれるならば、態度を正当化するのはやや容易になります。それはつねに特定の文脈に結びついているわけですから。

その考えにはまったく同感ですが、ただ一つの点を明確にしておきたいと思います。『古代哲学とは何か』で示したかったことは、それは、学派を創立した哲学者たちが、そうすることでさまざまな生き

（5） Cicéron, *Tusculanes*, V. 11, 33; *Lucullus*, 3. 7–8.〔キケロ『トゥスクルム荘対談集』『キケロー選集』第一二巻、木村健治・岩谷智訳、三〇〇―三〇一頁参照。〕
（6） Michelet, *Journal*, t.1, p. 393.
（7） J-P. Brisson, J-P. Vernant, P. Vidal Naquet, *Démocratie, citoyenneté et héritage gréco-romain*, Paris, Liris, 2000.

方を提案したいと考えていたということです。それはつまり、プラトンやアリストテレスやエピクロスの思想形成においては、主要な要因はある生き方の表現、つまりプラトンにおいてはイデアの光のもとにおける政治、アリストテレスにおいては〈自然〉の観想者としての学者、エピクロスにとっては心の平和に恵まれた賢人としてのあり方であったように思われます。この表現は他の生き方に対する反論を動機とすることがあり、したがって完全に理論的な思考と結びつきえます。しかし生き方の選択を決めるのは、たんなる理論的思考ではないと私には思われるのです。懐疑論者セクストス・エンペイリコス(8)は、哲学の選択を戯画的に描いて皮肉を言っています。ストア派の選択の動機は傲慢さの情念による（ジャンセニストもやがて同じことを言います）とか、エピクロス派の選択は快楽への情熱によるといったふうにです。しかしかくかくしかじかの生き方の選択を説明するような個人的動機がありえるかぎり、エンペイリコスの言葉にはいくらかの真理があります。どんな場合にも、哲学的思考と生き方の選択との間には相互の因果関係があると言えるでしょう。理論的省察は、ある意味では、内面的生き方の基本的な方向づけに従って動き、この内面的生き方の傾向は、理論的省察によって明確にされて形を与えられるのです。私は若いときからすでにそういう考えを抱いていて、それを自転車の灯りに喩えたものでした。つまり動かなければ点かないのです。夜には行く手を照らしてくれる灯り(理論的省察)が必要です。でも灯りを点けるためには、車輪を動かして発電機を回さなければならない。発電機を働かせること、それが内面的生き方です。そうすれば前進できる。でもまずは暗闇のなかでほんの一瞬こぐことから始めなければならない。言い換えれば、理論的省察はすでに、ある生き方の選択を前提としている、しかしその選択は理論的省察によってはじめて発展し明確にされるわけです。

A・D　とくにプラトンを例にとって、「死への修練」としての哲学ということを語っておられましたが、現在この考え方は、私たちにとってどのような意味をもちうるのでしょうか。

まずこの言葉が古代ではどんな意味をもっていたか、はっきりさせましょう。たしかにプラトンから始めなければなりませんね、彼は書簡のなかでいつも、哲学とは死への修練だと言っているのですから。でも彼は逆説的な意味でそう言っているのです。こう言ってよければ、たとえばカール五世が自分のお棺に入ってみたように死を装ったり模擬体験するといったことではなく、精神を肉体から離さねばならない、と彼は言いたいのです。それは死を練習してみるのではなく、反対に、精神的、知的な生、思索する生への訓練ではないでしょうか。つまり、感覚的認識とは異なった認識の形を見出すことです。死すべき運命にある、経験的で低位の自我を超えて、超越的な自我に移行しなければならない、と言ってもよいと思います。ソクラテスは『パイドン』(115c)[*3]において、毒人参を飲んだらまもなく死体になってしまう自分と、対話をして精神を活動させている自分とをはっきりと区別しています。死への準備

(8)　Sextus Empiricus, *Contre les professeurs*, XI, 178–180.〔セクストス・エンペイリコス『学者たちへの論駁』3、金山弥平・金山万里子訳、京都大学学術出版会、二〇一〇年、三六〇―三六一頁〕

をすることが問題なのではまったくありません。プラトンは持ち前のイロニーでもって、一般の人たちが哲学者に対して抱いている、青白く瀕死の人のようなイメージを喚起していました。彼が言おうとしたことは、ただたんに感覚しうる生から離脱しなければならない、ということでした。これは健康に何らかの影響をもたらすでしょうが、死がその目的なのではありません。実際ストア主義者もまた、いま話していたような観点から死への修練をさまざまに語っています。それは *praemeditatio malorum*、つまり生の困難への準備なのです。ストア主義者らはつねにこう言っていました。死がつねに差し迫っていることを考えなければならない、と。しかしそれは死の準備をするというよりも、生の重大さを発見するためです。たとえばマルクス・アウレリウスもストア主義者として次のように言っています。一つひとつの行動を、それが最後であるかのように成し遂げなければならない。あるいはまた、毎日を、それが最後の日であるかのように過ごさなければならないと。このことは、人間がまだ生きている瞬間は無限の価値をもっているということ、そしておそらく死がそれを中断するときがやってくるのだから、死がそこに来ないかぎりは極めて強度の生を生きなければならない、ということなのです。エピクロス派もまた死について語っています。セネカによるとエピクロスは「死を考えよ」と言っていたと言います。しかしこのこともまた、死の準備をせよ、ということではまったくなく、反対に、ストア派と同様に、現在という瞬間の価値を意識させることでした。それはホラティウスの有名な *carpe diem*、つまり明日を考えることなしに、今日という日を収穫せよ、ということです。さらにエピクロス派の見方では、死と、現在私たちが享受している生との間にはなんのつながりもありません。「死はわれわれにとって何ものでもない」、つまりわれわれとは断絶しているということです。存在と無の間には通路はない、存在するものはまさに有るのであって、それだけのことなのです。「死は生の出来事ではない」[(9)]と、のちにウィトゲンシュタインも言っています。ストア派と同様にエピクロス派にとっても、生涯を成就しているかのように毎日を生きなければならない、という考え方があった。つまり、夕べには満たされた気持ちで「私は生きた」と言えることなのです。ここには二つの面があります。まず一日が全力をもって生きられたこと、そしてまた明日が来れば、この新しい日を予期されざる好機として考えることです。心の底で彼は言うでしょう、私は存在の一瞬のなかにすべてをもったと。それは、存在するということの値打ちをつねに意識することなのです。

つまりは、プラトン主義者たちもストア派やエピクロス派と同様に、死への修練は生への修練だと考えていた。『エチカ』のなかの有名な定理──第四部定理六七──でスピノザはこう言っています。「自由な人間は死について考えるのではない。彼の知恵は死への省察ではなく、生への省察である」[*4]。明らかに彼はプラトン主義的な定句を批判しているのですが、おそらくまたキリスト教の「死を忘れるな」(*memento mori*)をも批判したのでしょう。こうしてスピノザは死への修練を批判しましたが、実際は、ひょっとすると彼は間違っていたのかもしれない。というのは、実のところ死を冥想し死への修練をす

(9) *Tractatus*, 6. 4311.〔『論理哲学論考』坂井秀寿・藤本隆志訳、法政大学出版局、一九六八年、一九七頁。「死は人生の出来ごとにあらず。ひとは死を体験せぬ。永遠が時間の無限の持続のことではなく、無時間性のことと解されるなら、現在のうちに生きるものは、永遠に生きる」〕

ることは、結局はつねに生への修練だからです。

A・D　ハイデガーについても同じことが言えるでしょうか。

ハイデガーの場合は、死を予期しそれに先駆することが本来的な実存の条件である、というかぎりにおいて、同じことだと思います。生には終わりがあるという意識は、実存をあるがままに受け入れることに導きます。しかしハイデガーの場合は、古代のように死の不安を取り除こうとはしません。(10) 次の著書で論じようかと思っているのですが、私の考えでは、もっぱらゲーテ、シェリング、ニーチェに端を発して現れた、現代世界の一局面ではないかと思われる特徴があります。それは実存するという意識が不安に結びついていること、しかし生の価値をなすのは、まさにゲーテが言ったように *Ungeheure*(11)、あえて訳すならば恐ろしい、驚異的な、怪物的なものを前にした戦慄なのです。これはリルケも含めて現代思想の全体に見られるものです。こうしたニュアンスの不安の感覚は、スピノザにもエピクロスにもストア派にもまたプラトンにも、見られなかったものではないでしょうか。

A・D　精神の修練は自己中心的だ、と言われるのをたびたび耳にします。でもあなたにとって哲学的な生とは、エゴイズムの一つの形ではないと思いますが。

ことがらの複雑さにはいつも注意しなければなりません。とくにアタラクシア、つまり心の平静を求めるという古代の視点から見るとき――彼らは政治活動から身を退くことが多かった――、人が自己完成を目指す努力には、つねにエゴイズムの危険性があります。エピクテトスの『手引書』のなかには、私に一瞬ショックを与えた、エゴイズムの見かけをもった言葉がありました。エピクテトスはこう言っているのです――きみの子供は死すべき人間だと考えよ、そうすれば、きみは彼の死に動じないだろうと。しかしエピクテトスの場合、これは自己中心主義ではなくむしろ反対に、神の意志に委ねるというキリスト教の態度にかなり類似しているのではないかということに気がつきました。つまりこの言葉は、エピクテトスが他方では家族愛を非常に強調していたことを知ったときにその真意が分かるのでは、ということです。これはキリスト教徒にとっても複雑な問題だということを認めなければなりません。自分自身に関心をもつことが、自己中心的と見える可能性はあります。それでもセネカ、エピクテトス、マルクス・アウレリウスのようなストア派の書物を読むとき、あるいはエピクロス派における生のあり方を学ぶとき、さきにも言ったように、心の平和の確立を目指す精神的修練はエゴイストではないことに気づきます。それにはいくつかの理由があります。精神の修練はまずエゴイズムから解放されること

---

(10) Cf. P. Hadot, "Protin et Heidegger", *Critique*, 145, 1959, p. 550.

(11) *Second Faust*, vers 6272.〔ゲーテ『ファウスト』相良守峯訳、岩波文庫、一九九二年、第二部、一一一頁。「だが無感覚ということに私は幸福を求めはしない。戦慄というのは人間の持前(もちまえ)なんだ。〔…〕この感じに打たれてこそ、非常なものを深く悟ることができるのだ。〔第二部第一幕、6271–6274〕〕

にある。エゴイズムは何よりも、快楽の魅力と肉体への気遣いによって喚起されるのですから。プラトンの場合もストア派の場合も（エピクロス派については脇によけておきましょう）、哲学者たちは偏った部分的な自我から解放され、一段と高い自我のレベルに上昇しようと努力しました。また精神の修練としての対話についてはさきにも話しましたが、それはまず議論における他者の権利を認めることであり、そして何よりも、自分より上位にある規範を認めて、その対話に加われるためにはその規範まで自分を高めなければならないと自覚すること――つまり理性という、より高い規範に達しようとすることです。実のところ、それは単純なことで、理性に従おうと試みたそのとき、エゴイズムを放棄せざるをえなくなるのはほとんど必然的なのです。これが第一の論点です。

第二の点は、ソクラテスに関して言ったように、古代の哲学者は他者への気遣いをとても強くもっていたということ。しかもソクラテスは、他者のためになること、他者が彼ら自身のために気遣いするよう決心させることを使命とした人間をもって任じています。ここで私たちは最初の理由に戻るのですが、己れを気遣うこと、これは現在言われるような幸福の追求ではまったくなく、人が実際に、つまり最終的に理性との自己同一性の意識をもつこと、ストア派の場合は神とみなされるところの理性との自己同一性の意識をもつことにあるわけです。こうして哲学者たちは、つねに他者への気遣いを有していた。プラトンにおいては、これは彼の「第七書簡」や、そのほかの政治的な方針においても明らかです。初期のストア派においてもそうですし、セネカやエピクテトス、そしてマルクス・アウレリウスにおいてはさらに明らかです。エピクテトスに見られ、さらにマルクス・アウレリウスにふたたび見られる三つの規律について話しましたね。欲望、行動そして判断における規律です。ところで行動の規律は、公共の善への関心という非常に重要な要素をもっています。マルクス・アウレリウスにとっては、これはとくに重要な価値をもっていました。というのも、皇帝として自分自身が公共の善への配慮に努めなければならないからです。一方——ここでエピクロス主義に戻って来ますが——古代の哲学はその教えを広げようとしていた。大規模ではなくとも、いわば布教的な側面をもっていました。一面では内向的に見えるエピクロス派も優れた友好感覚をもっており、それは彼らにとって大きな喜びだった。彼らが友情を求めたのは、それが純粋な快楽だったからです。そして何よりも彼らはその教説を広めようとした。その見事で驚異的な例はオエノアンダのディオゲネスに見られるものです。彼らは市民をエピクロス主義に帰依させようと、その教理を都市の城壁に大きな文字で彫らせたほどでした。トルコにもこうした碑文がいくつか発見されています。

A・D 言い換えると、古代では、人は自分自身に関わらなければ他者に関わることはできなかった、ということでしょうか。この関連性は必然的なものだとお考えですか。他者を気遣うには、さまざまなやり方がありますね。哲学による方法とそうではない方法など。哲学に基づいて他者を思うということは、まず自分自身を気遣うこと、そしてそれには自分自身を変えてゆくことが要求される、ということでしょうか。

少なくともストア派に関しては、この公式を逆にするべきではないかと思います。自己に関わらなければ他者に関わることはできない、というのではなく、反対にセネカが言っているように（『書簡』48, 3）[*5]「己のために生きようとするなら、他者のために生きよ」ということです。なぜなら、とセネカは付け加えています――人は自分のことしか考えないとしたら、幸福にはなれないと。他者に関わるにはまず、自分自身を変えなければならない、と私たちが考えるのは事実です。でもこうした自分自身の変化は、まさに他者に注意を向けることにあるのです。究極のところ、これはたしかに誇張した言い方ですが、自分自身を忘れることがなければ真に他者を気遣うことはできない、とも言えるでしょう。たしかに結局、ソクラテスが『弁明』（31 b）[*6]で言っているように、「私のように個人的利益を無視することが人間的に可能かどうか、自分に問うてみてください。[…] それもすでに何年もの間、ただあなたがたのために専念していたのです」。

こんなふうに言われるかもしれない。個人的利益を忘れること、それはまさに自らを気遣うことだ、つまり実際はすべてのエゴイズムを超えた、より高次の自分を考えることだと。たしかにそれは真実です。マルクス・アウレリウスもはっきりと言っているように（VII, 13）[*7]、少なくともストア派にとっては、他者への愛の根底にあるものは同じ有機体の一部分であるという意識、それぞれの構成員が全体のために奉仕することとは自分自身に奉仕することになる、ということだからです。他者のための善行に喜びを覚えるのは、他者への善行が自らへの善行にもなるからです。しかしそこには危険があることを、マルクス・アウレリウスは十分に見ていました（V, 6, 3）。もし人が善行を意識して満足してしまったら、彼は善行をしている自分を見てしまい、その善行への完全に純粋な意図を失う危険性があるわけです。マルクス・アウレリウスにとって、善行をする人に必要なことは、ある意味で無意識にそれを行なうことでした[12]。これは福音書の言葉を思い起こさせます――「施しをするときは、右手がすることを左手は知らないようにすることである」。善とは全面的な無私を前提とし、ある意味で自発的で反省されざるものであって、少しでも計算や自己満足を含むものであってはならない。善意は、ミツバチが蜜を作ってそれ以上は何も望まないように、本能的であるべきなのです。でも私が知るかぎり古代の哲学者には、マルクス・アウレリウスのように意図の純粋さの頂点に到達した人はいないと思われます。

A・D　正義を求めること、それもまた精神の修練とは言えないでしょうか。私たちは自分のみに関わる精神的修練と、他者のみに関わる精神的修練を乱暴に分離することはできません。正義を対象とするとき、それはまた自らの修練でもあると思いますが。

古代哲学の大部分に関しては、あなたの考えは正しいと思います。

(12) Marc Aurèle (V, 6, 3), P. Hadot, *La Citadelle intérieure*, Paris, Fayard, 1992, p. 217 参照。〔「ある人は自分のした善行を意識していない。彼は葡萄の房をつけた葡萄の樹に似ている。葡萄の樹はひとたび自分の実を結んでしまえば、それ以上なんら求むるところはない」。『自省録』神谷美恵子訳、岩波文庫、二〇〇七年、七四頁参照〕

A・D　近年あなたは哲学的な言述と哲学そのものとの区別を強調しておられます。たとえば哲学の教師たちが考えるのとは反対に、哲学は言述に還元されるものではないが、それでも言述は哲学の不可欠な部分でありつづける、という考えです。哲学には言述と概念とがあり、さらに修練と、概念的ではない実践とがあるわけです。あなた自身の哲学的観念において、言述と実践（純粋に概念的なものなのではない実践）のそれぞれの役割とはどんなものでしょうか。

前述のように私はこの区別をストア派から借りているのですが、これは哲学の歴史全体のなかに暗黙のうちに見て取られるものです。一方には言葉、他方には実践という対立は、つねに活発に存在していました。真の哲学者は語る人ではなく行動する人だということを、人はつねに強調してきました。いまあなたが示唆されたように、この対立は複雑なのです。もう一度言いますと、哲学の言述は哲学ではないとストア主義者が言ったとき、それは言述というものが哲学的でないという意味ではなかった。彼らが学生に哲学の三分野、つまり論理学、自然学、倫理学を教えるとき、彼らは本当に哲学を行なっていたのですから。これは哲学の実践のためには不可欠でした。他方、哲学とは哲学的言述をすることではないと言うとき、哲学的生のなかには言述はないという意味ではなかった。少なくとも自らに働きかける内的な思考がすでに存在しなければならないという、当然の理由からです。基本的に私たちは哲学を、二つの焦点をもつ一つの楕円に喩えることができます。言述としての中心と行動としての中心で、それは外的であると同時に内的である、なぜならば哲学的言述に対立する哲学もまた、ある種の内面的傾向性のうちに身を置こうとする努力だからです。

古代ではこれら二つの極は、二つの異なった社会的現象のなかに現れています。哲学の言述は学校で講義される教えに相当し、哲学を生きることとは、教師と弟子を結びつける制度のなかでの生活を共有することです。それは良心の反省、瞑想の実践など、ある種の生活の流儀、精神の方向性を意味し、またその都市の市民として正しく生きることでもありました。前述のように一方では、生き方としての哲学は、哲学教育における言述から示唆を得ています。たとえばマルクス・アウレリウスは、つねに抽象的に終わってしまう哲学の言述を自分自身のなかに復活させるために『自省録』を書きました。つまり、習慣や気晴らしや生活の不安によって、哲学の言述はすぐにただの理論に戻ってしまうので、個人が自らの哲学を生きようとするのに必要な力を失ってしまうからです。したがって、言述に生命と効力を与えなければなりません。また古代の教育における言述が純粋に理論的であることは稀でした。これもまたしばしば実践の形をとっていた。ソクラテスの対話はその完璧な例ですが、対話形式でない教育のなかにも、弟子たちの精神に影響を与えるような修辞学的努力もありました。哲学のこれらの二極は不可欠なものですが、それらを区別することは非常に大切です。

実際彼らはそれをつねに区別していました。すでにプラトンはその『第七書簡』(328 c)[*8]において、彼がシュラクーサイにやってきたのは彼がただの饒舌家ではないことを自らに証明するためだった、と言っています。「自分がただの話上手にすぎず、決然として行動に立ち向かうことができない人間だと思いたくなかった」と。古代を通して人々は、プルタルコスがそうしたように、たんにソフィストでしかない哲学者や、教壇を下りてしまえば生きられず、弟子たちにどう生きるべきかも教えられない哲学者たちを嘲笑ったのでした。ペトラルカやモンテーニュからカントにいたるまでのこの豊富な伝統をここで語ることはできませんが、カントは哲学の学術的概念のみにとどまっている哲学者、つまり純粋な思弁にしか興味をもたない「理性の達人」と、「人間社会の哲学者」、つまりおよそ人間的なものに注意深くあることができる実践的哲学者とを対比しています。今日では、自分が教えることと一致する生き方をする人間は狂信者だと思われている、とカントが言ったとき、彼は哲学の言述とその生き方との結びつきを強調していたのです。同様な精神をもってソローは言っています。「哲学の教師はいるが、哲学者はいない」と。またショーペンハウアーは「大学の哲学を批判して」という小冊子を出しています。[13] 二十世紀について一つだけ例を挙げれば、シャルル・ペギーに次の言葉を見つけたときの驚きは忘れられません。「哲学は哲学教室のなかでは行なわれない」。ここには確かに、ベルクソンがペギーに与えた影響が認められます。

哲学における言述と実践の役割についての私自身の考えはどうなのか。私はこの問題について価値判断をするつもりはありませんが、私と同時代の人たちの多くは、哲学とは言述である、正確に言えば言述についての言述である、それだけだと考えているのは事実です。私個人としては違った概念をもっている。理解してもらうために、もう一度古代に寄り道しましょう。これまで見てきたように、古代全体を通して、その生き方ゆえに哲学者と考えられた人々がいました。たとえばプラトンの友人シュラクーサイのディオン、ウティカのカトー、クィントゥス・ムキウス・スカエウォラ・アウグル、パエトゥス・スラセアなどです。この問題について注目すべき例は、リシャール・グーレの非常に優れた編纂による『古代哲学者事典』です。そこには学者でも哲学教師でもないたくさんの人々が挙げられている。そこにはアンティゴノス・ゴナタス王のような政治家や、哲学的な生き方をしたことで有名な女性たちもいます。ときには、新しい学説の発案者となる意図はなしに、自分たちが選んだ学派の教理を説明するために哲学書を書いた人々もいました。こうして他者のためと同時に自分のために、行動の原理を表明したのです。たとえばキケロ、ブルトゥス、セネカ、アッリアノス、マルクス・アウレリウスの場合がそうでした。私の提案は、哲学を生きるということを、哲学の二極の一つとして認めることですが、このことは英知を追求するという語源的意味における「愛（フィロ）・知（ソフィア）」者、つまり哲学者に、現代世界における新しい立脚地を与えるのではないか。つまり彼らを、理論の刷新ではなく、幸福の追求——もはや時代遅れにも見えますが——でもなく、他者たちとこの広大無辺な世界に対して、もっと良心的でもっと理に適った、もっと開かれた生き方を追求する者とするのではないかということです。ところで哲学を職業とする人々、哲学を語る教師や文筆家たちが、つねにその言述を刷新し変化させ続ける義務があることは明らかです。それは情熱的で、限りのない仕事だと思います。しかし、論じることと生きることは不可分であるという事実を自覚していてほしい。個人的に言えば、歴史家と注釈者としての私の仕

（13） *Contre la philosophie universitaire*, tr. par Auguste Dietrich, avec une préface de Miguel Abensour et de Pierre-Jean Labarrière, Paris, "Rivage Poche", 1994.

事を成し遂げようとするとき、何よりも私は哲学を生きようと努力するのです。それは前述したように、ただ単純に、自分を知り、一貫性をもち、道理をわきまえていることとです。結果がつねに立派なものとは限らないことは認めなければならない。たとえば入院していたときなど、自分が望んだような心の平静さは保てませんでした。でもいずれにせよ、ある内的態度に身を置こうと努力するのです。それは現在の瞬間に集中すること、世界の現前を前にして感嘆すること、一段と高い視点からものごとを見ること——ジョルジュ・フリードマンが言ったように「日々、飛翔せよ」——つまり実存していることの不思議を意識することなのです。年を重ねると、これはたしかに老化の欠点なのですが、私はますます言述よりも体験を好むようになりました。シモン・レイスが引用している中国の批評家の言葉は、逆説的で謎めいているが重い意味を担っていて、私はこれが大好きなのです——「言い表しうるものは重要ではない」と。(14)

A・D　すると、まず実践が優先するということですね。理論をその実践的背景から離脱させると、その理論の重要性も理解されないということでしょうか。

ここでまた先ほど話した解釈の原理に戻ってくるわけです。著者の意図、つまり彼が生み出そうとしている効果を考えなければ、テクストは理解できないのです。実践的文脈とはまさにこれなのです。たびたび言及した例ですがマルクス・アウレリウスの著書は、彼がストア派の教理を自分自身に驚くべきかたちで言い聞かせることで自らを励まそうとしていたことを理解せずには、分からないのです。彼はストア派の教理を理論的に説明しようとは考えていなかった。それは私的な日記でも、論理的手引書でもないのです。

A・D　価値判断をしたくないということですが、『教育の世界』(一九九二年三月)の「バカロレア試験」論の結びで次のような問いかけをしておられますね。「人間としての人間に、最終的にそして最も有用なものとは何か。それは言語や存在や非・存在について論じることだろうか。それよりもむしろ、人間としての生き方を学ぶことではないか」。ここには暗黙の価値判断があると言えます。それから、古代以後になると精神的修練の実践が衰退していったことは、どのように説明されますか。

まず私が「バカロレア試験」について書いたことに戻りましょう。「人間としての人間に有用なこと」と言ったとき、私はカントが「世界的」もしくは「宇宙的」と呼んだ哲学、それは前述のように叡智の視点を考慮に入れた哲学ですが、それを考えていました。カントに言わせれば、それは「全人間に関わる」問題を問いかける哲学で、たとえば「私は何をすべきか」、「私は何を期待することができるか」と

(14)　Simon Leys, *La Forêt en feu*, Paris, Hermann, 1983, p. 39.

いう問いです。「すべての関心は最終的には実践的なものであって、思弁的理性の関心も実践的に用いられなければ、ただ制約されたもの、不完全なものでしかない」。実践理性の優位性は明らかで、それはカントにおいて明示的ですが、古代の哲学観にも含意されていると思います(15)。

それでは、この哲学観が衰退し忘れられていったという問題について考えましょう。この衰退に大きな役割を果たしたのは、キリスト教の勝利だったと思うのです。古代の終焉とともに、異教の哲学に直面したキリスト教の啓示哲学が古代哲学にとって代わり、それと同時に古代哲学の教理とその生き方を吸収しました。古代を一貫して学ばれてきた思想、とくに古代末期にアリストテレス派や新プラトン派の注解者によって研究されてきた思想が、キリスト教の教理が提起する神学的・哲学的諸問題を解決するのに役立てられました。たとえば、三位一体の思想に関しては本質と位格（ヒュポスタシス）の概念、受肉に関しては自然の概念、実体変化（トランススュブスタンス）に関しては物質（スュブスタンス）の概念のように。しかもキリスト教神学の禁欲的・神秘主義的な面は、〔古代〕哲学の精神的修練やある種の神秘主義的テーマをキリスト教化しつつ再適用したものなのです。

中世では、この状態が受け継がれていました。中世は全体的にキリスト教世界だったからです。したがって一方では、キリスト教化された精神の修練が受け継がれて、それは修道院における実践に取り入れられ、また部分的には一般社会での実践にも取り入れられました。つまり内省、死についての黙想、地獄を思う想像力の訓練など。また一方でこの哲学は、神学の婢（はしため）として受け継がれています。中世の大学のスコラ哲学では最高の学問は神学であって、それは哲学の概念を道具として用いるキリスト教神学でした。学芸学部(ファキュルテ・デ・ザール)では、古代の伝統に従い古代末期の手本に見習って、とくにアリストテレスの解釈から成る哲学を教えていました。基本的に中世は、古代末期のキリスト教神学と後代のアリストテレス注釈者の活動とを同時に受け継いでいたのです。ところで、一方ではスコラ神学は少なくとも十八世紀末まで続きましたが、他方で哲学は、その独立性を得た時点から少なくとも十八世紀の終わりとその後に到るまで、公的にはキリスト教の文明、キリスト教の生活様式のなかに位置づけられていました。哲学はキリスト教神学に結びついたもの以外の生活様式を提案することはできなかったのです。したがってそれは、何よりも思弁的な分野にとどまっていたのです。

A・D しかし例外はなかったのでしょうか。生き方として、実践としての哲学という考え方は哲学の歴史のなかに、結局はつねに生き続けていたのではありませんか。

例外を指摘してくださったことはまさにそのとおりです。例外は非常に大事ですから。いま話したのは非常に単純化された進化の図式で、訂正しなければなりませんね。実際、中世の十三世紀には早くもとても興味深い現象があり、それは大学の学芸学部で始まったのですが、そこではアリストテレスが解

---

(15) Kant, *Critique de la raison pratique*, trad. E. Gibelin et Étienne Gilson, Paris, 1983, p. 136.〔カント『実践理性批判』宇都宮芳明訳、以文社、一九九〇年、二九九頁以下。第I部第一〇巻第二編三、「思弁理性との結合における純粋実践理性の優位について」参照〕

釈され、哲学がそれ自体として教えられたのです。何人かの哲学者たち、ブラバンのシゲルス、ダキアのボエティウス、ランスのオーブリーらはアリストテレスのなかに、哲学はその観想において人間を幸福にしうること、したがって哲学は神学とは独立に生き方の規範になりうることを見出しているのです。このことは、アリストテレスの哲学が決して純粋に理論的な哲学ではないことを示しています。彼らはじっさいアリストテレスのなかに、観想と精神の修練が人間としての存在を幸福にする、という考えを見出している（『ニコマコス倫理学』の終わりの部分）。[*9] 人間が観想によって自らの幸福を――彼らはそれが下位の幸福にすぎないと言ってはいたのですが――見出しうると示唆したことで、これらの哲学者は非常な悪評にさらされました。これは観想的（テオレティック）と理論的（テオリック）という言葉について私が行なった区別に相応するもので、観想的とは「深く見つめること」を意味しているのです。

この問題に関してはインバッハの『ダンテ、哲学と世俗の人々』[16] を読むことができるでしょう。この本は哲学の世俗化の全射程を示しています。ルネサンスとともに人々はセネカ、エピクテトス、そして少し後にマルクス・アウレリウス、さらにキケロとエピクロス主義を再発見し、そして哲学それ自体が生き方のモデルになりうることを理解した。この動向の足跡はイタリアで、たとえばペトラルカのうちに見られますし、同じくエラスムス、そしてモンテーニュにおいて明らかです。アウグスティヌスが若き日にカッシキアクムで書いた対話篇には古代哲学の精神修行への回想が見られますが、それはおそらくデカルトに影響を与えています。特に『省察』のなかで、デカルトが哲学の省察を実践し、読者にも実践させようとしていたことを私は示そうとしました。

十八世紀になると、民衆的哲学と呼ばれるような考え方が現れ、それは基本的に一般の人々が実践できる生き方としての哲学でした。そのとき、哲学者という語は非常に特殊な意味をもつことになった。カントにおける「宇宙的」な哲学、つまり世界的な哲学という概念に影響を与えたのは、この民衆の哲学でした。しかし実際カントにとって非常に重要なことは、彼がこの実践的哲学を「理性の達人」による純理的な哲学と対立させたことでした。この伝統の歴史をすべて語ることはできませんが、しかし結局のところあなたの指摘は正しいのです。中世以後、二つの伝統の継続が見られる――一つは哲学的言述を優先させるもの、そしてもう一つは生き方の視点、つまり生きた実践の視点を組み入れたものでした。

A・D　以前、この第一のほうの傾向に関して、言述で満足する傾向は哲学それ自体にほとんど本質的なものであると、かなりはっきりした仕方で書いておられましたが、これはどのような意味でしょうか。

この傾向は古代を通してずっと非難されていたのです。私はさきほどプラトンを喚起しました。彼は自分が政治に関わっているのは、人々が彼を、話だけで満足しているやつだなどと言えないようにする

(16) Imbach, *Dante, la philosophie et les laïcs*, Paris, Éd. du Cerf / Éditions universitaires de Fribourg, 1996.

ためだ、と言っています。プラトン主義者、ストア主義者、エピクロス主義者も、みごとな言述と巧みな三段論法的論理に満足する哲学者たちに対抗していた。それはたんにソフィスト的虚栄心や見栄、話すことの快楽だけの問題ではなかった。実際すべての哲学者は、言述を生き方との関連に方向づける者たちですら、自分がある一つのことを語り、しかも上手に語るならばすべては解決されると思ってしまう危険性があるのです。しかし、すべてはまだなされぬままにある。言述から実践への道は危険な跳躍のようなもので、敢えて決心するのは困難なのです。ここでカントを引用させてください。「ではあなたは徳の高い生き方をいつ始めるつもりですか、とプラトンは老人に尋ねた。老人は徳についての教えをいつも聞いていた、と言ったのである。つねに思弁を働かせることが問題なのではなく、一度は実践に移ることを考えなければならない。しかし今日では、自分の教えに一致した生き方をする者は狂信者だと考えられている」[17]。この言葉からは、カントの時代にすでに、純粋思弁の信奉者と、カントのように哲学と生とを結びつけようと望んだ人々との間に対立があったことがわかるでしょう。私は実存主義の時代にすでにこの問題に遭遇していました。実存主義には、生に結びつけられ（アンガジェ）、ほとんど生と一体になっている哲学と、哲学は社会参加（アンガジェ）すべしと言いながら語ることで満足している言述との間に矛盾があることを感じたものです。人々はそれについて大いに語り、語ったことで満足していた。それはオペラで歌手が「進もう、進もう」「逃げよう、逃げよう」と歌いながら、動かずにいるのと似ています。

A・D　それはジャンケレヴィッチが述べた批判でもありますね。社会参加する（サンガジェ）とは s'engager という動詞を活用させることだと思っている人たちがいる、と。

その通りです。それはまさに生来の欠点で、この危険性はすべての哲学者を待ち伏せしているのです。行動するよりも語ることのほうが容易ですから、立派に整えられた言述で満足してしまうという危険性ですね。

A・D　古代の賢人の姿を一つの基準として、卓越した理想像として提起しておられますが、その賢人像を説明していただけますか。そしてそのような人物像はいまもまだ現実的なのか。

古代には賢人像をテーマとして描いた文献がかなりあります。『賢人の不変性について』、『賢人の自由であること』などと題された論文がたくさんあります。実際それらは完全な哲学者の、あるべき理想像の描写です。古代の賢人像が一つの規範、一つの超越的な理想であったと言うのはそのためです。プラトンは『饗宴』のなかで、神のみが賢者であり、人間はたんに哲学者（フィロ＝ゾーフ）、つまり「知恵を友とする者」「知恵を求めるもの」にしかなりえないとはっきり語っています。またストア主義者も、賢人とは極端

（17） Kant, *Vorlesungen über philosophische Enzyclopädie*, dans *Kants gesammelte Schriften*, XXIX, Berlin, Akademie, 1980, p. 12.

に稀な存在で、知恵とは超越的な理想であるとしている。ルクレティウスは〈自然〉によせた詩のなかで、弟子たちが賢者と考えるエピクロスを讃えていますが、彼は実際には理想的哲学者の像を描いているのです。ならば、ルクレティウスがエピクロスに見出すのはどんな特質なのか。それはまず人間愛です。その教義を教えたとき、彼は迷信の恐怖と情念の苦しみの餌食になっている人類を救済したいと思っていた。そして彼の知恵の第二の特徴は、その大胆な宇宙的視野でした。彼は心のなかで、宇宙を限界づけている燃える障壁を乗り越え、膨大な〈全体〉を見渡したのだとルクレティウスは言います。そして第三の特徴は、神のそれにも似た内面の平和をもって、恐れをもたず自由であること。正確に言うなら、彼の教えによれば、どんな煩いも心の平和を乱すことはない、ということです。実のところ、この三つの特徴は、懐疑主義者を除いて、他の学派が描く賢者像にも見られるものです。宇宙的意識とは、グレトゥイゼン[18]が示しているように、「精神につねに〈全体〉を現前させること」、賢者が自分の発見したこの宇宙を他者にも見出させ、無知や恐怖や情念から彼らを解放するという役目を自覚することでした。それはつまり、内面の砦の堅固で不屈な自由、絶対的平和を確保してくれる自由なのです。終局的にはこのような特性が、理想的哲学者の持つべきものでした。西欧の全伝統を通して、私たちは古代の賢人像を再発見します。たとえばスピノザの言う自由な人間や、カントの語っている哲学者の〈理念〉という形態のもとでです。カントはキェルケゴールを告知するような言葉でこう言っています。「この模範に合致する哲学者は存在しない。真のキリスト教徒が現実には存在しないのと同様に。両者ともそれは規範なのだ[19]」。

カントの時代にまだ残っていたこの賢人像に、なお今日的な意味があるかどうかという質問ですね。私の単純さはある種の人々の冷笑を招いたのですが、にもかかわらず「ある」と答えましょう。ただし条件があります。この賢人像は、生き方を方向づけ動機づけるモデルか理想像に過ぎないこと、そしてこの賢人像を考えるとき、新しい歴史的条件を考慮しなければならないことです。ある人を賢人、ましてや聖人と称することほど滑稽なことはない、と私は思います。この点ではややぶっきらぼうな言い方をすることになりますが。私は最近ダニエルー枢機卿がド・ゴールの列聖を提案したことを思い出したのです。彼がそのような考えをもったということは、私には考えられないことです。同様な考えのなかには、最近のいくつかの列聖がありました。ピウス九世の列聖は私には信じられないことに見えました。そしてヨハネ二十三世に関してはちょっとした逸話があります。私がサン＝セヴランの教区にいたとき、彼はパリの教皇特使でしたが、司祭が典礼の様式にある改革を導入したため、彼はそれを視察しに教区を訪れたのです。彼は司祭館で食事をすることになった。司祭は明らかにすっかり取り乱していました。教皇特使を迎えることとは大仕事だったのです。そこで彼は誰かに食卓のサーヴィスを頼もうと考え、司祭館に住んでいた一人の信徒に頼んだ。思いがけないことに彼はイギリス人の将校で、教区のために多くの奉仕をしていた人物でしたが、彼は素直にその仕事を引き受けました。さてワインを出す時がきた。

（18） B. Groethuysen, *Anthropologie philosophique*, Paris, 1952, p. 80.
（19） Kant, *Vorlesungen*, *op. cit.*, p. 8.

しかし彼はサーヴィスの礼法など知らなかったので、教皇特使の右側にワインを供しました。左側でないとしたらですが、私自身どのようにするべきか知らないので分かりません。すると未来のヨハネ二十三世は怒って、これはワインの供し方ではないと激怒した。私は特使を決定的に見限りました。こんな些細なことで腹をたてるとは！　少なくとも何も言わないか、この小さな間違いに大声を出したりせずにいることはできたでしょう。人間性が現れるのはこのように些細なことにおいてなのです。このことはヨハネ二十三世となった人物が第二ヴァチカン公会議を行なった功績に何の支障ももたらしません。でも、彼は最近列聖されましたが、私には彼が聖人だとは思われないのです。

ややこっけいなこの余談はさておき、賢人像の話に戻りましょう。よく考えたうえで本当のことをいえば、「賢人」という語は、年を経て悪くなっていったのです。それはオデュッセウスの悪知恵と冒険心が体現していた古代の *sophos* のもつ逆説性と活動性とは反対の、ややエゴイスト的な無気力さを思わせます。用語はあきらめて、ものごとの内容が何であるか考えましょう。内面の平穏と自由という考えは、つねに現在的なものに思われます。さらにグレトゥイゼンの言う宇宙的意識は一つの重要な所与だと思います。でもこのテーマについてはすでに話しましたね。強化されなければならないのは他者への心遣いでしょう。ジョルジュ・フリードマンはこう言っています、「現代の賢人は（もし賢人がいるならば）今日の人間の悪徳から顔をそむけたりはしないだろう」[20]。哲学する人が、世界の全般化した悲惨さや、人間にのしかかるあらゆる種類の苦しみを忘れてしまい、何であれそれを改善できない無力さを感じないなどということはありえない。ショーペンハウアーは、五歳の子供たちが製糸工場で一日十時間閉じ込められて働いているというスキャンダルを喚起しています。しかし子供たちや女性たち、男性たちが毎日経験している酷い苦しみについては、実際に他にも語るべきことがたくさんあるでしょう。たとえばアフガニスタンの女性たちの悲劇や、絶望の運命にあるパレスチナの子供たちなど。心が叛逆に煮えたぎっているときに、どうして内面の平和が保たれるのか。でも私は、内面の平和なしにはどんな行動も最終的には効果がないと思います。和解できないものをどうやって和解させられるのか。古代のある学派の場合のように、無関心が心の平和をもたらすのではない。恨みや怒りや憐れみによって惑わされることなく、よく行動しようと配慮することが心の平和を勝ち取るのです。

A・D　言い変えれば、哲学の実践と叡智の追求には終わりがないということですね。人はつねに修行しなければならない。叡智はさらにより多くのものを求めるのですから。それは人がさらに先へと進むこと、つねにその向こう側に行くこと、つねにその哲学に沿った生き方とその実践を刷新してゆくことを要求するのです。ジャンケレヴィッチはその対話形式の著作を『完結せざるもののどこかで（*Quelque part dans l'inachevé*）』[*10]と題していますが、これはリルケからの引用ですね。そしてあなたにとってわれわれもいわば「完結せざるものの一部」です。あるいは似たような表現を使えば、フランスの偉大な作曲家ジャン・バラケは、残念なことに今日で

（20）　Georges Friedmann, *La Puissance et la Sagesse*, p. 360.

はあまり知られていないのですが、「終わりなき未完」というヘルマン・ブロッホの言葉を楽曲にしています。あなたにとって哲学とは、あるいは哲学者とは、つねに未完結の状態にあるのですね。でも哲学に沿った生き方の未完結性とは、何か積極的なものではないでしょうか。

まったくその通りです。ところで、哲学の終わりとは興味深い問題です。というのも、さきにウィトゲンシュタインに関して話したように思いますが、彼は『論理哲学論考』において、哲学に終止符を打って「世界を正しく観ること」と彼が呼ぶところの叡智にその場を譲りたい、と言っていたからです。余談として括弧にいれて語ったことだとしても、ここには「現代の」の叡智の一つの姿があって、それをウィトゲンシュタインは何年か哲学書を書くことをやめて人間の日常生活を送ることで実行しようと試みたのです。それから彼は哲学の言述に戻りますが、そのことは哲学の追求に終止符を打つのが容易ではないことを示しています。ウィトゲンシュタインの経験が興味深いのは、人が決定的な知恵の状態に身を置くことは非常に難しく、おそらく不可能であることを示しているからです。実際ウィトゲンシュタインが知恵の状態と考えたのは、不完全さと努力で一杯の哲学的な生き方であって、そこには哲学的言述の下絵となるものが伴っていて、それが論文の執筆再開へと導き『哲学探究』となって著わされたわけです。

ウィトゲンシュタインの経験が示しているのは、哲学は叡智という理想にいわば漸近的に進んで行くが、その哲学に到達して終わることは容易ではない、ということ。叡智に向かう努力つまり哲学を生きることへの努力は、つねに未完成に終わります。たとえば精神の訓練としての瞑想は、何か賞賛すべきものと考えられます。しかし現実に起こることを納得しなければならない。私たちの内面の語りはつねに中断され、混乱し、まとまりません。その考えをどうやって秩序立てるか。実際ある種の人々は内面の言葉の巨匠の位置に達するかもしれません。彼らは賢人の理想に最も近づくでしょう。たしかに哲学者が自らを統一し、自己自身と世界とを自覚する瞬間があるでしょう。しかしこの状態に達するには絶え間ない闘いを推し進めなければならないのですが、根本的には絶え間ないものには当然なりえないのです。あらゆる瞬間への集中を人間に求めたストア主義者は、理想的賢人について語っていたのであって、現実の人間についてではなかった。哀れなマルクス・アウレリウスは、彼の内面的傾向が平常からそうであるべき姿を再発見しようと、何ページも何ページも書くことを余儀なくされたのです。

哲学におけるこの永遠の未完成を説明するのは、知恵の理想が超越的な存在であると知ることだと言えるかもしれません。

第八章　ソクラテスからフーコーまで——ひとつの長い伝統

アーノルド・I・デイヴィッドソン　「ソクラテスを讃えて」と題されたエッセーで、キェルケゴールとニーチェが解釈するソクラテス像を特に強調していらっしゃいますね。古代のソクラテスと哲学史でつねに再評価されているこの人物像との間に、どのような関連性をご覧になるのでしょうか。

ソクラテス像の威光には実際何か特別なものがあります。メルロ＝ポンティがコレージュ・ド・フランスで行なった就任講演——それはすばらしいもので、私は今でもたびたび読み返すのですが——そのなかで彼は、ほとんどすべての哲学者が（エピクロスは別だと私は思いますが）「書くこともせず教えることもせず［…］路傍で会った人々に話しかけて世論や権力に対して悶着を起こした人間〔ソクラテス〕を、指導者として仰ぎ続けた」と書いています。この文章を引用するのが一層ありがたいのは、メルロ＝ポンティがその文脈のなかで、私たちがこの対談で提起している問題を論じているからです。「書物に納められた哲学は人々に呼びかけるのをやめてしまった。そのなかにある奇異で手に負えないものは、偉大な体系の品位ある生活のなかに身を隠したのである」[*1]。二十世紀半ばに語られたこのソクラテス讃はなお、その一九〇〇年も前に書かれたプルタルコスの文章のこだまを響かせています。そのテクストについてはすでに述べました。そこに書いてあるのは、ソクラテスが哲学者であったのは彼が友人たちと散歩し、一緒に食事をし、議論し、彼らと同様に戦争に行き、ついには毒人参を飲んだ人であり、高い説教台から教えたからではないということです。こうして彼は、哲学の可能性は日常の生活のなかにあることを示しました。何世紀も通して、特に古代のストア派とキュニコス派にとっては、ソクラテスは哲学者の模範であり、その生と死が主要な教えだったのです。

真実のところは、メルロ＝ポンティの言葉は別として、すべての哲学者がソクラテスを師と仰いだわけではありません。たとえばデカルトやスピノザは彼についてはほとんど語っていません。メルロ＝ポンティ自身のように彼を援用したのは、キェルケゴールやニーチェのような実存主義的思想家でした。実際キェルケゴールとニーチェはソクラテスについて一見相反する見方をしていますが、おそらく終局的には一緒になるのです。ソクラテスをさんざん攻撃したのちにそれでもニーチェが彼を好んだのは、[(1)]

（1） Nietzsche, *Humain, trop humain, Le voyageur et son ombre*, *op. cit.*, §86.〔ニーチェ「漂泊者とその影」八六、『人

結局はその明るさ、茶目っ気たっぷりの知恵であって、それは彼によるとイエスには見られないところだったからです。ニーチェのソクラテスはプラトンのソクラテスというよりはクセノフォンの『メモラビリア』のソクラテスであって、クセノフォンの『饗宴』で踊るソクラテスだった。そしてニーチェは、ソクラテスを理解するにはモンテーニュとホラティウスを参照すべきだと付け加えています。確かにモンテーニュの『エセー』(2)を通して、ソクラテスの姿は生の完璧な理想として現れています。ソクラテスの偉大さは子供たちと遊ぶことができたこと、それで彼の時間が楽しく使われたと考えることができたことでした。モンテーニュがソクラテスを称賛したのは、戦争にも平和にも、富裕にも欠乏にも、忘我にも気晴らしにも、生活のあらゆる状況に適応できる能力でした。彼が愛したのはソクラテスの生活と言葉の虚飾のなさ、人間の条件が持つ限界の感覚、単純な自然のうちなる資源への信頼で、その信頼は、哲学者の論説を要することなしに、素朴で単純な人々に生と死に対する勇気を与えたのです。ソクラテスは人間的生を十分にそして率直に生き抜いたのです。

生を愛するこのソクラテス像は、前述したように、一見してニーチェが見たソクラテスです。しかしモンテーニュとは異なってニーチェにとっては、ソクラテスの単純さ、その話の平凡さ、そして彼のイロニーは、彼の考えをあからさまに言わないための間接的なコミュニケーションの手段でした。そして彼が隠していたものはおそらく恐ろしい秘密だったのです。というのも『パイドン』の終わりで、死に瀕した彼はクリトンにこう言うのです。「アスクレピオスに鶏を捧げなければならない」*2。この言葉はソクラテスが医学の神に、生から解放してくれたことを感謝して捧げ物をしたいと思ったことを推察させます。それでは生は、そして存在は、病いだったのか。これがソクラテスの秘密だったのではないか。ソクラテスは生涯を通して偽っていたのではないか。ニーチェにとってソクラテスは、何も言わずに秘密を守っていたならば一層偉大なはずだったのです。でも実はニーチェは誤解をしていたのだと私は思う。ソクラテスの言葉の意味は、生それ自体が病いなのではなく、肉体の生が病いなのであって、魂の生のみが真の生だということ。プラトンはソクラテスの口からプラトン主義的教理を語らせたかったのでしょうが、ソクラテス自身が本当にこの言葉を語ったとは、少なくともこの意味で語ったとは、私には思われないのです。ジャンケレヴィッチがその著『イロニーの精神』で言っているように、ソクラテスは皮肉を込めて語ったのかもしれません。「アスクレピオスに鶏を捧げなければならない」という言

間的、あまりに人間的』前掲書II、三三九―三四〇頁。「ソクラテスには、きわめてさまざまな哲学的な生き方の道がさかのぼり通じている。〔…〕ソクラテスにおける最も固有なものは、あらゆる気質に対する関心であったと推論してよいだろう」]

(2) Cf. Montaigne, *Essais*, III, Paris, Gallimard, Bibliothèque de la Pléiade, 1992, p. 1090.〔モンテーニュ『エセー』原二郎訳、岩波文庫、第六巻、一九七―一九八頁参照。「〔ソクラテスは〕大分年老いてから、暇を見つけて舞踊と楽器を奏でることを習って、有効に時間を使ったと考えたこと以上に注目すべきことはない。〔…〕二十七年の間、同じ顔つきで、飢えと貧困と子供たちの不従順と妻の爪に堪え、最後には、抽象と暴政と牢獄と鉄鎖と毒杯に堪えた。けれどもこの人は、人とのつき合いでぶどう酒を飲む競争をさせられると、いつも全軍でいちばん強かった」〕

葉が醸し出す問題はともかく有名で難解で、人々はいくつかの解釈を提案してきました。[3] いずれにせよ、ソクラテスの問題に関するニーチェの疑問は、何よりも生の意味に関する彼自身の疑問を表しています。それゆえニーチェが見る悪戯っぽいソクラテスは、終局的には悲劇的になります。キェルケゴールのソクラテスの場合はそのまま悲劇的です。彼は〈個人〉の、〈実存者〉の、実存者としての責任の深刻さを代表しており、彼が〈個人〉であり〈実存者〉であるのは、彼が風変わりでどの流派にも分類されず、内面の未完成によって分裂し引き裂かれ、自分が好むものを奪われている、まさにそのことによってであるからです。キェルケゴールが、自分はキリスト教徒でないという意識によってのみキリスト教徒であるように、ソクラテスは、自分は賢人ではないという意識によってのみ賢人なのです。知恵をもたず、しかし知恵を愛する人であることが、彼を哲学者にしている。キェルケゴールもまたソクラテス的方法について優れた数ページを書いています。ソクラテスは助産師になろうとしただけで、教師になろうとしたのではない。弟子が彼の魂を支配しようと思わなかったのと同様に、彼は弟子の魂を支配しようとは思わなかった。モンテーニュもまた、ソクラテスが教師としての権威の主張を放棄したことを称賛しています。

私たちはこれらの例から、哲学者たちが見たソクラテス像のさまざまな姿をかいま見ることになります。結局、哲学の歴史に大きな影響を与えたのは、歴史的ソクラテスというよりはむしろ神話的ソクラテスなのです。

A・D　神話的ソクラテスと歴史的ソクラテスとを並べるとき、その前者を考えるのに少なくとも二つの見方がありますね。純粋に虚構のソクラテスと、歴史的ではないが歴史に根付いたソクラテスで、それも一つの理想像（イデアル）として働く彼です。フィクションとしての歴史とイデアルとしての歴史がある。したがって神話的というのは、単に虚構ではなく理想像でもあるということでしょうか。

プラトンは、ソクラテスという人物についてその哲学的概念を描き出した最初の人でした。彼は神話的ソクラテスの原点にいます。そしてソクラテスについて語った哲学者のほとんどすべてが、プラトンが描いたソクラテス像に依拠しています。クセノフォンによるものもありますが、この後者の場合もまたかなり神話的です。プラトンがソクラテスを理想化したのは彼自身のプラトン主義的視点と関連させるためでしたが、同時にまたおそらくソクラテスという人物の哲学的意味作用のすべてを引き立たせるためでした。この点では事態はかなり複雑です。一つには、哲学者たちはプラトンの手本に従い、さらに彼ら自身のソクラテス観を投影しました。この観点から見ると、ソクラテスは歴史の流れとともにか

（3）この解釈の一つはミシェル・オファン氏が親切に教えてくれたもので、それは G. Dumézil, *Le Moyne noir en gris dedans Varennes* (Paris, Gallimard, 1984) から得たものだった。それによるとこれはクリトンの治療に関するものだという。つまりソクラテスの脱走を支持する者たちを支援したというクリトンをその過ちから救うというもの。

なり異なった姿を取りうることになります。しかし他方では、人々がソクラテスのメッセージの本質と考える思想には、ある種の一貫性があります。先の対話のなかで私たちは、古代哲学のあれこれの側面を現在化する可能性について話しましたね。ソクラテスの場合が興味深いのは、私たちが現在化しようとするのが教義ではないからです。というのも、無知の謎めいた肯定を除けば、ソクラテスの教義がどういうものでありえたかを知るのはたいへん難しいのです。ただ私たちが現在化しようと努力するもの、哲学の理想となるものは、完全に他者のために捧げられた彼の生と死であり、他者が彼ら自身のことを気遣い、より善い者になるよう奉仕することなのです。私自身が進んで言えることは、ソクラテスの真髄を最もよく理解していたのはモンテーニュだったということでしょうか。結局のところ、私が実存主義的思想家と呼んだ人たちがソクラテスを哲学者の最たる者と認めたのも、ソクラテスが端的に日常的な生を生きながら、その日常生活の各瞬間のもつ無限の価値を意識することで、それを変貌させるという点にあったのだと思うのです。

A・D　あなたのお気に入りの哲学者のなかでも、モンテーニュから非常に大きな印象を受けたと聞いています。それはいつ頃のこと、そして何故ですか。

初めてモンテーニュに出会ったのは十四歳か十五歳でしたが、それは偶然の結果でした。現代フランス語に訳されたモンテーニュの抜粋が初等神学校の図書館にあり、手に取ることができたのです。私はとても惹かれました。どうしてかははっきりと分かりませんが、たぶん、自分自身と人間とについて詳しく語っているモンテーニュが、人間性の不思議を発見させてくれたからです。古代文明がまるごとそこにあるだけでなく、彼と同時代の人々の生活、地方の庶民からアメリカ・インディアンに至るまでが描かれていました。人間性とは非常に複雑なもので、懐疑主義と信仰、ストア派の厳格さとエピクロス派の安らぎ〔緊張緩和〕など、あらゆる生き方を可能にするものだと思われました。私はモンテーニュから単純であることの大切さと衒学主義の愚かさを学んだのです。非常に印象的だったのは「哲学することは死ぬことを学ぶことである」と題されたエッセーでした。その頃はたぶんまだよく分かりませんでしたが、それは哲学とは理論を述べることとは別のものだと私に思わせるようになった文章の一つだったことは確かです。さらに教室ではモンテーニュの教育論を学び、それがきわめて興味深かった。それは子供の性格を尊重することを表明し、また育成すること（フォルマシオン）よりも情報を教えること（アンフォルマシオン）を優先する抽象的で特権的な教育を批判していたのです。モンテーニュが、よく育成された頭脳と、知識を詰め込まれた頭脳とを対比していることはよく知られています。私は彼の『エセー』を今まで何度も読み返しましたが、そのつど変わらない楽しみを感じます。あらゆる種類の味わい深い逸話に出会っては楽しみました。そして最近のことですが、ある並外れた文章に感銘を受けて、それを他の文章とともに『古代哲学とは何か』のエピグラフとして掲げたのです。モンテーニュは、今日は一日何もしなかった、と言ったある人物を想像し、こう答えるのです。「なんだって？　何もしなかったのかい。でも生きていたではないか。それがきみの一番すばらしい仕事ではないか！」[4]　ニーチェはのちにこの言葉にこだまを返して、人間が作る制度の目的は生きる感覚を妨げることであると言っています。(5) さきのモンテーニュの言葉には、生そのもの、実存それ自体に無限な価値があるという意識が表れています。これは通常の価値観、つまり何よりも重要なのは何かを行なうことだという広く普及した観念を反転させるものであって、モンテーニュにとって最も重要なことは存在することだったのです。同時にこのことはモンテーニュの場合、古代の思想からの遺産だと思います。彼は古代哲学の意味、とくにエピクロス派の思想をじつによく理解していたのです。

A・D　あなたはアンリ・ベルクソンを、興味深くて今日的な哲学者、決して時代遅れにならない人物だと考えておられますね。ベルクソンの思想は、われわれの習慣的な知覚を変化させるものだとすでに指摘されました。ベルクソン哲学で生き続けているその他の局面は何でしょうか。

私にとってベルクソンは、まず一九三九年のバカロレアの論題でした。そこで出されたのはベルクソンの次の文章でした。「哲学は体系の構築ではなく、自らのなか、そして自らの周りを素直な目で眺めることをひとたび［つまり最終的に］決意することである」[*3]。第一に「哲学は体系の構築ではない」という定義は、そのまま抽象的な理論の構成を排除します。続く文章の後半は、哲学は何よりも一つの選択であって、言述ではないことを意味します。それは一つの決意、態度、ふるまい、そして世界を見る見方なのです。「自らのなか、そして自らの周りを素直に見つめること」。この「素直に」という言葉は、ベルクソンが哲学を知覚の変容として定義したとき、画家を例に選んだことを思い出させます。そのような視線をもつためには、つまり現実に対するいわば生(き)のままの知覚に戻るためには、彼はその見方を変貌させるために多大な努力をし、物事を見る習慣的な見方を捨て去らなければならない。したがって「素直に見つめる」という言葉は、人工的、習慣的、形式的そして既製のものから解放されて、一切の先入観なしのいわば初期的な知覚に帰ることなのです。画家の努力にも類比されるこの努力は、一つの精神修練だと言えます。ベルクソンにとってこの新しい知覚は、実在を生成として、進化として、予測不可能な新しさの湧出として観ることにありました。出来上がった世界ではなく、出来つつある世界です。ベルクソンの主張の多くは、進化そのものに関してもまた脳の働きに関しても、今では時代遅れに見えることは確かです。しかしベルクソニズムの本質は、科学が反論できるその細部にあるのではない。ベルクソニズムの本質はどこまでいっても、つねに知覚の変貌としての哲学という考えに在り続けると私には思われるのです。

私が受けた宗教教育、それは純粋なトマス派の哲学だったにちがいありませんが、ベルクソンは少な

(4) Montaigne, *Essais, III, op. cit.*, p. 1008.〔モンテーニュ『エセー』前掲書、一九五頁参照〕

(5) Nietzsche, *Considérations intempestives, Schopenhauer comme éducateur*, 4, Paris, Aubier, 1966, p. 79.〔ニーチェ「教育者としてのショーペンハウエル」『反時代的考察』小倉志祥訳、ちくま学芸文庫、二〇一七年、二八二頁参照。「じっさい、人間のすべての秩序は、思想を絶えずまとまりなく分散させることによって生が感づかれなくなるように配置されているのだから」〕

くとも心理学の面ではそのなかに一つの場所をもっていました。ベルクソンの著書はある種の内観の心理学の端緒となっており、それはわれわれが発見するよう期待されていた精神的生という概念に、かなりよく適合していた。しかしベルクソンはまた創造的進化論を唱えた人で、それがキリスト教的創造論と相容れることは困難に思われました。やがてテイヤール・ド・シャルダン神父が進化論のキリスト教的ヴァージョンを提唱することになり、私はそれに熱心に賛同していたのです。

その後一九六八年の前後しばらくの間、私は自然哲学に非常に興味をもつようになり、自然哲学者としてのベルクソンを再発見したのです。それはジャンケレヴィッチの『ベルクソン』とメルロ＝ポンティの著書のおかげでした。つまり有機体(オルガニスム)の概念の重要性で、自然を創造として、内部から発する動きとして考えることです（それはまた古代のピュシスの意味するところです）。「自然は目を造るのに、私が手を上げる程度の苦労しかしなかった」[*4]。私はエラノス学会で、この考え方が最終的にはいかにプロティノス的であるかの説明を試みたことがあります。

A・D　ウラジミール・ジャンケレヴィッチはベルクソンの思想の継承者であると同時にまったく独特な哲学者です。道徳的生は常に新しくなる生であって、終わることのない自己の修練であるということを、ジャンケレヴィッチは非常に強調していますね。そして彼にとっては、同時代の哲学者の大多数とは異なって、道徳生活における愛の役割が絶対的な中心になっています。

私はジャンケレヴィッチの作品の全部は知りません。いま言いましたように、私はプロティノス研究において、ジャンケレヴィッチのベルクソン論から大きな影響を受けたのです。彼はプロティノスとベルクソンとの関係によく言及していますが、それはまた私に、新プラトン主義が自然哲学に影響を与えた可能性があることを理解させてくれたのです。彼の『イロニーの精神』も大好きです。それは人間の心理の分析に並外れた力を示しています。

あなたが言っておられるのは、ジャンケレヴィッチが『徳について』の第二巻で愛について語っていることだと思います。ジャンケレヴィッチが同時代の他の哲学者と異なるのは、彼が愛を徳性の中心に置いている点だというあなたの考えはまさにその通りですね。ここでもまた彼はベルクソンの忠実な弟子なのです。神学と道徳学で長い間論じられてきた問題、純粋な愛の可能性と、愛とエゴイズムとの関係という問題を考察する彼の繊細さには、ほんとうに驚くべきものがあります。何よりも彼は愛に神秘があることを、非常によく洞察していますね。愛が人を超越しており、純粋かつ無私無欲であるとき、愛する人たちが利己的で功利的になることがどうしてできるのだろうかと。

A・D　プラトンの『饗宴』では、愛というテーマは非合理的な要素を導入している、つまり単純に知的な道理ではなく心的生における別の領域、つまり、意志とか情念をも含む別の分野を含み込んでいるとあなたは書いておられます。人は愛によって変貌することができる。この要素、つまりプラトンにおける愛の非合理性は、どのような意味をもつのでしょうか。

私がこの非合理性について語ったのは、プラトン哲学はすばらしい論理的な構造物として提示されていますが、実際には想像以上に複雑なものだったことを感じてもらいたかったからです。『饗宴』の視点から見ると、愛は哲学的対話や反省を可能にする共同体の基盤として役立つだけであって、哲学固有の思考法とは異質なものだと思われるかもしれません。しかしディオティマの話の終わりにあるように[*5]愛は哲学固有の考え方の不可欠な一部をなしている。なぜならば〈美〉に向かう上昇は、より精神的な美への愛による追求であっても、それはまず美しい身体への愛によって始まるからです。美しい身体への愛は、すでに潜在的に、永遠の〈美〉への愛なのです。身体の美への愛は永遠の美への牽引力によって説明される。このように哲学的思考は欲望を原動力としていて、非論理的な要素を内包しています。愛の領域は、ある一つの存在の生きた実際の経験という特質を哲学に与えるのです。これはプラトンにとって真実であり、また哲学全体にとっても真実でしょう。

A・D　ハイデガーを読み始めたのはいつごろですか。

一九四六年でした。どういう状況だったかは忘れましたが、ハイデガーについてのアルフォンス・ド・ヴェーレンスの書物に運良くも出会ったのです。それは偶然でした。当時ハイデガーはなかなか入手できなかったからです。フランス語に訳されていたのは短いテクストだけでした。学士号取得の学年にはジャン・ヴァールがハイデガーについての講義をしていたのですが、なぜか残念なことに聴講できなかったのです。たぶん、まさしくその不運を補うためにヴェーレンスの本を読んだのですが、それは明快で役に立ちました。——それで私は同時にハイデガーの翻訳を試みました。『存在と時間』ではなく、彼のプラトン研究です。かなり期待を裏切られたと言わなければなりません。まず不必要なまでに複雑だという印象を受け、さらに、少なくともプラトンに関しては、理論がやや一面的だと感じた。それでもヴェーレンスの本は、私がハイデガーの本質と感じるものを示している、少なくともハイデガーは私に非常に大切なことを教えていると感じさせました。何よりもそれは日常的なもの、ハイデガーが「ひと」と呼ぶものと、本来的実存との区別でした。一方でハイデガーは私たちが日常と称するものをみごとに描いています。それは基本的にはベルクソンも述べていたもので、日常の生活においてはわれわれの決意や反応はあまり自覚的なものではなく、われわれ自身やわれわれの個人的人間性の根底から出るものではなくて、世間一般が持ちうるステレオタイプな反応によるものであることを示しています。日常の生活には、一種の脱人格化〔脱人称化〕があるのです。そしてまさにベルクソンはこの態度を、自分自身とその周囲を素直に見つめ、世界の見方を全面的に変貌させるという自覚的な態度と対照させました。ハイデガーにおいては、これは日常性あるいは通俗性と、実存の意識をもった状態との対立になります。それはまさしく、前述したように、死への運命にある者(彼の言葉では死に向かう存在)、したがって有限性の意識です。この瞬間から存在は別の局面、不安の局面を見せます。おそらく死ゆえの不安、また実存するという事実が持つ謎ゆえの不安です。ハイデガーが行なったこの分析は相変わらず妥当であると私には思われ、大きな影響を受けています。ただ明確にしておかなければならないことは、日常性と本来性とのこの対立は、つねに絶え間なく本来的な生を生きなければならないということでは決してありません。人間は通常、そしていわば必然的に、日常の生を生きています。しかしほんの時折、まったく異なった視点から実存というものをかいま見ることがありえるのです。それだけでも大変なことです。

A・D　「存在」と「存在者」の存在論的差異に関するハイデガーの有名な思想の根拠を、新プラトン主義に辿った論文をお書きになっていますね。

プラトンの『パルメニデス』注解の断片に見られる「在ること」と「在るもの」の対比のことですね。これはプロティノスの弟子で新プラトン主義者であるポルフュリオスのものだと考えています。これは「在る（être）」という動詞の不定詞、つまり「存在する」という行為と、「在るもの（étant）」という限定された実物との対比で、この後者は前者よりも下位である。なぜなら後者は、存在するという行為に参加しなければ実現されないからです。この理論のとくに優れた点は、存在するという行為を、あらゆる実体性から純化してそれ自体として考えた点ですね。

この不定詞としての「存在」（*esse*）と、「存在物」（*quod est*）との対比は、ボエティウスの小論『ヘブドマドについて』にも見られ、これは中世にはたびたび注解をほどこされています。優れた学問的教養をもったハイデガーが、この論文を仲介としてこの対比に遭遇したとも考えられますが、彼が自分自身でこの区別をするに到った可能性も十分に考えられます。

いずれにしても、『パルメニデス』注解に見られる存在と存在物の間の階層的対比と、ハイデガーが論じる存在論的差異との間には大きな違いがあります。この相違の新プラトン主義的起源については、はっきりしたことは言えません。

A・D　ハイデガーの文章と、あなたの哲学書の文体とはある意味で正反対だということにいつも驚いていました。あなたにとって簡潔さ、明快さはほとんど道徳的義務のように思われます。

そう言っていただくのは本当にありがたい！　ただおそらく私は、ハイデガーが説明しようとすることほど深いことがらを考えていないのです。ハイデガーの文体は確かに問題で、まずはドイツ語であること自体の問題ですが——そして彼のドイツ語は複雑にひねられているので——さらには彼のライバルたちが彼を真似してさまざまな言語にひねりをかけるので、それが一種の流儀を作り出し、それは長続きはしないでしょうが、哲学のたいへん難解な書き方で、その結果多くの読者を意気沮喪させてしまうのです。私たちは時々、これは哲学者の一種の遊びではないかという印象をもちます。よく言われるように哲学者は、語っている自分を聞き、書いている自分を見るという生来の傾向をいつも持っているからです。実際には、言語の洗練術はそれほど問題ではない。古代においてもストア派はこの洗練術に長けていましたし、スコラ哲学者もそうでした。この技法的な洗練は、表現し難いニュアンスを説明しなければならない場合に用いられることがしばしばでした。彼らは新語を造らなければならないか、語の習慣的な意味を変える必要があった。したがってテクニカルな言葉はあったが、それが何に相当するかは正確に分かっていました。しかしハイデガー以後の哲学では、正確に定義されないままのメタファーが濫用されることがあまりに多いのです。

A・D　フランスの実存主義には強い印象を受けられたようですね。実存主義のどのようなテーマが最も重要だと思われたのでしょうか。

始めは一つの問題がありました。たとえば哲学協会でのジャン・ヴァールの発表「主観性と超越」に関してです。何人かの参加者が実存的哲学者（un philosophe *existentiel*）と実存論の哲学者（un philosophe *de l'existence*）の区別について討論しました。実存的哲学者はつまり彼の存在によって哲学者であり、彼の哲学は大部分において彼の実存と一緒にされる。そして実存論の哲学者は実存について論じる哲学者であると。私もこの考え方をすすんで受け入れたいと思います。実存主義者は終局的には哲学をある決心、ある生の選択と考えているのだという印象を、私はいつも抱いていました。しかし彼らは実存に関する議論にのみ執着することがしばしばなのです。これは一般的な問題ですが、おそらく解決不可能でしょう。私たちはいつも次のような言明に戻っていきます。哲学者はつねに自分の言述に満足する傾向があると。これとはまた別に、一九四六年に私がパリで勉強していたとき、実存主義とはまずガブリエル・マルセルのものでした。それはキリスト教的実存主義だったからです。実際私が彼から学んだものはたくさんあり、それも彼の話を聞いてではなく、その著書を読むことによってでした。まず「存在」と「所有」との区別があり、それはとても実り多いものでした。「存在」はその人の人格に関わるものだが、「所有」は人格ならざるすべてのもので、しかもその中に自分を見失う恐れがあるものだということ。また「神秘」と「問題」との区別も非常に興味深いものだった。「問題」は私たちが答えることができ、一定の方法で解決することができる問いですが、「神秘」はガブリエル・マルセルが言うように、それ自身の経験的与件を侵略する、つまり人はそのなかに取り込まれてしまう。身体の神秘があるのは、人がその身体であるからなのです。さらにまたもちろんサルトルがいますね。私は『存在と無』を読みましたが、とくに『嘔吐』が興味深かった。そこには実存を客体のなかに観るという一つの経験、一種のエクスタシーとも言える経験を見るからです。しかしこの嘔吐感に関しては、これがサルトルの心理学特有の感覚ではないかとつねに考えてきました。人は実存を前にして、嘔吐感ではなく感嘆の情を語ることもできるでしょう。何よりも私がコレージュ・ド・フランスで講義を聞いた人――その機会は十分ではなかったが――それはメルロ＝ポンティでした。彼の哲学は知覚を中心としている点において、ある意味でベルクソンの後継者でした。彼は「哲学とは世界を学び直すことである」をその定言とし、[*6] また現代芸術に関する興味深い考察を繰り広げています。これらがみな、私に大きな影響を与えています。

A・D　ところで生の不条理という観念はカミュやサルトル、そしてロシアの実存主義者の間でも根本的な問題ですが、それについてはお話しになっていないですね。

実存主義で私が嫌悪を感じたのはまさにその点で、それはとくに一九四六年、私がキリスト教に強い影響を受けていた時期でした。実際、不条理というのは私にとってはかなり異質な考え方なのです。まずそれは、推論の結果であるから抽象的です。神が死んだその瞬間から、実存を正当化するものはなくなり、それゆえ実存は不条理になった。私個人としては、それを不条理とは感じないのです。私にはメルロ＝ポンティの見解のほうが好ましく思われます。彼は『知覚の現象学』の序文でこう言っています。「世界と理性とは問題を成すのではなく、こう言ってよければ、それらは神秘的なのだと言おう。なんらかの解決によって神秘を一掃することが問題なのではなく、神秘のほうが世界と理性を規定するのである。それは解決の手前にあるのだ。真の哲学は世界の見方を学び直すことである」[*7]。説明することもできない湧出を眼前にした驚きと賛嘆、それには同感しますが、でもなぜ吐き気なのか。

A・D　たとえばサルトルにおいて、また他の思想家においても、みな一つの自由の形而上学が見られます。しかしあなたの書かれたものを読みますと、思想の中心には自由の実践がありますが、その実践を形而上学に発展させようとする意図はみられません。実存主義的形而上学と実存主義的実践との間には相違があるのでしょうか。

形而上学という言葉を使うとき、それは哲学的理論という意味でしょうか。確かに私は実存主義の形而上学を提案しようと考えたことは一度もなく、むしろ反対に控えめな気持ちで、実存主義の実践という説を提案しようと試みたのです。あなたが言われる通り、実存主義の実践は自由を前提とします。私の浅見ですが、現在は自由の形而上学またはその理論を提議することが非常に難しいのです。精密科学と同様に人文科学も、私たちの行動の自由について深刻な疑念を漂わせていて、自由の理論または形而上学もその点では変わらないと思います。個人の責任や衝動の抑制力を定義しようとするとき、この与件を考慮に入れなければなりません。しかし他方では経験が、私たちはそれぞれのやり方でその心理的限界に従い、精神的作業の実践ができることを示しています。何も言わずにただ歩くことでまったく単純に運動の存在を証明した、キュニコス派のディオゲネスのようにすべきなのです。私はバカロレアの口頭試験のときの気持ちをまだ持ちつづけています。女性の試験官から「意志とはどのように定義されるか」と聞かれて、私はこう答えたのです。「意志は定義されません。それは体験されるものです」。私たちはカントとともに、自由とは実践理性の公準の一つであると言うこともできるかもしれません。

A・D　ウィトゲンシュタインを見出されたのには、どのようなきっかけがあったのでしょうか。

はっきりした思い出はありません。一九六〇年ごろ、私はCNRSの研究員で、CNRSの『分析報告（ビュルタン・アナリティック）』のための記事をチェックしなければならず、ウィトゲンシュタインに関する記事を見ることになったのです。それは『論理哲学論考』のなかに神秘主義への言及があることを示唆していました。このことが私の興味をそそり、まず注釈付きのイタリア語訳を見つけました。こうしてウィトゲンシュタインの作品に接するようになったのです。それから自分で翻訳を試みようとしたのですが、その翻訳を出版可能にするだけの時間がなく、それに『論理哲学論考』のテクストは非常に翻訳困難でした。それから私は学会発表をし、論文を書いたのです。

A・D　ジャン・ヴァールの哲学コレージュで『論理哲学論考』について話をなさったとき、聴衆はとても驚いた、ウィトゲンシュタインはほとんど知られていなかったから、と言っておられましたね。

そうなのです。でもジャン・ヴァールが一九四六年にはすでに彼のことを知っていたことは確かです。私の講演は一九五九年から六〇年に行なわれましたが、まだフランス語訳はまったくありませんでした。同じ年に哲学コレージュでウィトゲンシュタインに関するシャロームの講演があり、シャローム自身の論文も発表されました。それ以外には特に大きなことはなかったと思います。スタニスラス・ブルトン神父が著作の一つで彼について少し触れていました。私はまたどこかでこう言ったことも思い出します。『論理哲学論考』が出されてから四〇年も立っているのに、フランスの良き伝統に従って、どの出版者もその翻訳を考えなかったのですねと。

A・D　特に興味を引かれたのは『論考』の終わりに部分にある神秘主義的局面だったのでしょうか。

その通りです。論理実証主義者として自らを表し、あるいはむしろ人がそう思っていた人物が、神秘主義について語りうるなどということは、矛盾であり大きな謎でした。当時私が書いた論文では、とくにこの論理から神秘への移行を解明しようと試みました。いま私が思うのは、『論考』の結びの部分は、それに先立つ論理的構成によっては完全には説明しきれないものだということです。たくさんのアフォリズムが『論考』に先立つ『草稿』のなかに見られますが、それらはウィトゲンシュタインの精神的不安を明かしている個人的反省に相当するのです。ときどき気づく折があったのですが、それは古代哲学のテーマとも一致するものでした。たとえば現在の生に関することがらです。ウィトゲンシュタインが神秘と呼ぶものは世界に関するものと思われます（6. 44–45）。神秘とは世界が在るということである、「限界づけられた全体としての世界の感覚、それが神秘なのだ」。この謎めいた言葉に続けて次のように書いています。「永遠の相のもとに世界を観ること、それは世界を限定された全体として観想することなのである」[*8]。それはつまり世界を情動的に経験することであり、一種の高みから世界を観ることなのです。世界が在るという事実を前にした驚きの心、世界の存在を前にした驚嘆の情、それは彼にとって格別な経験であったとウィトゲンシュタインは語っています。ここでもまたプラトンにおけると同様に、哲学が完成を見るのは生きた経験においてなのです。

A・D　『哲学探究』よりも『論理哲学論考』のウィトゲンシュタインのほうが自分には好ましいとおっしゃったことがありましたね。でも『探究』についても論文を書いておられます。「言語ゲームと哲学」で、そこでは言語ゲームという考えが哲学史の枠組みとして用いられています。

はじめに言語ゲームとは何かを理解しようとしなければなりません。ウィトゲンシュタインにとってそれは基本的に、人が話すことに意味を与える活動や状況であって、ある語句が発音されるときの具体的な文脈なのです。その論文で私はサルトルを考えて「神は死んだ」という定言を例にとりました。一例としては、古代に〔パン・アテナイ祭の〕行列があって、そこで人々は「神は死んだ」とは言わなかったがともかく「偉大なるパンは死んだ」と言った。明らかにそれはたんに神話への宗教的な暗示であり、祭儀や宗教的儀式に結びついた言葉の遊戯でした。そして他方には哲学者ジャン＝ポール・サルトルがいます。ジュネーヴかどこかの空港に降り立った彼は、ジャーナリストの群れに取り囲まれ、何かひと言お話を、と要求されて「神は死にました」と言ったのです。このときは二重の言語ゲームです。第一はニーチェを暗示するもので、第二は深淵な哲学者で預言者でもあるという印象をあたえようとして、ちょっとしたコメディーを演じたものでした。ここには対立する二つの言語ゲームがあります。言語遊戯は他にもたくさんあり、たとえば「私は苦しい（J'ai mal）」と言うときです。哲学者は言語を、対象物を名付けたりそれを指し示したりすること、あるいは思想を翻訳することから成る一種の活動と見る傾向がありますが、ウィトゲンシュタインにとっては、苦しんでいる自分が「私は苦しい」というとき、それは伝達不可能な苦しみを説明しているのではなく、一種の言語ゲームをしているのであり、ある社会的文脈のなかで助けや同情を求めているのです。[*9] これが私の仕事全体を導いてきた観念です。私たちがある文章やある話し言葉に出会ったとき、だれがどのような状況のなかで、どの日、どの時代、どのような一定の文脈のなかで発音されたかとは無関係であるかのように、絶対独立なものとして解釈することは、十分な解釈にならない。これは宗教的原理主義（ファンダメンタリズム）の欠点であり——実際は哲学者や哲学史学者の多くもまた原理主義者のように振舞っています。彼らはテクストを、あたかもそれが聖典の言葉のようなものであり、それを語ったのは神であって空間と時間のなかに置き直すことはできないかのように考えるのです。それとは反対に、歴史的・心理学的な視点が哲学史にはとても重要です。それは哲学者の主張を、それが置かれている社会的・歴史的・伝統的そして哲学的背景のもとに置きなおすことに関わっているからです。そしてまた、ある一つの哲学的語句が必ずしも一群の概念を説明しているのではなく、たとえばプラトンに時折みられるように、たんにある神話的意味をもっているだけという可能性もあることを念頭におかなければなりません。

私の記憶が正しければ、哲学が精神の訓練でもあると初めて思ったのは、この言語ゲームということに関してでした。なぜなら、精神の訓練は多くの場合、言語ゲームであるからです。それは一つの語句を、他人に対してもあるいは自分自身のなかでも、ある状況のなかで、ある目的をもって一つの効果を呼び起こすために語ることです。また同じ文脈のなかでウィトゲンシュタインは「生の形式」という表現を使っています。このことが私に、哲学を生の形式あるいは生の様式として理解するための刺激になりました。

ウィトゲンシュタインの影響のもとで書いたさきの論文は、私たちの生活における言語の役割を省察しようという初めての試みでした。あのとき、そしてその後しばらくの間、私は言語の問題にとり憑かれていました。人間はある意味で言語の囚われ人であること、私たちの生全体が語られたものだということ。しかし徐々に、そのような考え方に囚われているべきではないと思うようになった。私たちの言語は何かを対象とし意図するものだという感覚を与える日常の経験、それを素直に受け入れるべきだと思うようになったのです。

A・D　ミシェル・フーコーに初めて会われたのはいつですか。

最初は電話でした。私をコレージュ・ド・フランスへの候補として届け出ることに同意するか、と聞いてくれたのは、彼が最初だったと思います。それは一九八〇年の秋でした。候補者としてコレージュ・ド・フランスを訪ねたときに初めて彼と会ったのです。それは気のおけない訪問でした。彼は私の支持者の一人でしたから。それから私の就任講演の日のレセプションに、彼は来てくれました。もちろん教授会の折に彼に会っていますし、そのあとで一、二回は彼と昼食を共にしています。彼とはあまり接する機会がなかった。というのも彼はその後やがて、早くに亡くなってしまったからです。

A・D　でも彼と古代哲学についての議論はなさったのでしょう？

あまり多くはありません。食事の間に、彼はセネカのルキリウスへの第一の手紙にある *vindicare sibi*[*10]（自分の所有権の主張）の意味を質問し、私たちは主としてそのことについて語り合いました。

A・D　フーコーとの哲学上の相違について簡単に話していただけますか。とくに自己陶冶と実存の美学に関するあなたの批判についてですが。

まず私たちの方法はたいへん異なっていたと言わなければなりません。フーコーが哲学者であると同時に、社会的・思想的事実に関する歴史学者だったことは疑いありません。しかし彼は文献学の実践はしていませんでした。つまり、古代のテクストの伝統につながる問題のすべて、手稿の解読、校訂作業の問題、テクストの異本の選択などです。マリウス・ウィクトリーヌス、ミラノのアンブロシウス、『パルメニデス』注解断片、マルクス・アウレリウス、プロティノスの論文のいくつかなどを編纂し翻訳するなかで、私は古代のテクストに、彼とはまったく違った観点から取り組むことを可能にする、ある種の経験を得たのです。特に原著者の思想の動きと彼が意図するものの探求に注意を向けながら研究することにこだわってきました。でも彼は翻訳の正確さはあまり重要視せず、あまり確かとは言えない古い翻訳をしばしば使っていました。

最初に気づいた相違は快楽（プレジール）の概念でした。フーコーにとってギリシア・ローマ世界の倫理は、人々が己自身のうちに得る喜びの倫理でした。それはエピクロス派にとっては真だと言えるかもしれませんが、それについてはフーコーは結局はかなり少ししか述べていません。しかしストア派は、この快楽の倫理という観念を排斥しただろうと思われます。ストア派は快楽（プレジール）と歓喜（ジョワ）とを注意深く区別しています。彼らにとって歓喜とは——快楽でない歓喜とは——自分というただそれだけのもののうちにあるのではなく、自分のなかの最高の部分にあるのです。セネカが歓喜を見出すのはセネカ自身においてではなく、普遍的〈理性〉と合一したセネカにおいてなのです。人は自分という段階から、もう一つの超越的段階へと上昇します。一方、自己をめぐる実践（プラティック・ド・ソワ）と彼が呼ぶものの説明のなかで、フーコーは宇宙的〈全体〉への帰属の意識、人間共同体への帰属の意識——これもまた自己を超越する意識ですが——には、十分に価値を置いていません。結局私には、現代の人間に適用される倫理的モデルが、実存の美学でありうるとは思われないのです。これは結局、新しい形の反俗物主義（ダンディズム）ではないかと恐れるのです。

A・D　普遍的視野にまで自分を高めることをたびたび語っておられます。でもこの視野は、カントが普遍的法則というときの思想とはまったく違いますね。カントの場合それは、理性的存在にはだれにでも同じ行動を指示する法則ですから。この普遍的視野という概念はどのように説明されるでしょうか。

普遍的視野というのは、高所からの眺めと私が呼んだものに相当すると言えるでしょう。プラトンは『国家』のなかで、生来の哲学者なるものを賞賛し、自然の素質として哲学者である人は実在の総体を眺め、死を恐れない、それゆえ彼は一段と高い所に身を置き、そこから世界の全体、人間の全体を見ているのだ、彼は自分個人のレベルからではなく普遍的なレベルからものごとを見ているのだ、と言っています。[*11] ストア派についても同様な傾向がみられます。まずエピクテトスとマルクス・アウレリウスにおいて明らかなことですが、彼らはものごとを大文字のNの〈自然〔Nature〕〉つまり普遍的〈自然〉、普遍的〈理性〉の視点から眺め、言い換えれば諸々の出来事を、それらが世界に何をもたらすか、そしてわれわれが世界の平衡と調和とにどのように協力しうるかという視点に置き換えて見ることができる。これは私が、われわれを魅了したりあるいは畏れさせたりする対象物を見るときの物理的定義とも呼んだもので、個人的な視点からではなく、ここでもまた普遍的な視点から、まったく客観的な方法で見ることでした。これはプロティノスについても言うことができます。彼にとって魂は、個々のレベルから普遍的魂のレベルに、さらには宇宙のイデア的体系が座している神的な知性にまで上昇しなければならないのです。

私自身としては、大切なことは、まず一つの視点からもう一つの視点へと見方を移すことなのです。われわれは醸造桶に閉じ込められたショウジョウバエのようだ、と言った中国の哲学者の言葉が、いつも気に入っていました。この幽閉から脱出して、世界の広い空間で呼吸しなければならない。私たちの行動は一種の抽象的な普遍主義によって自動的に指示されるわけではないし、大切なことはいわば遮眼帯をはずすこと、われわれの視野を自分の利益にのみ限ってしまう目隠しから自由になることです。それは他者の立場に立ってみること、われわれの行動を、人間性を照準にして置き換えてみること、それも抽象的な人間性ではなく他の人々ということ。それから世界に照準をあてること、それも宇宙に何かをもたらすということではなく、さまざまな出来事をこの広い視野に置き換えることです。これはまさに伝統的で重要なテーマであって、要約すれば次のようになるでしょうか——地球はただの一点に過ぎず、われわれは広大無辺性のなかの顕微鏡的な何ものかに過ぎない。

私たちの視点を普遍的視座のもとに置くというこの姿勢は、カントが言う普遍的法則とは違うのでしょうか。たとえばカントはこう言っています。「きみを導く法則が自然の普遍的法則であるような仕方で行動せよ」。これは、最終的にはそれほど違うとは思いません。このカントの言葉では、人はまさに自然の普遍的法則の視座に身を置き、したがって己の利益しか見ない自分から、他の人々と世界に向かって開かれた自分へと移行するのです。このような言葉は明確な行動を規定していませんが、われわれの行為がわれわれ以外のあらゆるものに及ぼす結果のすべてを考慮に入れて行動するようにといざなうもので、これは人が自分自身に与える法則なのです。

A・D　自分を超える努力が大切だということですね。このことは、個々の行動を導く超越的で絶対的で、つねに確立された価値の世界が存在するということではないでしょうか。

私たちは今、数語で論じることなどおそらく不合理であるような、広大で非常に複雑な問題に直面しています。でも試してみましょう。まずこう言ってみましょうか。たとえ私たちが超越的で絶対的な価値の秩序を認めたとしても、それが個々の行動を導くということではありません。なぜならば人生では多くの場合、ある行動を選ぶとき、私たちは必ずしもある一つの価値観に賛同するか反対するかを選ぶのではなく、いくつかの義務の葛藤、したがって価値観の葛藤のなかで、しばしばとても難しい解決を工夫しなければならないからです。典型的な例は、バンジャマン・コンスタンとカントとの間の議論です。人は人情から嘘をついてもよいか？　個々の場合において、ひとたび定められた規則を適用するのでは必ずしもなく、眼前の事情において最も大切だと思われる価値観に応じて、個人的な判断をしなければならない。

超越的、絶対的でつねに確立された価値の世界が存在するか、という問題が残されています。そこには二つの問題があります。一方には価値の世界の実在が、他方にはその永続性が問題となります。私は価値の哲学について、抽象的、理論的な形而上学の論文に携わることはあまり望みません。私個人としては諸々の価値の世界についてではなく、人間の善意が目標とする超越的〈価値〉について語りたい。この絶対的〈価値〉は、ソクラテスが個人的利益を考えずに牢獄から脱走するのを断って、都市の法律に従うことを選んだときに志向したものです。原則としては、都市の法律を考慮にいれることを彼に義務づけたものはありません。しかし彼が自分自身にそれを義務づけたのは、彼個人の利害を超えた観点に身を置いてのことでした。それは法律に盲目的に従うことではなく、その反対に、法律に従うという義務を自由意志で自らに課すことができることを示しているのです。この点で私はカントと一緒です。道徳性は、われわれを限られた視座から普遍的視座へと移行させる、思いがけない一種ヒロイックな飛躍のなかで生まれるのです。「きみが望むと同時にそれが普遍的法則となるような格率(マクシム)にのみ従って行動しなさい」。絶対的な〈価値〉は自己を一段と高めたレベルにあるので、それは自己を他者の立場に置くことを可能にし、その意図を純化する。つまり愛によって、あるいは義務によって、利得抜きの行動をすることを可能にするものです。

この絶対的で超越的な〈価値〉は、人間が時代を経て徐々に定式化してゆくさまざまな価値観として現れるのですが、それらは絶対的〈価値〉に参与するものとして暗黙のうちに含まれています。奴隷制度が人間の尊厳に反する罪であることに、人はずっと後になるまで気づかなかった。そして私は今日でも、人間による人間の搾取が、われわれの良識的文明のなかで黙認されていることを考えると、人々は本当にこのことを意識しているのかと疑問に思うのです。しかし人がそのことをまだ十分に理解する以前にも、人間を尊重することの「妥当性」は変わりません。それがまだ十分に意識されていなかった価値であったときでも、ある哲学者たちはこのことを考え、たとえばセネカは、人間とは人間にとって神聖なものである、と書いています。ある価値が道徳的意識として存在しないのは、それがはっきりと言明されていないからではありませんし、また言明されたからといってそれが人々の行ないに影響するというわけでもない。たとえばキリスト教も奴隷制度に終止符を打つことはなかったし、黒人売買の時代にそれを禁止することもなかったのです。

いずれにせよ、ものごとを普遍的視座から見るということは、必然的に、ある恒常的な価値の認識へと導くのです。ほんのいくつかの例を挙げれば、人間個人への敬意、生への敬意、語られた言葉への敬意です。これらの価値について人々がもつ自覚の強さには進化がありえることは確かです。たとえば私たちは今、最近起こっているさまざまな災害のために、生命と自然を重んじることにますます敏感になっています。

A・D　生き方としての哲学に関心をもつ人が、この考え方について理解を深めるにはどこから始めたらよいかと尋ねたなら、どんな書物をお薦めになりますか。

もしそれが古代哲学の書物であれば、注釈なしにたやすく理解できるテクストを推薦するのはとても難しい。エピクロスの「メノイケウス宛ての手紙」はたぶん一番容易なテクストかもしれません。マルクス・アウレリウスの『自省録』あるいはエピクテトスの『手引書』も、哲学におけるこの概念を理解する助けになるでしょうが、これらのテクストにもやはり注釈が必要ですね。現代哲学であれば、私はメルロ＝ポンティのコレージュ・ド・フランス就任の際の講演「哲学をたたえて」[*12]が大好きで、そこにも生き方としての哲学の概念がかいま見られます。ルイ・ラヴェルの『ナルシスの過ち』も私が好きな本で、それは一連の瞑想的断片から成る小作品ですが、それらの一つひとつが「われわれの意識の頂点が存在するこの現在」そして「純粋な現前」の自覚に向かう精神的訓練の実践への勧めなのです。

A・D　哲学のなかに、概念や命題の一貫した体系だけではなく、ある生き方を見るのだとすれば、それは哲学と他の文学的・芸術的分野との関係に大きな影響力をもつことになりますね。小説や詩、そして絵画や音楽でさえも、ある生き方を表現することができますし、時に私たちの生き方の変化を引き起こすことができます。したがって学問分野としての哲学はそれ自身のなかに閉じこもるのではなく、およそ生き方の表現のすべてに対して開かれていることになります。これは哲学という分野の境界線を考え直す必要があるということでは？

芸術は哲学にとって力強い助けになると言えますが、でもそれが生活そのもの、決定や実存的選択になりうるとは思えません。文学と哲学の間の境界線を取り除くことは、実存主義時代の流行でしたが、これはイギリスとドイツのロマン主義時代にすでに存在していたと思います。ジャン・ヴァールは詩と形而上学との関係について語りながら、ロマン主義を驚きの心の復活であると定義しています[6]。それは不思議(エトランジュ)なものを身近にし、身近なものを不思議にするのだ、と彼は言っています。さらに加えて彼は、芸術はベルクソンにとって、習慣がわれわれと物事の間に織り広げたヴェールを持ち上げてくれる力だと言っています。ここには前述したカルロ・ギンズブルグの論文のテーマ、「見慣れたものを不思議(エトランジュ)なものとして見よ」が見られますね。私たちが一般的に芸術、詩や文学や絵画そして音楽も、精神の修練であると言うのはこのためです。最高の例はプルーストの作品ですね。失われた時を探し求めることは、意識がたどる道程であって、それは記憶の働きによって、その精神的永続性の感覚を再発見するからです。これはとてもベルクソン的です。

いわば魂の道程というものではなくても、多くの小説が哲学の問題を想定していると言えるでしょう。たとえばサルトルの小説、とくに『嘔吐』やアルベール・カミュの『ペスト』など。小説はしばしば実存的経験の描写で、それは読者自身が、少なくとも思考のなかで再体験できるものです。またトルストイの作品のいくつか、とくに死への黙想である『イワン・イリッチの死』や、あるいはドストエフスキーの『カラマーゾフの兄弟』などもその例として考えられます。

また戯曲もありますが、これも実存主義時代のものです。とくに強調したいのはサルトルの戯曲とその映画化されたシナリオ『賭はなされた』でしょうか。これらの作品はみな戯曲としての真の価値と、論文よりも強い印象を与える哲学的価値をもっています。

詩についても同じように言えますね。まず考えられるのは、俳句という極東の詩の形式です。それは一見ありふれた存在の一瞬を描いているので無意味かとも見える——たとえば花に止まっている一匹の蝶のような——しかしそれは語られていないもののすべて、つまりこの世界のすばらしさのすべてを読者の理解に委ねるという哲学的深みをもっている。西欧の文学にも、特にイギリス文学だと思いますが、哲学的詩のまとまった伝統がありますね。まずイギリスの〔ケンブリッジ〕プラトン主義者とそれに続いてロマン派詩人のシェリーやワーズワス。彼らはとくにその自然描写の面で、哲学者ホワイトヘッドに

（6） Jean Wahl, *Existence humaine et transcendance*, Paris, 1944, p. 80.

よってしばしば引用されています。またジャン・ヴァールは、物との共生を語った感嘆の詩人トマス・トラハーンの『至福の詩（ポエムズ・オブ・フェリシティ）』を翻訳しています。私たちにもっと近い世代では、二人の偉大な哲学詩人リルケとフーゴー・フォン・ホフマンスタールでしょう。リルケについてはこの対談の始めのほうで話しましたが、私はハイデガーとリルケの関連性について論文を書こうと考えたこともありました。ハイデガーはリルケの詩が、彼〔ハイデガー〕の哲学を表現していると言ったということです。いずれにせよリルケには、死、実存、対象物、さらには言語の限界についての黙想がありますね。たとえば「オルフォイスへのソネット」（I, 13）[*13]で彼は果物について語っていますが、それは初めはただの言葉にすぎない、しかしそれを食べると、言葉は消え去って説明できない感覚が沸き起こり、それが全世界を予感させるのだと書いています。フーゴー・フォン・ホフマンスタールに関してはとくに「外界の生のバラッド」に注目したい。それから有名な『チャンドス卿の手紙』です。[*14]これは文学史のなかでもかなりユニークなもので――いま果物について語ったことにやや近いのですが――そこにはまさにものの存在が、もはや言葉で語れないほど強烈に感じられる場面があります。

　しかし文学の限界はよく理解していなければなりません。文学も結局は言述であり、文章構成という制約のために、ときにはある意味で体系でもあります。したがって文学は哲学の言述に近く、哲学の言述と同様に精神の修練になるとしても、それは多くの場合、経験を表現することしかできない、つまり経験それ自体ではなく、哲学的生でもなく、実存的決定でもないのです。さらに真の率直さに欠ける危険性もあります。形式的または個人的理由から手直しを加える傾向もありえます。実存主義の時代に文芸批評家のクロード・エドモンド・マニーが『エンペドクレスのサンダル──文学の限界について』[7]という本を書きましたが、私はそれを読んではまた読み返しました。文学とはエンペドクレスのサンダルのようにエトナ山の沿道に残されているもので、人間の精神的生成の段階を証しするもの、内面の進歩を助けるものでしかありえないと彼は言っています。そして『地の糧』におけるジッドや『論理哲学論考』におけるウィトゲンシュタインのように、最終的には書物を捨てなければならないのです。[*15]

A・D　精神の訓練に関連する絵画の例としてセザンヌとパウル・クレーを例として挙げておられますね。

そうでした。画家を忘れていました。クレーの場合はたぶんやや抽象的です。彼はいつも、芸術家は自然の振る舞いの仕方を再発見できると考えていたのです。セザンヌの場合、絵のなかに現れている一種の世界体験がたびたび暗示されています。ベルクソンが、彼の哲学の帰結である知覚の変化とは何かを理解してもらうために、まさに絵画を例にとったのは偶然ではないと私は思うのです。なぜなら絵画は習慣や偏見を脱ぎ捨てる動きを要求し、いわば「生れたての」やり方でものごとを把握して、裸身の

---

(7)　Claude Edmonde Magny, *Les Sandales d'Empédocle, Essai sur les limites de la littérature*, Édition de la Baconnière, 1945.

ままの現実を守ろうとする意志を求めるからです。最近私は同僚のジャック・ジェルネのおかげで、中国の絵画、とくに石濤の『苦瓜和尚画語録』[8]という書物のなかに、中国絵画の哲学的含意を見出しました。そこでは絵画が〈自然〉の創造的方法と合致しようとする動きのなかで、いかに〈自然〉と交感しあうかを見ることができます。

音楽のことも思い出さなければいけませんね。少なくともベートーヴェンのような音楽家。エリザベート・ブリッソンの著書『音楽家の戴冠式――ベートーヴェンにおける古代への参照』[9]についてはすでにふれましたが、そこにはベートーヴェンが彼の芸術を一つの使命と考えていたこと、世界との合意、宇宙との調和のなかで、人間を歓びの世界に招き入れる助けとなろうと考えていたことが書かれています。

A・D　哲学の歴史と哲学それ自体との関係はどのようなものだとお考えでしょうか。『古代哲学者事典』の序文の結びで、つねに哲学史家として生きている哲学者について書いておられます。この関係はどのように理解されるのでしょうか。

お答えする前に、哲学史についていくつかの考察が要りますね。まずお話ししたいのは、私たちはいつも「哲学」の歴史について語りますが、実際は哲学史そのものは稀にしか書かれないのです。たぶん間違っているかもしれませんが、私が考えるのは、哲学の生成の歴史を書いた唯一の哲学者がヘーゲルであったということです。そして彼が描いたその動きが彼自身の哲学と混ざり合っている。おそらくオーギュスト・コントも加えるべきでしょう。具体的に言えば、哲学史家はさまざまな哲学と哲学の書物を研究します。個人的には、私は哲学自体よりも哲学の諸作品を研究する傾向にあります。哲学の教説の本体あるいはその体系を正確に再構成できるかどうかは疑わしいからです。私たちができるのはただ、作品の構成とその目的、あれこれの特定の作品において、その哲学者が言わんとすることを研究することなのです。ベルクソンのような現代の哲学者の例を見ても、彼のさまざまな書物の間に、絶対的に完全な一貫性を見出すことは不可能です。哲学者がつねに哲学史家として生きていなければならないというとき、私がとくに言いたいのは、ある哲学者の個々の作品において、著者の本来の哲学的歩みをその全体像のなかで、思考の動きと同時にできれば著者の意図全体を歴史家自身が追体験するように努めなければならないということ。このような学習のプロセスは、哲学活動の二つの極、すなわち言述および生の選択を、再認識させてくれるでしょう。この状態はパラドックスに思われるかもしれません。でも哲学者が直面する主要な問題とは、結局、哲学するとは何なのかを知ることなのです。これは哲学者がプラトン、アリストテレス、プロティノス、スピノザあるいはカントを読みながら、絶えず新しく直面することになる問題です。ですから哲学の歴史は、彼の思想とその生き方を方向づける広大な経験の野原を、眼前に広げてくれることになるのでしょう。

---

(8) Shitao, *Les propos sur la peinture du moine Citrouille-amère*, traduit et commenté par Pierre Ryckmans.

(9) Elizabeth Brisson, *Le Sacre du musicien. La Référence à l'Antiquité chez Beethoven*, *op. cit.*

A・D　最近は他の文化圏の哲学、とくに中国哲学に関心をもち始められたようですね。それはたぶん、何か普遍的な哲学的態度のようなものがあるという考えに結びついているのでしょうか。それは中国の文化などにおいても見出される態度で、それはまた西欧の古代に見出されるものが、別の文脈において表現されているということでしょうか。

比較研究ということ（たとえばプロティノスと東洋の関係など）については、私は長い間ためらっていました。今ではいくらか考えが変わって、中国思想とギリシア哲学との間に明らかな類似があることを認めています。所有物に関する無頓着が一種のストア派的態度であることを話しましたし、一瞬に与えられる啓示という考えをつけ加えることもできるでしょう。私はこれらの類似性を、歴史的関連性によってではなく、類似した態度は異なる文化のなかにも繰り返し見出されるのだという事実によって説明しようと思うのです。さらに時折、中国思想のなかにはギリシア哲学に見られるものよりもさらにはっとさせる言葉が見出されます。たとえば私たちが生きている無意識の状態を描くのに荘子は、「壮大な完全性をもった宇宙を無視して」井戸の底にいる蛙のイメージや古酒の桶の底にとまった蝿のイメージを使っているのです。[10]でも私は中国思想については専門家として語ることはできません。

（10）Tchouang-Tseu, XVII, *La Crue d'Automne*, et XXI, *T'ien Tseu Fang*, dans *Philosophes taoïstes*, Paris, Gallimard, 1980, p. 202 et 244.

第九章　受け入れがたいもの？

ジャニー・カルリエ　読み終わったときに、読み初めたときと同じ自分ではなくなっているような書物があります。あなたの三冊の本の場合がそうですね。『古代哲学とは何か』、『精神の修練』そしてとくに『内面の砦』です。私自身、これらを読み返すのに数週間を過ごしたあとで、ものごとの見方が細かい点においてですが、微妙に変わったのを感じました。自分の判断についての批判的なまなざしとか、現在という瞬間への、より生き生きとした意識とか。自省のない生活は生きるに値しないと言ったソクラテスの有名な言葉を、心に留めさせるような本だと思います。でも今私は悪魔の弁護士になってみましょう。悪魔と言っても、ナイーヴでやや無知な悪魔ですよ。彼は古代哲学に関するあなたの本を読んでこう言うのです。「あなたの本を読むと人はひどく誘惑される、それは確かだ。人間が変わるかもしれない。でも現在の人々、普通一般の人々はこう言うはずだ——「だめだ、私にはできない。私は受け入れないよ」と。

まず始めに、私は悪魔の弁護士に敬意を表します。聞くところによると、今ではもう列聖審問にも彼は出てこないそうですね。ということは、たぶん疑わしい人々が聖別されているということでしょうか。でも冗談はさておき、前置きの話をしましょう。現在の人々、普通一般の人々は、私にはできない、私は受け入れないと言うはずだとのことですが、現在の人々、普通一般の人々とは実際のところどういう人たちなのか。ある一つの時代をとっても、ただ一つの集合的思考様式しかないわけではなく、さまざまな社会的グループによって異なった思考様式があります。たとえば断固として人種差別をする中間層の社会的グループがあります。彼らは、だめだ、私にはできない、私は受け入れられない、と言うのです。一九五〇年ごろのこと、ある怒り狂った女性が私に向かって罵り声をあげながら突き進んできたことがありました。私が黒人は白人と同じく尊敬すべきだと言ったからです。私にはできない、私には受け入れられないと言う前に、何の名目においてできないのか、受け入れられないのか、自問してほしいのです。社会的グループがそのような見方を強制するからか、それとも、長い間の反省の末に、自分の哲学的信念がそういったことを考えるのを禁じるようになったのか。自分の宗教がそれを禁じるからか。科学がそれは不可能だと証明しているからか。それが今流行りの考え方だからか。お気に入りの新聞やテレビがそれに反対しているからか。つまり今日の人々、一般の人々が「できない、受け入れられない」というのは、何の名目においてなのか。

とはいえ、あなたの質問はじっさい歓迎すべき質問です。私が自著でそのことをあまり語らなかったのは、古代哲学の問題で敷衍すべきことがたくさんあったからにすぎません。私がいまそれについて話したくないのだとお思いでしょう。この対談では、それについてあまり深入りしたくないというのは本当です。質問に答えることに当惑しているというのではありません。私が機械部品の仕上げ工の免許を取るためにした勉強――それはみごとに合格しましたが――によって分かったことですが、口頭弁論というものは、いつもなんとか苦境を脱することができるようなものであって、そのことがまさに私には嬉しくないのです。これは対談形式の書物がもたらす問題の一つで、即興で答え、反省する時間がほとんどないようなときに、議論の妥当性について生じる深刻な問題なのです。私の優秀な同僚の何人かが行なった対談で、現代の人々による古代哲学の受容という問題になったとき、彼らが話しながら、大雑把な話や戯画的な話にさえ引きずり込まれてしまうのを実感させられました。私はそれと同じ間違いには陥りたくないのです。なんとたくさんの不正確な主張が、こうして暗黙の確信のうちに弁じ立てられたことか。とくに歴史家たちは、ルネサンス以後の近代の特徴である急進的な革新、決定的な転換期というものをつねに窺っています。そうしたとき、彼らがギリシア人のものと見なしてきた盲目さと無知の数々はかなり驚くべきものです。歴史家たちは連続する時間、進化、無限の世界を無視してしまったのか、それとも上方と下方の対比も感じなかったのか、敢えて山に登って見ようとはしなかったのか。

こんなわけで、今出された質問に対しては、よく考察し資料に裏付けられた書物の形でお答えしたいと思います。私たちは、古代人の集合的思考様式とわれわれ現代人の集合的思考様式とに同時に関わっている、非常に複雑な問題に直面しているからです。ともあれ、話を続けましょう。

J・C　この対話を通して、それからいろいろな作品を通して、あなたは古代哲学が現代人に何かを教えてくれる、現代人にとって意味がありその行動を導いてくれる、という印象を与えてくださいます。でもなぜこの回り道をするのでしょう？　この二十一世紀の初めに私たちが直面している、まったく新しい問題の解決を見出したほうが有益ではないでしょうか。

まずこの回り道をしているのは私一人ではないと答えましょう。現代の思想家を例にとれば、この姿勢はすでにニーチェのものでもありました（『人間的、あまりに人間的』II、二一八節）[*1]。彼はこう書いています。「ギリシア人は伝達困難で考えさせる多くのものごとを、現代人にも伝達・共有しやすくしてくれる」。すると人々はこう言って反論するかもしれません。ニーチェはむしろ悲劇時代のギリシア人を考えていたのだ、あるいはエピクテトスやプロティノスよりもヘラクレイトスを考えていたのだと。でもさきにこの対談で述べたように、ニーチェがギリシア哲学の諸学派を、そこから有益なものを導き出すことができる実験室のように考えていたことも事実です。さらに二十世紀には非常にさまざまな形で、ギリシアへの広範に及ぶ回帰があったことも事実です。それはハイデガーからフーコーにも見られます。

なぜこのような回り道なのか。私自身としては、これはキェルケゴールが間接的コミュニケーションと称した方法と関連していると思います。もし人が直接に、これをせよ、あれをせよと言うとすれば、人はあるふるまいを、誤った確信の調子で命じているのです。しかし誰か他の人の生きた精神的経験を描くことによって、人はある精神的な態度をかいま見させ、暗示することができるし、それを受け入れるか拒否するかは読者の自由であるところの、ある呼びかけを聴かせることもできるのです。決めるのは読者です。信じるか信じないか、行動するかしないかは彼の自由です。フランス、ドイツ、アメリカの実にさまざまな人々からの手紙が、私の本が精神的助けになった、ある人は「生き方を変えてくれた」とさえ言ってくれたのですが、それらの手紙から判断すると、自分の方法は良かったのだと思います。そしてそれらの人たちに、当然のことながら、読者の助力になったのは私ではなく、古代の哲学者たちなのだ、と答えています。

われわれの課題は、現在持ち上がっているさまざまな問題の解決を見出すことだとしばしば言われているのは本当です。でも、この二十一世紀の初めに必要とされる創造的天才の出現を待ちながらも、各人は自分ができることをしなければならない。私自身としては、ミシュレが言ったように「時代をつなぐもの」[1]、「見た目は死んだかのように見える過去から未来への樹液を巡らせる、あの生命の連鎖」を保証するものになろうとしているわけです。

(1) Michelet, *Journal* (2 septembre 1850), t. II, *op. cit*, p. 125.

J・C　つまり今言われたことは、ご著書がたんに学識の書ではなく、間接的な仕方でですが、古代の人が言った「勧め（プロトレプティック）(2)」なのですね。

　生き方としての古代哲学の批評を進めたいところなので、あなたの賛同を得る（カプタチオ・ベネヴォレンティアエ）手始めとして、あなたが魅かれていらっしゃるゲーテの言葉の引用から始めようと思います。ファウストは言っています。「私のなかには二つの魂があって、両方が互いにやっつけようとしている。一方はあらゆる手段でこの世にしがみつこうとし、もう一方は暗闇から逃げ出そうとしている」。これはまったくキリスト教的であると同時に、まったくプラトン主義的でもあります。ご著書にはあまり書かれてなかったことを説明していただきたいのですが、青年時代に最初にあなたに衝撃を与えた古代の原則は「哲学とは死を学ぶことである」という言葉だったとのことですね。ギリシア人、とくにプラトン主義者には――善なるものは不変なるものである、と言ったのは実のところパルメニデスですが――現世と来世、肉体と霊魂、可感的なものと叡智的なものとの間に、判然とした対立があります。プラトン主義全体が、他所（よそ）の世界への願望に満たされています。『テアイテトス』(3)には「この世からかの世にできるだけ早く逃げてゆく」という有名な言葉がありますし、『パイドン』には、問題は肉体から離れてゆくことだけだ、とあります。私たちはもはや、こうしたことをまったく受け入れないと思います。「わが王国はこの世にはない」に二千年にわたって飽和してきた私たちは、次のように言いたいからです。私の人生はここにある、なぜなら他所（よそ）は存在しないのだから。そして肉体がすべての悪の原因なのではない、と。あなたは「この世から逃れ、肉体を離れる」というプラトンの意味を少し変更し、少しストア派に近づけて、こんにち受け入れられるような意味を与えているのではないでしょうか。でも結局のところ、どうして受け入れられないのでしょう？

いま言われたことは、哲学とは死への修練だ、というプラトン主義の定句の解釈についてですね。『古代哲学と精神の修練』のなかで、私は『パイドン』のこの言葉は、ものごとに対するまなざしの変化として解釈されうると言いました。普遍的な思想と理性に統治された世界の表象が、肉体の要求と個人的で利己的な情熱に支配されたものの見方にとって代わっていくわけですが、そのとき、私たちは哲学者が時間と存在の全体を観想する人として描かれている『国家』のあの一節（486 a）[*2]を考えるのです。そしてまさしく『パイドン』（たとえば65 e）[*3]では、問題は明らかに認識のレベルに位置づけられる。感覚的認識は、魂の理性的判断を迷わせるのです。感覚的認識を拒絶することの価値は、明らかに議論の余地があります。しかしここで興味深いのは、生のあり方と死に対する精神の修練であって、それはプラトンにおいて、そして哲学の諸派のすべてにおいて、ものごとの見方の変化、個人的・感情的な見方から理性的・普遍的な見方への変化のうちにあると思われるのです。死への修練は、実際には生への

（2） *Protreptikos* 哲学の実践へと「方向づける」ことを目指した言述。

（3） Platon, *Théétète*, 176 a-b.〔「テアイテトス」水地宗明訳、『プラトン全集』第二巻、岩波書店、一九七四年、二八四頁〕

修練です。私たちの同時代人にとって、叡智的なものを高めて感覚的なものを貶めることは受け入れがたいというあなたの意見には、まったく同感です。プロティノスに関する小著の終わりでもそのことを示唆しました。でもこのことはすでに、プラトンの同時代人にとっても受け入れがたかっただろうと思う。『パイドン』のなかでプラトンが語っているように、彼の同時代人たちはプラトン派の哲学者を物笑いにしていたし、まさしく身体と感覚の世界を批判したからこそ哲学者たちを「瀕死の人」と呼んでいます。知覚の世界の過小評価という問題に戻るならば、人々は私も含めて、知覚に中心的な役割を与えているベルクソンやメルロ＝ポンティのほうに賛意を表するのが至当でしょう。

J・C　プラトン主義の有名な箴言「哲学とは死への修練である」をこのように解釈することは、ストア哲学とよく調和しますし、さらに多くのストア派の文書からもその例を増やすことができるでしょうね。ところで「死への修練」あるいは「肉体からの逃亡」をこのように考えることは、私たちにも完全に受け入れられることだと思います。あなたの『精神の修練』においては、「死への修練とは肉体を苦しめることではなく、自分だけの個人性や感情を超えて、ものごとを普遍性と客観性の観点から観る(4)」ことですね。このことはやはり、私たちがプラトンを表面的に読んで考えることとは、やはりかなり違っています。今日私たちが、普遍的な観点からものごとを観るべしという考えを受け入れるのは、ギリシアの哲学者、とくにストア派の哲学者たちに同意するということなのですね。肉体の拒絶ということは、肉体をもったわれら小さき者の拒絶であって、普遍的なものと〈全一者〉のもとに帰るということでしょうか。

それはおそらく拒絶なのではなく、ただ人間は小さき者でしかなく、もっと重要なもの、ある種の絶対的な価値があるのだという意識の把握だと思います。でもそれは、肉体を嫌悪するということではないのです。

J・C　でも、それにもかかわらず古代哲学には、肉体的なものとそれが許す快楽への嫌悪があるのではないでしょうか。エピクテトス自身も肉体を残骸と呼んでいるのでは？

この嫌悪は、厳しい禁欲を実践するキュニコス派にもないし、情念を抑えることで満足するアリストテレス派にも、賢人は完全に情念を克服すべきだと考えたストア派哲学者にも、またある種の禁欲に身を委ねたエピクロス派にも見られないのです。この嫌悪感はエピクテトスやマルクス・アウレリウスのような、もっと後期の人々に現れていると言えるかもしれません。でもこの二人の哲学者の場合は、精神の歪みをよりよく矯正するためにショックを与えようとした定句の一部として現れているのです。それはたんに、人間は死すべきものだということを思い起こさせるものだったと私は思っています。しか

(4)　*Exercices spirituels*, p. 38.

もそれと同時に、実際の生活のなかで、これらのストア主義者、たとえばマルクス・アウレリウスは快楽に身を置くことをためらっていなかった。妻ファウスティーヌの死を悼んで泣いたのちに、マルクス・アウレリウスはまた別の女性と、結婚はせずに一緒になりました。彼は快楽も正当であることを認めていたようにみえます。

紀元三世紀以後、新プラトン主義とともに事情は変わります。プロティノスは身体をもっていることを恥と考えていたと、伝記に書いてありますね。彼にとって身体をもつということは、自分は一個の魂なのだが、なんらかの過ちによって精神界に永遠に止まることができなくなったのだ、ということでした。そしてポルフュリオスは神の〈受肉〉というキリスト教の観念を受け入れることができなかった。人間になれば、神は血や胆汁やもっとひどいもので汚されてしまうだろうからです。ここには明らかに、神の精神性と身体の物質性との対比があります。

付け加えておきますが、マルクス・アウレリウスが「肉体は残骸だ」というエピクテトスの言葉を繰り返していたとしても、彼は「大人の女性や男性の成熟と開花、そして幼い子供たちの愛すべき魅力」(III, 2)[*4]を賛美するのをやめたりはしなかったのです。

J・C　一方では肉体と感覚界そして物質界の拒絶、そして他方では少なくともこの可感的世界に対する賛美、この対立は同じ思想家や同じ環境のなかにしばしば見られますね。プラトンにも、というこの世界を逃れよ、という言葉があると同時に、この世界はありうる限り最も美しい、という言葉もあります。この考えはキリスト教にもあります。「私の王国はこの世界にはない、それでも天と地は造物主の栄光を歌っている」と。フェステュジエール神父はヘルメス主義に関連してこの矛盾を示しています。彼の言では、ヘルメス主義は宗教ではない。なぜなら宗教は、世界は善であり肉体は容認できるという一方で、世界は悪であり肉体は排除されるべきだなどという正反対の原理の上に成り立つことはできないからです。ゲーテの暗闇は、私にはグノーシス派を思わせます。それはこの世界と肉体を――悪しき神によって創造されたこの世界と暗闇に属するこの肉体を――拒絶するという態度の限界に向かう一種の通り道なのです。この矛盾にどのように反論なさいますか。

古代哲学にかなり矛盾した見方があっても、驚くことではありません。というのもまさに、それが体系ではないからです。古代哲学は次々と異なった問題系から出発して、その推論を展開させます。世界という問題系に関わるときには『ティマイオス』の雰囲気があり、感覚に訴える世界は美しいという。しかしまた『ティマイオス』には、物的世界に直面して方向を見失い再教育されなければならない魂のショックも書かれています。それでも、それなりの首尾一貫性はあります。個人の倫理の問題系に関わるときには『パイドン』があり、肉体は徳と識別力にとっては危険なものとして現れます。ストア派の哲学者、少なくとも後期のストア派には、さきに見たようにこの矛盾があります。一方、ギリシア文化が決して身体の敵ではなかったことを思い出すことも有益でしょう。それはオリンピック競技、体育、温泉施設の文化で、人々はみな身体に特別な注意をはらっていました。もしある哲学者にとって、身体が情欲の源であったとしても、その思想のために彼らが浴場に出かけたり体力の訓練をしたりするのをやめはしなかったのです。

J・C　プラトンを表面的に読むと、私たちは彼の対話篇に身体への軽蔑と拒絶を読み取るのですが、それはキリスト教徒がそのように読んだ影響ではないでしょうか。本来キリスト教は身体の復活を説いているにもかかわらず。というのも、結局プラトンが自分に鞭を打ち登塔〔柱に登って苦行すること〕していたわけではないからです。どうお考えになりますか。これを極端な苦行のほうへと導いて行ったのはキリスト教徒ではないか。プラトン主義者がしたのは肉食を控えることだけでした。

確認の必要はありますが、福音書の教えそのものはそうしたタイプの苦行をまったく含んでいないと思います。そのうえパリサイ人はキリストについてこう言っています――彼は人々みなと一緒に食べ、飲んでいると。しかし二つの事情がありました。一つは、キリスト教を一つの哲学として表そうと望んだ信徒らが、ときにストア主義の色彩を帯びたプラトン哲学を採用したことです。紀元一世紀には、実際この哲学だけがまだ非常に力をもっていたからです。したがって彼らは、プラトン主義的な肉体の拒絶を受け入れ、このことがキリスト教を一種の知的形而上学へと方向づけたのですが、それは福音書に含まれていたものではまったくなかった。もう一つは、キリストの苦しみと死への黙想がこれに加わったことです。キリスト教徒は、キリストがその生涯で受けた苦しみを一緒に苦しまなければならないと信じた。これはパスカルの有名な言葉にも見られますね――キリストは世の終わりまで苦しむだろう、その間ただ眠っていてはならないと。キリスト教的精神の修練と哲学的精神の修練との相違は、まさに前者においてはキリストの人格そしてキリストのまねびが導入されていることです。したがってキリストの受難の苦しみを見習うことで、それが自らを鞭打つことやその他の苦行へと導くのです。また次のようなニュアンスも付け加える必要があります。砂漠の修道士のような苦行のチャンピオンたちは、哲学者たちのように、何よりも情欲への完全な無関心とその滅却に到達しようとして苦行を実践しました。結局、プラトン解釈において肉体の蔑視を強調させたのはキリスト教ではなく、むしろ新プラトン主義だったと考えています。

J・C　あなたはマルクス・アウレリウスについてすばらしい本『内面の砦』をお書きです。マルクス・アウレリウス自身から取られた言葉ですが、すばらしいタイトルで、これは哲学者の理論の違いが何であれ、ギリシア哲学の恒常的な特徴を示していますね。自分の周りに一つの砦を築き、何ものにも邪魔されないこと。ストア主義、そしてプラトン主義もそうですが、率直できわめて一貫性がある。自分の選択で道徳的間違いを犯すことほどの不幸はない。自分が選んだのではないその他の不幸、病気、貧困、死などは悪ではなく、魂の平穏を乱すことがあってはならない。したがってスピノザが言うように、幸福は徳の結果ではなく、徳それ自体なのです。ソクラテスのすばらしい言葉がありますね。「私を死に追いやることはできる、しかし私に害を与えることはできない」[*5]。そして歴史は、必ずしも古代だけではないですが、生きたストア主義の例で溢れています。でも同時に——あなたご自身の言葉ではなくてストア派の人々の言葉ですが——ひとをいらだたせる物事はありますね。たとえば——結局それは普遍性への移行、個人性の超越なのですが——エピクテトスはこんなふうに言っています[(5)]。きみの奴隷が壺を割った。きみは怒る。でもきみの隣人はもっと客観的でこう言う。壺は割れるもので、そんなことはよくあるものだと。ここまでなら私たちは言います。そう、エピクテトスと隣人は道理にかなっている。壺は割れるもので、これは自然の成り行きであると。しかしエピクテトスはさらにその例を敷衍します。きみの子供が死んでしまった。きみは嘆き悲しみ、心はかき乱される。そしてひどいことに隣人はこう考える、子供が死ぬのは運命だと。そしてさらにひどいことに、エピクテトスはこう言います——きみは隣人には哀れみの気持ちを表すことができるが、苦しまないためにはきみ自身が共苦（コンパッション）を覚えることのないようにと。ここに至ると、私たちには絶対に受け入れられません。このような不幸を、心を乱さずに受け入れられるという考えは認められないのです。傷を受けないために、つまり人を愛さなくなるために払う代価は、あまりにも重すぎます。

はじめに、私がかなりはっきり主張したと思う原則を思い出してみましょう。哲学を古代の哲学者たちが考えていたように生のあり方だとみなすとしても、そのことは、人々がそうした哲学者たちの態度やとりわけ言葉のすべてに盲目的に従うことを意味するわけではありません。ニーチェがいみじくも言ったように、そうした生き方は経験なのであって、そのなかには成功もあるが失敗もありうる。そして行なうのがよい事柄もあれば、避けるのがよい事柄もあることを彼は示しています。

ひとまずこう言いましたが、私自身、エピクテトスの『手引書』の注解のなかで、私たちにはショッキングとも思われうるようなエピクテトスの言い回しを指摘したことがあります。しかしその注釈にも書いたように、『手引書』は生徒が書いた要約であって、彼の『語録』のほうにこそ、彼の思想が完全に展開されているのが分かります。彼はこう書いています――ソクラテスは彼の子供たちを心から愛していた、でも彼は世界の秩序と神の意志も受け入れていたと。まずもって、ストア主義者は驚くほど無感覚な人たちだというわけではない。ストア主義者が子供の死や愛する人の死に打撃を受けたなら、彼はまずショックを感じ、深く悲しむでしょう。エピクテトスや他のストア派の学者も、このことを繰り返し語っています。これは無意志的な心の動きです。でもそのあとで、ストア主義者は立ち直らなければならない。それも、ただ苦しまない、悩まないという目的のためではありません。セネカもまた、自分が感じていないものを果敢に耐え忍んでも賞賛には値しないと言っています。(6) そうではなく、人が立

（5） Épictète, *Manuel*, 26.〔エピクテトス「要録」二六、『人生談義』下巻、前掲書、三七九―三八〇頁参照〕

（6） Sénèque, *De la constance du sage*, X, 4.〔「身体の苦痛や欠損、友人や子供の喪失、戦火に炎上する祖国の惨状

ち直るのは、たとえ残酷なものであってもその現実のすべてにおいて、〈世界〉に対して「然り」と言うことだとセネカは考えるのです。ニーチェのうちに人々が賞賛している〈世界〉に対するこの「然り」を、ひとはなぜストア派に関しては賞賛しないのでしょう。傷つかずにいるためには人を愛さないことだという意味ではありません。繰り返しますが、ストア主義の目的は、苦しみを感じなくなることではないのです。

ところでストア派から見ると、憐憫の情、共苦（コンパッション）は非理性的な情念です。ただ、理解しなければならないのは、彼らが情念というとき、それは漠然とした感覚ではなく、知性が根底からくつがえされること、ある種の理性喪失なのです。この理性喪失は、ある出来事を前にして感じる無意志的で情動的なショックではなく、その出来事に対して人が抱く誤った判断です。ストア派の人々にとって、情念とは誤った判断なのです。憐憫を情念として語るとき、彼らが思いを巡らせているのは、その情念で理性を失い行動ができなくなって、苦しむ人を助けることもできなくなった人々のことです。同情心から、痛みをもたらすことを恐れて敢えて手術を行なわない外科医のようなものです。しかしながらストア派は、いわばこうした情念ではないような憐憫は認めています。マルクス・アウレリウスは、間違ったことをしている人々に対してはある種の憐憫を覚えるべきである、彼らは自分がしていることが分からないのだから、と言いました（II, 13, 3）[*6]。この場合の「ある種の憐憫」は心を掻き乱す情動ではなく、怒らないことであり、彼自身の言では、さらによいことに一種の許容、優しさ、忍耐、好意であって、憐憫の情よりもはるかに力強いのです。これらの徳性は他者への敬意を含意するが、憐憫の情は根底では他者への軽蔑を含意している。その人は苦しみや困難に耐える力がないのだ、と考えるわけです。自分では苦しみを感じることなしに友人に同情を表さなければいけない、とエピクテトスがいうとき、彼が言おうとするのは、心を転倒させ理性を曇らせる憐憫の情に自分自身が引き込まれるままになってはいけないということでした。つまりエピクテトスが言うのは、苦しむ人とともに理性を失うのではなく、その苦しみを本当に乗り越える手助けをすることです。今日では何か災害が起こったとき、犠牲者がショックに耐えるのを助けるために心理療法士を送り込みますが、心理療法士は自分が犠牲者のように泣いたり身もだえしたりすべきだとは思っていません。彼らは自分自身がパニックや絶望に引きずりこまれずに犠牲者を助けようとします。ストア派に見られる憐憫の情の批判は、この観点から理解すべきなのではないか。さらにまた現代の人々自身も、憐みの情の価値に疑念を抱いています。ジョルジュ・フリードマンは自ら精神修練の実践に臨みながらこう書いています、「憐憫と憎悪を脱ぎ捨てよ」。

加えて言いますが、マルクス・アウレリウスも涙しました。初めは彼の家庭教師が亡くなったときです。側近は感情を人目にさらすことを制止しようとしました。そのとき、彼の養父である皇帝アントニウスが、次のようなすばらしい言葉を語ったのです。「彼を人間であらせよ。哲学も皇帝の権力も情を

〔…〕こうしたことを賢者が感じることを私は否定しない。われわれは彼に金石の硬さを付与しているわけではないのだから。自分が耐えていること〔不幸〕を感じないのは、何ら徳ではない。〔…〕彼はある種の打撃を受けるが、受けた打撃に打ち克ち、直し、抑える」。セネカ「賢者の恒心について」兼利琢也訳、『セネカ哲学全集』第一巻、岩波書店、二〇〇五年、五八頁〕

消し去ることはできない」。でものちに皇帝ユリアヌスは、マルクス・アウレリウスが妻ファウスティーヌの死を、彼女の不品行にもかかわらず節度もなく嘆き悲しんだのを非難しています。彼はまたスミルナの地震の後で、都市の再建のための助力を求めて皇帝のもとに派遣されてきた修辞学者アエリウス・アリスティデスの話を聞きながら泣いたのでした。

ここにもまた、私たちの同時代人による批判が、古代のストア派と同時代の人々による批判と共通していることを表す例があります。それはセネカが証明しています。「無知の人々の間では、ストア派は評判が悪いことは分かっている。なぜなら彼らは、ストア派は極端に無感覚だと思っているから」。これに対してセネカはこう答えています。「人間をこれほど愛し、万人の幸福にこれほど心している学派はないのだ(7)」。

J・C　ストア派の考え方で私たちが受容でき、立派だとさえ判断できるのは（私はマルクス・アウレリウスをややひねって解釈しているのですが）、子供を亡くすのは幸運ではないけれども、その喪失を果敢に耐えることは不幸ではない、というものです(8)。これはストア派の考え方の一つの解釈です。そして結局これは、言葉の上の論争ではないでしょうか。もし身体的な苦痛について語るなら（エピクロスやエピクテトスがこの分野では果敢さの例を挙げていますね）、こんなふうに叫んだ哲学者の話がありませんか――痛みよ、私を苦しめよ、私はお前が悪だとは言わない、と。これこそ、ストア主義の曖昧さです。苦しませるものであるのに、悪ではない。すべては判断の仕方によるのですね。

次のように要約すれば、それは言葉の上の論争だと言えるかもしれません。人々が災い〔un mal〕と呼ぶものはストア派にとっては悪ではない、たとえば貧困、病気、死など。道徳的悪以外に悪はない、と。これはストア派の本質的な考え方で、しかもソクラテス派の考えでもあります。プラトンによれば、ソクラテスは次のように言っています。「善き人には、生きているときも、死んだときも、悪はありえない」(『ソクラテスの弁明』41, d)。[*7] これは、唯一の悪とは道徳的な悪であることを言外に意味しています。したがってストア派の生の経験そして生の選択は、まず善は絶対的に望むべきもので、悪は絶対的に拒絶すべきものであること、絶対に望まれる価値のある唯一のものは道徳的善と善意であり、避けられるべきものは悪意であると考えることにあります。この点において、カントに見る善意志の理論はストア派を継承していると言えます。したがってストア派の人々は、徳性と善意という至高の価値を断念するくらいなら、必要ならば死に立ち向かうべきだと考えるのです。これはソクラテスやストア派の英雄的な決断であって、一般の通念には反するものでした。最高の価値とは善き意図であり、善き意志です。

(7) Sénèque, *De la clémence*, II, 3, 2.〔「寛恕について」小川正廣訳、『セネカ哲学全集』第二巻、岩波書店、二〇〇六年、一五八頁〕

(8) Marc Aurèle, IV, 49, 6. *La Citadelle intérieure*, p. 52 に引用。実際には「これは不運ではないのみならず〔これを耐えることは幸運である〕」となっている。〔『自省録』前掲書、六九頁参照〕

ソクラテスの死はこの観点から理解されなければならない。したがってストア派は病気や死や自然災害を悪とは呼びませんでした。彼らにとってそれらは善でも悪でもなく、善悪に関係ないもので、宇宙の必然的展開の結果であり、人間がそれを解消できないなら受け入れなければならないもの、それらに対する人間の態度によって善とも悪ともなりえるものだったのです。

しかし――分かりきったことですが――私たちはこれほど英雄的ではなくもっと穏やかな別の生き方、エピクロス派のような生き方を認めることももちろん可能でしょう。

J・C 私たちの欲望そのものが変化したとは言えないでしょうか。富、権力、名誉はストア派とエピクロス派では欲望してはならないもののリストにつねに入っていました。でも今日では、これらすべてを願う人々が確かにいます。大多数の人々はもっと慎ましい欲望をもっていますが。巡礼地の教会の記録簿にはこんなふうに書いてあります。「聖母マリア様、両親が離婚しませんように。パトリックに仕事が見つかりますように。孫娘の病気が治りますように」。するとエピクロス派の人はこう言うでしょう、それは自然な欲望だが、必然的な欲望というわけではないと。彼の観点からはそれは真実でしょうが、私たち現代人がそこにまったく正当な欲望を見るのを妨げることはできません。

人間の基本的な欲望が変わりうるとは、私は少しも考えていません。古代でも今日と同じように、支配階級や裕福な人々は富や権力や名誉を求めていました。現在私たちの文明が実際に直面している不幸とは、利益への欲望の激しい高まりであって、それも社会のあらゆる階級に及んでいますが、とくに支配階級において見られます。一般庶民に関しては、もっと単純な欲望だと思います。仕事、家庭の幸福、あるいは健康など。神々に捧げられた古代人の祈願は、現代人が聖母マリアに捧げるものと同じです。現在人々が星占いに尋ねるのと同じことを、古代人は神々に尋ねたのです。これは時代の問題ではない。ただエピクロスが自然な欲望と必然的な欲望を区別し、自然だが必然的でないもの、さらには自然でも必然的でもないものなどを区別したとき、彼は正当な欲望の目録を作ってそれをいかに満たすかを説明するつもりなのではなく、人生の生き方を定義し、喜びとはつねに、ある欲望から生じる苦しみを抑制することに相当するのだ、という結論を直感によって導き出したのです。そこには、現在関心が高まっている仏教との類似(アナロジー)があるかもしれません。したがって幸福になるためには、苦しみの原因つまり欲望を、最大限に減らさなければならない。こうしてエピクロスは人間を不幸から救おうと望んだのです。したがって彼は、容易には満たされないような欲望を諦め、もっと満たされやすい欲望、つまり最終的にはたんに食べ、飲み、衣服を着るという欲望で満足するように努めよ、と勧告したわけです。エピクロス主義には、一見して卑俗な局面の下に、何か尋常でないものがあります。それは、真の喜びはたった一つしかないという認識で、それは存在することの喜びであり、それを感じるには、身体の存在にとって自然で必然的な欲望を満たせば十分である、ということなのです。エピクロス主義の経験はきわめて教訓的で、それはストア主義と同様に、価値観の完全な逆転へと誘うものなのです。

J・C　明らかに、神の摂理の問題などは主要なことではありませんね。エピクロス派はそれをまったく信じていませんでしたし、アリストテレスもまた、それは月下の世界までは降りてこないと考えていました。でもそれは、プラトン派やストア派、そしてもちろんキリスト教徒にとっては非常に重要でした。それぞれの教派が摂理について異なった考え方をしているにせよ、ですが。

哲学で言う摂理とキリスト教の摂理は非常に異なっています。摂理の概念は、『ティマイオス』(30c1)でプラトンが、この〈世界〉は神のあらかじめの配慮(*pronoia*)によって生まれたのだと語った言葉に現れています。しかしある種の神的論理というこの考えは、制作者としての神という神話の一部をなしていて、宇宙の起源には神の〈知性〉があるのだということを暗示しているだけです。ストア派においても同様に、個々のすべての場合に関わる神の意志として摂理を考えてはならず、宇宙の動きと、運命を構成する原因と結果の連鎖を起動させる最初の推進力として考えるべきだとされていました。プロティノスはグノーシス派に反対し、世界がある一つの理論と意志によって造り出されたという考えに強く反論しました。結局、哲学者にとって摂理とは、一種の理性的必然性に相当し、それが世界の秩序なのです。それに対してキリスト教に受け継がれたユダヤ教の神は、予見不可能な彼の意志によって世界や諸個人の歴史を導く、一個の人格なのです。[*8]

J・C　現在私たちは世界の秩序を認めることができるでしょうか。

この問題に答えるのはとても難しいと思います。科学は絶えず進歩しますし、それとともに学者たちの哲学的意見も変化します。たとえばアインシュタインは、超越的な知性を前提とするような自然の法則、思考の秩序に照応する世界の秩序に陶然としたと言われています。この問題についてはこう言えるかもしれません――理解できないのは、世界が理解可能かもしれないことだと。ある人々はすべてを偶然に帰したり、偶然と必然の両方に帰したりします。私たちの問題に関しては、あなたが言われたように、摂理の問題と世界の秩序はあまり重要ではないので、エピクロスはそれを信じていませんでしたし、またストア派が言う必然性も、結局は現代のいくつかの概念とそれほど離れてはいないのです。

J・C　実際、私たちと同時代の人々は、われわれの髪の毛一本さえも見守り、あらゆる瞬間にこの地上と天空との万象を決定する摂理の神への信仰などは持っていませんし、地震のような天災や罪のない人々の大量虐殺などについて、正義と善の神に直接の責任があるなどとはもう考えなくなっています。それでもなお、地球の形成や人間の進化に関して学者たちから教えられている私たちは、この世界には法則性があることを認めたくなります。地震とか子供の死のような自然界の法や、繰り返し起こる人間のふるまいなど。ですから私たちは古代の人々のように、何か理性的な世界の秩序を信じたくなるのです。理性的というのは、そこに規則性つまり「法則」を探し当てることができるという意味で、それはつねに善で正しい〈理性〉だということではありませんね。ストア派にしてもプラトン派にしても、私たちが古代哲学から距離をおくのはその点なのです。彼らはライプニッツよりもずっと前に、すべては可能なかぎり善い世界のなかで最善になるためにあるとか、起こったことは最善のことなのだ、なぜならそれは起こったのだから、などと言っています。この「人類学的な規則性」に関しては、それが犯罪や不正や大量虐殺、それによって起こる飢餓や何億人もの不幸であるような場合、「全一者の業」とかその「善にして正なる采配」に、ストア派が要求するようには喜んで同調することができません。それどころか私たちの第一の義務は、この規則性なるものに戦いを挑むことではないでしょうか。

ここで私たちが直面しているのは、ただの対話の枠内で論じるにはあまりに複雑な問題の一例ですね。それ自身で独立に論じられなければならない大きな哲学的問題、つまり人類史的に見た規則性、たとえば戦争、悲惨、人間の退廃も、世界の秩序の一部をなしているのかどうかという大きな問題はいまは脇において、ここではストア派がどのように考えていたかを話させてください。人間の自由と運命との関係という複雑な問題を、手短かに説明することはできません。繰り返して言うとストア派は、悪は人間の意志のなかにしかないと考えていました。それゆえ彼らにとっては、人類史上の規則性というものは世界の秩序の一部ではなく、したがって彼らが〈全一者〉の業(わざ)と協働すると言うとき、それは自らを宇宙の一部であると認識することを意味していて、それは人間の存在がその限りにおいて、宇宙の普遍的な動きに参与するということです。したがって、不正や人間同士の搾取などという道徳上の悪には同意してはならず、反撃しなければならない。ついでながらマルクス・アウレリウスは、のちにキリスト教徒と同様、戦争という「必然的な」悪に直面しましたが、それを解くには到りませんでした。彼は一人のサルマチア人（敵対している民族）を捕虜にした者を、したがって自分自身をも、盗賊と呼ぶのをためらわなかった（X, 10, 1）。[*9] ともかく、人間の共同体に奉仕すべきであるならば、人々に悪事を働く者には反対しなければならなかったのです。でも悪との戦いに失敗したならば、ストア派は繰り返し起こる虐殺など、あるがままの真実を認めなければならなかった。そこで彼らはこの新しい状況に直面して、別の方面にその行動を向けることになったのです。絶対的な無力にまで引き落とされたなら、無駄に運命に抗うべきではないということ、いまここでは悪が勝利し、敗残に耐えているように見える〈自然〉と普遍的〈理性〉であっても、その道を遮るものを望ましい方向に向き直させることができるだろうと信じることです（VIII, 35）。[*10] こう信じることは、〈世界〉の〈理性〉の終局的な勝利を信じることでした。私たちの同時代人の一部は、この〈理性〉の力を信じていた、あるいは今でも信じている人々がいますが、別の人々は信じていません。マルクス・アウレリウスの時代でも、この状況は同じだったはずです。

「起こることは起こるがままにせよ」というエピクテトスの箴言（『手引書』八）[*11] と、「このことが起こったのは、それが最善だったからだ」という言葉とを同一視するのは間違っています。ストア派にとっては、起こったことは善でも悪でもない、無関係なのです。その価値を評価するのは人間の意志で、その用い方によって善か悪かを決めるわけです。善悪は人間の思考と意志のうちにしかなく、ものごとのうちにあるのではない。しかしエピクテトスのこの定句の一方で、世界の秩序を邪魔するものを変えられないのだとしたら〈宇宙〉に同意するほかない、というテーマがふたたび見出されるのです。現代人は喜んで賛同したりできない、とあなたは言われましたが、でもニーチェはこう言っています。「避けがたいものを耐えるだけでなく……それを愛することだ」[9]。だからこの種の考え方は、現代の思想の巨匠の一人によっても認められていたのです。それから、いま流行というわけではありませんが、それでも最近の哲学に大きな影響を与えているベルクソンが『思考と動き』のなかでこう書いています。「われわれは、今も眼前で行なわれている偉大な創造の行為［ベルクソンの場合は創造的進化］に、自分自身の創造者として参加しているのを感じている」[10]。「〈全一者〉の業への喜ばしい協働」から、人々がさほど離れているわけではないのです。

J・C　賢者を傷つきにくくするあの「内面の砦」について言うなら、私たちを古代人からはっきりと区別する何かがあるのではないでしょうか。私たちはもう、神々になろうという望みはまったく失ったのですから。古代には一貫して、あらゆる種類の手段によって人間の条件を拒絶しようとする流れが見られないでしょうか。私が話しているのは神話の神々のことではなくて哲学者たちの神、あらゆる情念から免れ、動かず怒らず、苦しむこともない神のことです。あなたはこの意味のテクストをたくさん引用していらっしゃいます。まず『テアイテトス』の有名な文章があります。「この地上からあの高みへ、なるべく早く逃げてゆくこと」、そして続けて「逃れること、それは可能なかぎり神に似ることだ」。[*12]それからまたセネカが言っています、「神のように〔賢者は〕言う、〝すべてはわれに在り〟」[*13]と。私たちはもはや、そうしたことは望んでいませんね。私たちは人間の条件を受け入れるのでは？

神のようになろうという望みは賢者の理想に合致します。古代はその神の名にふさわしいもの、つまり賢者を見出すことで終わる、というミシュレの言葉はいつも印象的でした。現代の人々の大多数にとって、この〔賢者と神の〕同一視が意味をなさないのは事実ですが、叡智という理想から、ある種の神話的なこの特性を取り除くのはたやすいことです。

（9） Nietzsche, *Œuvres complètes*, t. VIII, p. 275.

（10） Bergson, *La Pensée et le mouvant*, p. 116.〔『思考と動き』原章二訳、平凡社ライブラリー、一六二頁参照。ベルクソンのこの言葉は一九三〇年に論文「可能と現実」としてスウェーデン語で発表され、仏訳されたもの。引用の文章は結びのパラグラフの一部。「哲学は現象のこの動的な世界に何か絶対的なものを見いだすことで得るところがあるだろう。しかし私たちもまた、よりいっそうの歓びと力とを感じて得るところがあるだろう。〔…〕なぜなら私たちは、事物の起源にあって今も眼前で遂行されている創造作用に、自分自身の創造者として自分が参加していることを感じるからである」〕

いまこの対話の結びとして、いくつかの一般的な考えを言わせてください。現代人が、ストア派にせよエピクロス派にせよ、またキュニコス派にせよ、その形而上学的前提や神話的表現のすべてを認める必要がないのは明らかなことです。私が思うのは、根本的には、ブルトマンがキリスト教に適用しようとした方法を古代哲学にも適用すべきだということです。つまり、脱神話化あるいは脱神秘化であり、すなわち一方には本質的核心、そして他方にはその時代の集団的表象で作られた外皮というふうに分けて考えることです。レイモン・リュイエは、ちょっと面食らわせるタイトルですが『プリンストンのグノーシス』という著書のなかで、私が精神の修練と呼ぶものをモンタージュと称して、エピクロス派、ストア派のモンタージュは依然として価値があるが、もはや妥当でないのは、そこに付随する「イデオロギーの靄」である、と書いています。この指摘はとても正しいと思います。実際、精神の修練のモデルにおいて興味深いのは、それを正当化したり助言したりする言述とは独立して、別個に実践されうるということです。たとえば、現在に精神を集中させる修練は、わずかに異なる形でエピクロス派にもストア派にも見られますが、その理由はまったく違っています。したがって、今この瞬間に集中するという精神的修練は、理論とは独立にそれ自体の価値をもっている——これは私自身もしばしば実践したことです。かといってそれは、私がこの修練に結びつけられるような永遠への回帰を、ストア派が信じたのと同様に信じているという意味ではありません。

ところでこの対話の初めに、「自分にはこれは受け入れられない」と言う現代の人々について話されましたね。でも彼らがこのように言うのは現代人だからというわけではないことを、私たちはかいま見たのではないか。古代でも一般の人々は、ソクラテスやプラトンやストア派についてまさしく同じことを言っていたのではないかと思います。彼らの批判や拒否は特に教養を対象とするものではなく、倫理的・精神的態度にかかわるものでした。でもなぜ彼らは、自分には受け入れられない、と言うのか。彼らが拒絶する真の理由を尋ねるためには、ソクラテスのような人が必要でしょう。その理由は理性に基づいているのか。それは近代的な要素などしばしば何ももたない近代人たちの偏見の反響なのか。あらゆる時代に、日常生活の習慣やしきたりと哲学者の生き方との間には対立があったし、これからもあるでしょう。哲学者というのは、哲学者でない人々をあきれさせたり憤慨させたり笑わせたりするものなのです。

第十章　いま在ることがわれわれの幸福

ジャニー・カルリエ　古代哲学の内面的姿勢と精神的修練のなかでも、とくにあなたが好まれ、そしておそらく実践もしておられるのはどんなことでしょうか。

少年時代にすでに読書によって、そして成人してからはいろいろな外科手術を受けた経験によって（私は一〇回ほども麻酔をかけられたので）、最も強く心に響いたのは死を考えるというテーマでした。死の思いに取り憑かれていたというわけではないが、でも死を思うことは、よりよく生きるための助けになるという事実にいつも驚いていました。最後の日、最後の時間を生きているかのように生きるのです。こうした姿勢は注意力の完全な転換を要求します。自分を未来に投影するのではなく、行動をそれ自体として、それ自体のために観ることです。この態度は、実存論的な価値と倫理的な価値とを同時に持っています。このことは現在という瞬間、今日という瞬間の無限の価値と同時に、思いがけなく与えられたチャンスとして感謝して受け取る明日という瞬間の無限の価値をも意識させてくれます。またこのことは生の各瞬間を真面目に意識することを可能にしてくれる。私たちが習慣的に行なっていることを、習慣としてではなく初めて行なうかのように、この行動が首尾よくなされるにあたって含意するあらゆることを発見しつつ、それを行なうこと。ペギーの本のどこかに、聖ルイ・ド・ゴンザグの子供時代の言葉が楽しそうに引用されている箇所があり（それは私が子供時代に道徳のクラスで聞かされて、とてもびっくりしたのですが）、あと一時間のうちに死ぬと言われたら何をするか、と聞かれたそうです。彼はこう答えました――ぼくはボール遊びを続けるよ。こうして彼は生の各瞬間には、それがどんなにありきたりでどんなに目立たない瞬間でも、ある種の絶対的価値を与えることができると分かっていたのですね。大切なのは人が何を行なうかではなく、どのようにそれを行なうかということです。死を思うことはこうして私を、現在に集中する訓練へと導きました。これはエピクロス派もストア派も勧めていることとです。

J・C　でもこの現在への集中と、つねに合目的性を含意する行動の要請、したがって未来への指向とは、どうやって両立するのでしょうか。

まず現在へのこの集中は、ある種の二重の解放を含意していることを明確にする必要がありますね。

つまり、過去の重みと未来への恐れからの解放です。このことは、過去にあったものとこれからあるだろうものから現在のなかで切り離されて、生が一種の瞬間的なものになるという意味ではありません。でも厳密に言えば、現在へのこの集中は私たちが本当に行なえることへの集中なのです。私たちは過去の何ものも変えられず、未だやって来ないものについて行動することもできません。現在、それは私たちが行動できる唯一の瞬間です。ですから現在への集中は行動への要請なのです。ここで言う現在は数学的な極小の瞬間ではなく、それはたとえば行動が実行される持続であって、人がある言葉を発音するときや、ある動作を行なうときや、あるメロディーを聴くときの持続なのです。

J・C　ゲーテの『ファウスト』第二部から次の言葉を引用して、それについての論文も書いていらっしゃいますね――「精神は未来も過去も見ないのだ。ただ現在だけがわれわれの幸福なのだ」[*1]。現在〔いま在ること〕だけがわれわれの幸福と言えるのは、どのようにして可能なのでしょうか。

それを言ってくださってうれしい理由は二つあります。まずゲーテへの言及は、精神の修練ということが文学的な歴史をもっていて、それを書くべきだということを示唆してくれるからです。私は「真に新しく独創的な書物は、古来の真理を愛するように導いてくれるものだ」というヴォーヴナルグ(1)の言葉がいつも好きでした。こうした昔の真理があらゆる時代に再現されて現代にも現れるのは、過去にしっかりと生きていたために、今の私たちの無意識のなかにも刻み続けられているからであり、幾世代も過ぎて生活の経験が変わってもそれに応じて再生されてくるからです。こうした精神の基本的態度は、じっさい西洋思想の歴史を支配してきた省察のテーマでした。現在というテーマはその一例です。さらにもう一つの感謝の理由は、私のゲーテ論について話す機会が与えられたこと。その論文の細部にはいくらか、正確な説明が必要なことに気づいたからです。幸福は現在という瞬間にのみ見いだせるというエピクロス派的、ストア派的な思想を、ゲーテが豊富に繰り返しているということを知るためには、その論文は全体としてはまだ有効なのですが。彼にとって古代の生活と芸術の特性は現在に生きる術を知ること、彼の言葉では「瞬間の健全さ」を認識することでした。

ここでは「処世のおきて」と題する短詩だけ引用しましょう。それはとても明快で、疑問も起こさせず、さきに挙げられた問題の一部には答えてくれるでしょう。「快い生活を作りたいか／過去をくよくよしてはならない／怒りは最小限に／絶えず現在を楽しめ／誰をも憎まぬこと／そして未来は神にまかせること」[*2]。幸福は現在の瞬間にある、その理由はまず、単純な理由ですが、われわれは現在にしか生きないのだから。それに過去と未来はほとんどいつも苦しみの源だから。過去は、たんにそれが過ぎ去って逃げてしまったからにせよ、不完全だった印象を与えるからにせよ、われわれを苦しめるし、未来は不確実で未知だからわれわれを不安にする。しかし現在の各瞬間は、幸福の可能性を与えてくれる。ストア派の立場から見れば、それはわれわれが義務を果たす機会、理性に従って生きる機会を与えてく

（1） Vauvenargue, *Réflexions et maximes*, §400.

れるし、またエピクロス派の立場から見れば、それは各瞬間に存在の喜びをもたらしてくれるというわけです。ルソーの『孤独な散歩者の夢想』の「第五の散歩」も、このことをよく表しています。

論文のなかで明確にしなければならないのは『ファウスト』第二部の、「だから精神は未来も過去も見ないのだ。ただ現在だけがわれわれの幸福なのだ」という言葉です。[*3] 明らかにこの数行は「処世のおきて」という詩と同じ考えを表しています。そしてヘーレナと会ったファウストが、この瞬間への集中を勧めたとき、古来の言葉を用いたことは確かです。しかしいくつかの問題を明確にしなければならない。「処世のおきて」が教える生き方は古代の哲学の生き方と完全に一致している、つまり各瞬間は、それがいかなるものであっても、幸福への可能性を提供するということです。[*4] しかし反対にファウストとヘーレナの出会いの場合では、どの瞬間でもよいのではなく例外的な瞬間であって、美しい瞬間、語の強い意味では驚異的な瞬間ですね。その瞬間には、魔術的な仕方で、中世の男ファウストとはるか古代の女ヘーレナが出会うからです。ファウストがヘーレナに次のように言うのはそれゆえです――過去を振り向かず、未来に目をむけず、現在に止(とど)まっていてください、と。これは二人の恋人たちの状況を暗示しています。実際ヘーレナは、彼女の過去とファウストとの出会いとの間につながりがないことを怖れ、いわばかくも不自然な結びつきの将来の可能性を案じずにはいられません。ファウストが言おうとするのは、したがって次のようなことなのです、「考えないで、過去も未来も考えないで、今の機会を役立ててください。愛するのです!」 ところでファウストの悲劇という視点から言えば、この美しい〈瞬間〉は、この作品の初めで問題となる「瞬間」と一致するかどうか、問うことができるでしょう。

それは悪魔と契約を結ぶファウストがその結びでいう「瞬間」です。「もし私が〈瞬間〉に対して「止まれ、お前はそんなにも美しい」と言うことができるなら、きみは私を鎖につないでいいよ」[*5]。ここでもまたこれはどんな瞬間でもよいのではなく、特別に幸せな瞬間であり実存の頂点とも言えるもので、たしかにヘーレナとの出会いは、ファウストが言うこの美しい瞬間でした。ファウストがヘーレナに向かって、ただ現在だけが私たちの幸福、と言うのを聞いたメフィストフェレスが、なぜ契約通りにファウストを捕らえるチャンスにしなかったのか、と疑問に思うのはこのためです。それはおそらくファウストが前言を言葉通りに繰り返していないため、そして何よりも彼は、瞬間に止まれとは言っていない、なぜなら彼はヘーレナとともに生きる未来を望んでいたからです。この悲劇を一貫して、ヘーレナとの短い場面そして最後の場面[*6]を除いては、ファウストは何であれ現在を楽しむことはなかった。彼は満たされない欲望と未来への執着に苦しめられていた。ゲーテの目から見ると彼は現代的人間です。しかし古代の哲学者は彼らの同時代人が、満たされることのない欲望に飲み込まれることを責めなかったでしょうか。古代人が現在という瞬間を生きることを知っていたとゲーテが主張したとき、彼は古代人のある種の牧歌的な姿を心に抱いていました。ただいくらかの哲学者たちのみが努力してそれを行なったのだということを、彼は言うべきでした。

いずれの場合にせよ、現在への集中という訓練は、その幸運な瞬間、サルトルが『嘔吐』で言う完全な瞬間の一つが現れたときにそれを楽しむことではなくて、各瞬間の無限の価値を認識するよう学ぶことにあるのです。実際にはそれは非常に困難なことですが、可能な限りにおいて、現在の瞬間のこの豊かさを再認識することはよいことだと思うのです。

J・C　現在という瞬間またはひとときの豊かさというものについては、どのように理解されますか。

この豊かさは、時間と私たちとの関係を変化させることによって、私たちがその瞬間に与えるもの、与えるべきものなのです。通常、私たちの生活はいつも未完成、それも語の最も強い意味で未完成です。私たちは希望や憧れや注意のすべてを未来に向けて投射して、あれこれの目的を達成したときには幸福になるだろうと言います。目的が達成されなければそれだけ不安になり、達成されればそれはもう関心の対象ではなくなって、また他のものの後を追いかけ続けます。私たちは生きているのではなく、生きようと希望し、生きるのを待っている。だからストア派とエピクロス派は、時間に対する私たちの関係を全面的に転換させようと促します。生きているこの瞬間つまり現在を生きるということは、未来を生きるのではなく、その反対に未来がないかのように、この日、この瞬間しか生きる時がないかのように、したがってできるだけよく生きようとすること、さっきも言いましたがこれが最後の日、自分自身にとっても周囲の人々との関係においても最後の瞬間であるかのように、よく生きようとすることなのです。これは馬鹿げた偽の悲劇ではなく、瞬間のなかに私たちが持つことのできるすべてを発見する方法です。まず私たちはそこに、それ自体のために注意と良心をもって首尾よくなされた行為を実感することができる。私たちはこう言うことができるでしょう――私は今行なっている行為に注意を集中する、私はできるだけよくそれを行なおう。また次のように言うこともできます――私は今ここに生きている、それで十分だと。つまりそれは実存することの価値を意識し、その喜びを享受することができるということです。ここでモンテーニュが言った汲み尽くせない言葉をもう一度繰り返すことができるでしょう。(2) 今日は一日何もしなかった、と思っている人に、彼はこう言いました。「なんだって？　きみは生きていただろう？　それが一番基本的なばかりか一番大切な仕事だよ」。また付け加えれば、私はここに、巨大で驚異的な世界のなかにいる、ということ。われわれを宇宙全体とつながらせてくれるのは、この現在の瞬間である、とマルクス・アウレリウスも言っています*7 (VI, 25)。瞬間ごとに、自分がその一部である語り尽くせない宇宙の出来事を思うことができるわけです。でもこのことは、私たちが取り組むべきもう一つの別の問題、つまり世界を前にした驚きの心という問題に導いてゆくことになるでしょう。ここではただ、現在に生きるということは、世界を初めて見るかのような、そして最後に見るかのような気持ちで生きることだと、それだけ言いたいと思います。そうすると現在の各瞬間は、存在することの喜びにせよよく行なうことの喜びにせよ、幸福の瞬間になりうるのです。

でもつねにこのような気持ちで生きることが不可能だということは、明らかです。未来の魅惑と日常の慣習から解き放たれるには、困難な努力をしなければならないからです。

(2) Montaigne, *Essais*, III, *op. cit.*, p. 1088.〔モンテーニュ『エセー』前掲書、一九五頁〕

J・C　ご著書のなかではまた、高所から眺める、ということをしばしば言っておられますね。

これもまた私にはとても大切だと思われることで、私自身それを実行しようと努めてきました。山頂からの眺めや飛行機や宇宙船からの眺めは、想像力のなかでの高所からの眺めとは区別しなければならないのは明らかです。しかしこれも、ある高い場所から眺めるという経験をもちろん前提しているのですが。ギリシア文明では、いわば生理学的な意味での高所からの見方があることについてしばしば論じられていたことが分かります。ハンス・ブルーメンベルクによると、歴史的に決定的な変換点として、人間がついにそれまで神にのみ許されていた高所から世界を眺めるという勇気をもつには、ペトラルカがヴァントゥー山に登った一三三六年四月二十六日まで待たなければならなかったという。これは研究者たちを先入観の盲目からはっと目覚めさせるよい一例です。ブルーメンベルクはヤーコプ・ブルクハルトと同様に、古代の人間は神殿を建てる目的以外には、楽しみや好奇心で山に登ることはなかったと言っています。でも実際には、高所からの眺めはギリシアとローマでもよく見られたのです。ホメロスでは櫓での見張り番が遠方から危険が近づくのを見ています。アリストファネスの『雲』からアポロニオス・ロディオスの『アルゴナウティカ』にいたるまでの古代詩に現れる高所からの眺めを、すべて数えあげることなどはできません。[*8] たとえば、エトナ山への登山ははっきりと証明されています。同様にギリシア・ローマの絵画には高所から見た風景の描写も見られます。興味深いことは、ものの上に張り出して見たヴィジョンの経験が、大地と地球の上空を飛ぶような空想を許し、それを暗示するものが古代を通して見られることです。想像のなかで巨大な空間を駆け巡り、星々の動きに伴いながら、同時に地上に目を向けて人間たちのふるまいを観察するという訓練は、プラトン、エピクロス、ルクレティウスにおいても、さらにはアレクサンドリアのフィロン、オウィディウス、またはマルクス・アウレリウスやルキアノスにおいても、とても頻繁に描かれています。

想像力と同時に知性が行なうこの努力は、何よりも人間という存在を巨大な宇宙に置き直し、自分が何者であるかを意識させるものでした。何よりもその弱さを意識することです。われわれにとって最も重要と思われる人間界のものごとのうち、どれほどのものがつまらない些事であるかを、それは痛感させてくれるからです。古代の著述家たち、とくにルキアノスは戦争に言及し、それは高所から見れば蟻の戦いのように見える、そして国境は馬鹿げたものに思われると書いています。人間という存在にその偉大さを意識させることも重要でした。精神は宇宙全体を見渡すことができるからです。こうした訓練は意識を拡大し、いわば無限性に向かって魂を飛翔させるのだと、ルクレティウスはエピクロスに関して言っています。[*9]何よりもそれは個人に、普遍的な視野でものごとを眺め、利己的な視点から解放してくれる効果がある。高所からの視野が公正へと導くのはそのためです。またルキアノスもすでに、歴史家の視点もこのようでなければならないと、その著『歴史の書き方について』のなかで述べています。[*10]

J・C　これは近代人たちにも、また東洋でもよく扱われてきたテーマですね。風刺が意図されているときでも（ヴォルテールを考えてしまいますが）、多くの場合、道徳的メッセージは忘れられていません。

このテーマは現在というテーマと同様に、西欧の文学全体に広がっていました。とくにパスカル、ヴォルテール、アンドレ・シェニエ、なかでもゲーテ（たとえば「地上高く飛翔する精霊に」）そしてボードレールの「高翔（エレヴァシオン）」と題するすばらしい詩があります。これは次のように始まります――「湖を超え、谷間を超え／山々、森、雲そして海を超え／太陽の彼方、エーテル層の彼方／星々の天球の限界を超えて／私の霊よ、おまえは軽やかに動く」[*11]。高所からの眺めに魅せられていたゲーテは、人間が地上の重力から身を離した最初の熱気球（一七八三年）に魅了されていました。現代は宇宙飛行にまで到達しています。そしてこの経験をした人たちは忘れられないショックを受け、そのことについて、もっぱら精神的修練を経験した人たちが感じるのと似た思いと感動とを報告しています。彼らは星界のなかの一つの星のように感じ、国境の無意味さ、そして物理的にも精神的にも人類を分断する障壁の無意味さを実感したと言います。非常に豊かな伝統にここで出会うのが分かるでしょう。この伝統に関して次の一著が書ければと思っています。

高所から眺めるという精神の修練は、こうして時代遅れの宇宙論や神話をすべて取り除いた形で現代にも通用し続けています。『ル・モンド』紙にユベール・ブーヴ＝メリが何年か担当していた社説のタイトルを借りれば、それはたんに「シリウスの視点」に身を置くということでしょう。シリウスの視点に身を置くことは、歴史家や科学者の客観性、不偏性をもとうと努力することですが、それはまた自我を離れて普遍的視野に向けて目を開くこと。この訓練は、宇宙のなかの個人の位置を認識させ利己的な見方から離れさせることですが、それはまた個人に、宇宙の〈全体〉のみならず人間共同体の〈全体〉に参与していることを意識させる。一方的な見方から脱して、他者の立場に身を置くことですね。

J・C　でも、シリウスの視点は人間界から必然的に遠ざからなくてはなりません。これは人間たちのなかに身を置くことを前提とする共同体への配慮と矛盾しませんか。

以前私はある招待状をもらったのですが、そこにアインシュタインのものとされる文章がありました。出典は書かれていませんでしたが、私がいま話したことをたいへんよく表しているので、引用したいと思います。「〈人間という存在〉は、われわれが「宇宙」と呼んでいる〈全体〉の、時間においても空間においても限定された一部にすぎません。それでもなお人間は、自分の人格や思想や感情を他の存在とは別個の実体だと考えています。ここには一種の視覚的錯覚があります。それはある種の牢獄のような空間にわれわれを閉じ込めるものです。なぜならそこでは、われわれは自分自身の希望しか見ないし、自分に一番近い少数の人々しか愛さなくなるからです。その狭い限界から出て、生けるもののすべてと壮麗な自然界の全体に向かって心を開くことが、われわれの勤めです。この目的を十分に果たせるものは誰もいないが、そこに達しようとする努力は、われわれを自由にし、内面の安全をもたらしてくれるのです」。この限界から出ることを可能にするのがまさに高所からの視点であって、これが人間性を

〈全体〉のなかに置き直すと同時に、私たちが〈全体〉の一部であることを意識させて、生けるものすべてに対して心を開くように導いてくれるのです。この文章はすべてがストア派的であり、叡智には到達し難いという考えも同様です。これはほんとうにアインシュタインのものだろうか。マイケル・チェイスと私は何年かの間、アインシュタインの公刊された作品のなかにこれを探しましたが見つからなかった。たぶん書簡のなかに隠れているのか。これは確かにこの偉大な科学者の思想に合致しています。彼はたとえば、人間の真の価値を知るには、どの程度、どのような目的で、彼が自己から解放されているかを見なければならない(3)、と書いているからです。いずれにせよ、引用したこの文章[*12]のなかには、一方では部分的視野から普遍的視野へと移行すること、そして他方では人間共同体に奉仕する義務を意識すること、この二者が緊密につながり合っているのが見られるでしょう。

J・C　人間共同体へのこの関心は古代哲学のすべての学派にみられるのでしょうか。それともとくにストア派独自のものでしょうか。

それはすでにシュラクーサイにおけるプラトンの政治改革の試みのなかに見られます。それからエピクロスにおいてさらに進められています。彼の学派の生活のなかでは自由人と奴隷との区別をしなかった。そして人類という観念が現れるのは、ストア派が国家(シテ)の概念を理性的存在の共同体へと拡大した限りにおいてのみのように思われます。人間とは何か、とエピクテトスは問い(II, 5, 26)こう答えています。それは国家の一部、すなわち大いなる国家の一部である。大いなる国家とは神々と人間の国家であり、小なる国家は普遍的国家の似姿(にすがた)にほかならないと。[*13]

人間全体の卓越した威厳を認め、人権の観念を含意した最も決然としたストア派の文章は、セネカに見られます。彼は『ルキリウスへの手紙』の一つで(95, 33)[*14]罪の懲罰のために罪人を裸で無防備なまま円形劇場で殺す見せ物を批判して、「人間は人間にとって神聖なものなのに」と表現している。これも、罪人とされた人々に関して言われた言葉であることに注目すべきでしょう。ですから、人間にとって神聖なのは、人間としての人間なのです。古代人にとって「神聖な」という言葉は、宗教的な意味を担っていた。エピクテトスもまた、奴隷を「神の子」と呼んでいます。

このようにストア主義者は、人間の社会的使命、人間共同体への奉仕、したがって哲学者の政治的責務と呼びうるものについて、鋭い感覚をもっていました。しかし彼らから見ると、国家の政治的活動を実践することで彼らの道徳的原理を諦めなければならないならば、その活動を行なうべきではないのです。彼らが求めたのは、道徳と政治との緊密な結びつきでした。

(3) Einstein, *Comment je vois le monde*, Paris, Flammarion, « Champs Flammarion », 1979, p. 11.〔「人間を向上せしめ彼の性質を豊富にするのは科学的研究の成果ではなくて、創造的な包容力ある知的労働を理解する様に奨めることであることは確かである。〔…〕人間の真の価値は第一に自己からの解放に到達した度合と意義によって決定せられるのである」。アインシュタイン『わが世界観』前掲書、一四頁〕

J・C　古代の歴史は、ストア主義とその派の人々の政治的活動の形跡をとどめているのでしょうか。

古代ストア派の歴史を通して、その政治的行動の証拠が見られます。紀元前三世紀のスパルタの王クレオメネスは、その改革に際してストア派のスファイロスから着想を得ています。この改革は社会的階級の区別に反対して、すべての市民の絶対的平等、男女の平等や土地の区分の平等、借金の減免などを保証しました。紀元前二世紀には、グラックス兄弟の有名な農地改革案が、ストア派の中心地であるスカエウォラ家で、またストア派のブロッシウスの影響のもとで練り上げられました。その改革案は貧民への同情を動機としたもので、それはティベリウス・グラックスの演説の一節にみごとに表現されています。哲学者ブロッシウスはティベリウス・グラックスの失脚ののち、アシアに逃亡してアリストニクスのもとに赴きます。アリストニクスはペルガモの王国をめぐってローマ人と論争し、政治的計画としては奴隷の解放と市民の平等を唱えていたのです。クィントゥス・ムキウス・スカエウォラのような州の長官たちも、州の行政の手法において、ストア主義の人道的な原則を適用していた。(4) でもこれでは歴史の授業になってしまいますね。残念ですがここでやめて、紀元一世紀の帝政に対するストア派の反論に話を移しましょう。

J・C　でも次の世紀にはストア派が皇帝になっているではありませんか。それもあなたの畏友マルクス・アウレリウスです。彼の行政にはストア派の思想の跡が見られるのでしょうか。

一つ確かなことは、彼はクレオメネスやグラックス兄弟のようなセンセーショナルな改革はめざしていなかった。しかし著書のなかで彼は、法が万人にとって平等で、万人が発言の自由をもち、論題の自由が尊重されるような国家のために闘って死んだ人々を、ストア派でもそうでなくとも称賛しています。したがって、彼の共感がどこに向けられていたかが分かるでしょう。

彼の関心事を証明するような、その行政の細目をいくつか例にあげてみましょう。「細目」というのは、マルクス・アウレリウスは皇帝の第一の義務はまさに細目にかかわること、たとえば役人による権力の乱用や裁判の誤りから国民を守ることだと信じていたと思われるからです。古代の歴史家や法学者は、裁判をする際の彼の生真面目な配慮、法廷の開廷期を延長し、つねに誤審を恐れ、可能なかぎり弁護権を維持しようと努めたその配慮を賞賛しています。マルクス・アウレリウスの立法は、奴隷の解放を容易にしようとする彼の配慮を証明しています。税務官がそれに反対したときも、自由の大義はあらゆる財政的考慮に勝るものでなければならないという原則に従っていたのです。ゲルマニア戦役に出資するために諸州に多額の税金を課さなくてすむように、王家の貴重品を競売に出したりもしました。綱渡りの少年の墜落死を知って、その後はそのような事故を防ぐためにマットと安全網を置くようにと命じた。これはその時代にとっては、身分の低い庶民に向けられた心遣いのまれな例なのです。自分たちにとっては取るに足らない些事に気配りをする王など、ほとんどいなかったでしょう。

（4） I. Hadot, “Tradition stoïcienne”, art. cité.

J・C　人間共同体へのこうした気遣いが、ストア派の勧めている精神的態度のなかでも、私たちにとって最も価値の高いものだということにはみな同意すると思います。

そう、著書のなかのマルクス・アウレリウスの覚え書きはとても貴重です。皇帝が自分自身に与えている忠告には、行動する人間を襲うあらゆる危険が、稀に見る明晰さで表されています。他者に敬意をもつこと、完全に公正であること、私利私欲をもたぬこと、意識せずに善を行なうこと、自分の行動に利己的に執着しないこと、他者の忠告を受け入れること、これらのことに留意せよと。こうした言葉はみな、今でも価値があるでしょう。

さらに一般的に言って、人間共同体に対するこうした心遣いは、哲学的な思考と生活における本質的な次元なのです。プラトンの『弁明』においてソクラテスは、個人的利益を無視してもっぱら他者を案じることを、おおいに強調しています。もちろん、ソクラテスは心についてしか案じていない、とも言えるでしょう。しかし古代には人民、特に貧民の福祉を気遣ったティベリウス・グラックスやクイントゥス・ムキウス・スカエウォラのような哲学者の政治家もいたのです。

今日でもこのような視点から、不幸や苦しみや病気を軽減しようと目指す行動、そして倫理的動機から鼓舞された政治的活動は、ヴァツラフ・ハヴェル(5)が次のように定義しているとおりですが――「政治という名に値する唯一の政治は、そして私が実践に同意する唯一の政治は、隣人に奉仕し、共同体に奉仕するものである」――このような活動はすべて、最も強く、最も高貴な意味において哲学的と言えるのではないでしょうか。

J・C　終わりにお聞きしたいテーマは、ご著書のなかにしばしば見られるもので、それは実存と宇宙の見事さの前で感じる驚嘆の心です。それも古代の哲学者の見方の一つだと思いますが、これは、依然として生きているとお思いでしょうか。

私がさきほど触れた考えに、もう一度戻る機会ができましたね。現在に生きること、それは世界を最後に見るかのように、そしてまた初めて見るかのように見る、ということでした。世界を初めて見るかのように見ようと努めること、それは私たちが物について抱いている習慣的で日常的な見方から脱すること、現実に対する生のままの素直(ナイーヴ)な見方を再発見すること、したがって普段は見逃している世界の見事さに、はっと気づくことなのです。世界の光景が不意に突然目の前に現れたら、人間の想像力はこれ以上見事なものを着想することはできないだろう、とルクレティウスが言ったとき、彼が努力して得ようとしたのはこの経験でした。[6]そしてセネカは、世界を眺めるときに彼の心を打つ驚愕の念を語り、こ

（5）　Vaclav Havel, *Méditations d'été*, Paris, Éd. de l'Aube, 1992, p. 137.

（6）　Lucrèce, *De la nature des choses*, II, 1023.〔ルクレティウス『物の本質について』樋口勝彦訳、岩波文庫、一九六一年、一〇六頁。「眼をあげて見たまえ、空のあざやかに澄み切った色を。又、天空の抱いているあの方々をさ迷い歩く星を。〔…〕これらがすべて、死すべき人間の前にもし仮りに、今初めて現れたとしたならば〔…〕これ

の世界はまるで自分が初めて見ているかのように思われるときがしばしばある、と語っています[7]。

世界の存在の前代未聞の神秘を前にして感じるこの驚きと賛嘆は、西欧の文学全体を通して見出すことができます。十七世紀にはトマス・トラハーンの『至福の詩』があり、ジャン・ヴァールが翻訳していますが、とくに「驚異（ワンダー）」と題する詩には「まれに見る輝きを……あらゆるところに見た」(Rare splendors〔...〕mine eyes did everywhere behold) という詩行があります[*15]。十九世紀の初めには、ふたたびゲーテになりますが、たとえば『ファウスト』第二部のリュンコイスの歌には「私はあらゆるもののなかに永遠の宝飾を見た[*16]」とあります。そして、より最近には特にリルケがあります（「ここにいること、それがすばらしいのだ[*17]」）。そしてウィトゲンシュタインは「とりわけすばらしい経験は世界の実在を前にして感じた驚嘆の念だった[*18]」と書いています。

ですから、世界の実在の前で感嘆の念を覚えるのは私だけではない。でも私には疑念もあります。〔『ファウスト』第二部で〕リュンコイスが語っている宝飾は、動物たちの生存闘争ばかりでなく、互いに傷つけ合う人間たちの生存闘争の恐怖を隠すヴェールではないのか。実在とは、互いに争い合う自然の諸部分の恐ろしい戦いの結果ではないのか。ストア主義者は、われわれの擬人化された表象とは独立に、自然をあるがままに見なければならないと言います。この厳しさのなかには、何か真実なものがあります。自然についての映画で、野獣が餌食を貪り食う場面がありますが、それはこの恐怖が最終的には一種の見事さであることを想定しているのです。そしてすでにアリストテレスは、自然のなかで恐ろしくて怪物的なものを見れば不快感を覚えるのに、芸術作品のなかではそれを賞賛するのはなぜだろうと問い、驚異の気持ちを表しています。〈自然〉を真に知る者はその不快な面も愛さなければならない。〈自然〉はその業(わざ)のすべてのうちに、何か驚異的なものをもっているのだ、と彼は言っています。[*19]
しかし苦しみと悲惨に喘ぐ無数の人間にとって、この世界に在ることが真にすばらしいものだとは思われないでしょう。それらのものは見る対象としてはすばらしいが、そのなかの一者であることはまったく別のことだ、とショーペンハウアーも言っています。まさにそれらのなかの一者であると意識的に認める勇気にこそ、哲学的な生はあるのです。モンテーニュが言うように、ある人間たち、それもしばしば非常に単純で、まったく「普通の」人々が、その勇気をもち、そして哲学的な生に到達します。苦しんで絶望的な状況にあるときでさえ、時折、この世界のなかに在ることはすばらしい何ごとかである、という思いに到達することがあるのです。モントリオールでの学会のあとで、聴衆の一人が私に、獄中のローザ・ルクセンブルクの書簡をお読みなさいと言いました。そこには私が話したことと類似したことが書かれている、ということでした。私は一九一七年から一八年までの捕囚中の彼女の手紙を読み(彼女は一九一九年に死刑に処せられた)、その一つひとつに世界の美への賛歌を見いだした。彼女は空や雲、花や鳥たちを讃え、「このような空の下でなぜ人々は悪意と狭量な心をもてるのだろうか」と書いています。またあの英雄ソルジェニーツィンは『煉獄のなかで』において、寝床に横たわり破れた天

に越したものが一体何かあるだろうか」

(7) Sénèque, *Lettres à Lucilius*, 64, 6. 〔「ルキリウスへの手紙」『セネカ哲学全集』第五巻、前掲書、二四八頁〕

井を見据えている四人の感情を描き、「ただ存在するという喜びが私を身震いさせる」と書いています。[20]結局のところ、世界はおそらくすばらしくもあり、ときには残虐でもあるが、何よりもそれは謎である、ということでしょう。賛嘆の心は驚きとなり、啞然とさせ、恐怖にさえなりえます。ルクレティウスは、エピクロスが開示してみせた世界のヴィジョンについてこう言っています。「この光景を見ると、一種の神聖な歓びと恐怖の震撼が私を捉える」。神聖な歓びであると同時に畏怖でもあるものは、たしかに世界に対する私たちの関係の二つの要素です。しかし私が知る限り、この文章は、人間の経験のこうした次元に言及している古代では唯一のものです。さきに話したセネカの驚きを加えるべきかもしれません。いずれの場合もこの畏怖の戦慄は、ゲーテのファウストが、現実の謎めいた性質を前にしたときに人間が感じる聖なる畏怖と言っているものの前兆だと言えるでしょう。そしてそれは、世界に対して私たちが抱く意識が強化されたものであるがゆえに、「人間性の最高の部分」であるとゲーテのファウストは言っています。近現代の思想家たち、シェリング、ゲーテ、ニーチェ、フーゴー・フォン・ホフマンスタール、リルケ（その「第一の悲歌」には「美は畏れの始まり以外の何ものでもない」とある）[21]、そしてメルロ＝ポンティもまた、世界の実在のうちには不思議と神秘とがあるということを、古代の人々よりもいっそうよく説明し、またいっそう強く感じていたのです。人はこの聖なる畏怖を意識的に生み出すわけではありませんが、その感覚に捉われた稀な機会には、そこから逃れようとしてはならない。私たちは言葉にならない存在の神秘に直面する勇気をもたなければならないのです。

結びとして

ここで私の友人たちに、深い感謝を述べる時となりました。長い間私の同僚であり友人であったアーノルド・I・デイヴィッドソンとジャニー・カルリエに、まず謝意を述べたいと思います。彼らは重要な問題に関する私の考えを敷衍し、それを説明する助けをしてくれました。またエレーヌ・モンサクレは、この対談の実現に役立つような、あらゆる助力をしてくれました。彼女の惜しみない励ましと助力に、心から感謝しています。私の親しい同僚であるサンドラ・ロージエ、ジャン＝フランソワ・バローデそしてアラン・スゴンから受けた貴重な助言もありがたいものでした。彼らは本書の最終稿を読み直し、いくつかの大切な指摘をしてくれました。したがって本書は、親愛さと友情のなかで生まれたのです。

この『対談』の結びとして、私は『エピクテトスの人生手引書』の著者アッリアノスと同じ方法をとりたいと思います。その書物の終わりに、彼は自らが語ろうとしたことのすべてを要約していると思われる、他の著述家の文章をいくつか引用しています。[*1] 私の場合は、本文で引用、あるいは全文を引用できなかったテクストを、年代順の短いアンソロジーにしてみます。それは実存の感覚、あるいは「大海原にいる」宇宙的感覚に関する文章です。解釈をつけることは、むしろそれらを味気なくすることでしょう。文章はそれ自身で語っているからです。それはまた読者の方々に間接的な方法で思いを伝える一つの方法となるでしょう。

荘子

私が〈道〉(タオ)について知っていたことは、醸造桶に閉じ込められたハエが知りうるほどのことでしかなかった。師が蓋を開けてくれなかったなら、私はいつまでもこの世界をその壮大な全体として知ることはなかっただろう。(1)

セネカ

私自身としては、知恵というものについて長い間思い巡らす習慣があった。それはこの世界を見るのと同じ驚異、時折この世界を初めて見たかのように見るときがあるのと同じ驚異の念を覚えさせるのである。(2)

パスカル

私は、だれがいったい私をこの世に置いたのか、この世が何であるか、私自身が何であるかを知らない。〔…〕私は、私を閉じこめている宇宙の恐ろしい空間を見る。そして自分がこの広大な広がりのなかの一隅（いちぐう）につながれているのを見るが、なぜほかのところでなく、このところに置かれているか、また私が生きるべく与えられたこのわずかな時が、なぜ私よりも前にあった永遠のすべてと私よりも後にくる永遠のすべてのなかのほかの点でなく、この点に割り当てられたのであるかということを知らない。私はあらゆる方面に無限しか見ない。それらの無限は、私を一つの原子か、一瞬たてば再び帰ることのない影のように閉じこめているのである。私の知っていることのすべては、私がやがて死ななければならないということであり、しかもこのどうしても避けることのできない死こそ、私の最も知らないことなのである。[3]

ルソー

他のすべての情念をそぎ落とし、ただ存在する、ということを感じることは、それ自体、満足と

（1） Tchouang-Tseu, *L'Œuvre Complète*. XXI, *T'ien Tseu Fang*, dans *Philosophes taoïstes*, *op. cit.*, p. 244.

（2） Sénèque, *Lettres à Lucilius*, 64, 6. 〔『セネカ哲学全集』第五巻、前掲書、二四八頁〕

（3） Pascal. *Pensées*, § 194 de l'éd. Brunschvicg, Paris, 1971, p. 418. パスカルは懐疑のなかに身を置く人間の感情を表現しているが、そこには存在の謎を描いたみごとな描写が見られる〔パスカル『パンセ』前田陽一・由木康訳、中公文庫、一九七三年、一四三―一四四頁〕。

平穏の貴重な感覚であり、この世で絶えず私たちの平穏を乱し悩ませる官能的、世俗的な印象のすべてを取り除くすべを知っている人においては、ただこの感覚だけで、彼の存在を貴重で快いものとするのに十分だろう。

彼はこのみごとな体系(4)の無限性と一体化し、甘美な酔い心地に我を忘れるだろう。そのときすべての特殊なものごとは彼から離れ去り、彼が見、また感じるのはただ全体のみとなるであろう。(5)

カント

しばしば、そしてつね日ごろ考えるにつれて、いっそう新しくいっそう増大する賛嘆と畏敬の念で心を満たしてくれる二つのものがある。それは私のはるか上に見える星空と、私の中にある徳の法則である。……私はこの二つを自分の実在の意識に直接に結びつけるのである。(6)

ゲーテ

神聖な畏怖、そこに人間が持つ最善の部分があるのだ。この感動を得るために世界が要求する値は非常に高いが、この衝撃のなかでこそ、人は驚異的な真理を身をもって感じ取るのだ。(7)

私が存在するのは驚異のゆえである。(8)

原現象を直接に知覚することは、われわれを一種の不安に落とし入れる。(9)

ウィリアム・ブレイク

一粒の砂に世界を見、
野の花に天空を見る。
手のひらのなかに無限を抱き、

---

(4)「全体」の意。

(5) 引用は *Les Rêveries du promeneur solitaire*, 第五および第七の散歩より。〔『孤独な散歩者の夢想』前掲書、八八、一一一頁参照〕

(6) Kant, *Critique de la raison pratique*, *op. cit.*, p. 175.〔カント『実践理性批判』前掲書、三一七頁参照〕

(7) Goethe, *Second Faust*, *op. cit.*, vers 6272.〔『ファウスト』第二部、前掲書、一一一頁参照〕

(8) Goethe, *Parabase*, vers 12.〔「パラバーゼ」『ゲーテ詩集　四』竹山道雄訳、岩波文庫、一九五七年、七〇頁参照。「われはただここに瞠目する」〕

(9) Goethe, *Maximes et reflexions*, §16, Hamburger Ausgabe, p. 367.〔『箴言と反省』小口優訳、春秋社、一九四九年、九一頁。「形態学のための冊子より」参照。「原現象が我々の感官に剝き出しに現れるとき、我々はそれに対して一種の畏怖を、不安なほどの畏怖を感ずる。感性的な人たちは驚異のなかに逃れる。しかし早速行動的な媒酌人の悟性が現れ、彼流に最も高貴なものを最も卑俗的なものに連結させようとする」〕

ひと時のなかに永遠を見る。[10]

ヘンリー・デイヴィッド・ソロー

風に震えるハンノキやポプラの葉に共感して、私はほとんど息もつけなくなる。でも湖のように、静かな心はさざ波を立てるがかき乱されはしない。

なぜ孤独を感じる必要があろうか。私たちの地球は天の川のなかにあるではないか。

私は〈自然〉のなかを不思議な自由さをもって行き来する。〈自然〉の一部となって。

おそらく最も驚異的で最も真実なことがらは、決して人から人へ伝えることはできないだろう。私の日常生活の真の収穫は、夜明けや日没の色のように、何か捉え難く描き難い。それは私が通りがかりにふと手にしたわずかな星くず、虹のひとかけらなのである。[11]

ニーチェ

私たちが一つの、唯一の瞬間に「然り」と言ったと仮定しよう。そのとき私たちは自分自身に対してのみならず、全存在にたいして「然り」と言ったことになるだろう。私たち自身においてのみならずすべての存在において、孤立したものは何もないからだ。そしてもし、ただ一度だけでも、幸福が私たちの心を震わせ反響させることがあったならば、すべての永遠なるものがこの唯一の出来事の条件を創り出すのに必要だったので、私たちが「然り」と言ったその唯一の瞬間に、すべての永遠性が認められ、贖われ、正当化され、明らかにされることだろう。[12]

フランシス・トンプソン

あらゆるものは
近いものも遠いものも、
何か隠された方法で
互いに結ばれ合っている。

(10) William Blake, *Augures d'innocence. Œuvres de W. Blake*, trad. de P. Leyris, t. II, Paris, 1977, p. 152–153.〔ウィリアム・ブレイク「無垢の予兆」("Auguries of Innocence"), ll. 1–4〕

(11) Henry David Thoreau, *Walden*, trad. Landré-Augier, Paris, Aubier, 1967, p. 253–255; p. 379.〔ソロー『ウォールデン――森の生活』今泉吉晴訳、小学館文庫、二〇一六年、上巻、三四〇―三四一頁（第五章「独り居」）および下巻、一二二―一二三頁（第一一章「法の上の法」）参照〕

(12) Nietzsche, *Fragments posthumes*, fin 1886 – printemps 1887, 7 [38], t. XII, Paris, Gallimard, p. 298.〔『遺された断想』『ニーチェ全集』第九巻（第II期）、三島憲一訳、白水社、一九八四年、三八七―三八八頁参照〕

だから一輪の花を摘めば
一個の星を悩ませずにいないのだ。(13)

フーゴー・フォン・ホフマンスタール

大部分の人々は生のなかに生きているのではなく、見かけの像のなか、一種の数的記号のなかに生きているので、そこには何も存在せず、ただ符号化されているだけなのです。私はあらゆるものの存在を深く体感したいと思うのです……。(14)

人は一つのことを、完全にそれがあるがままに語ることはできない。(15)

彼は広い田園のなか、草原を通って歩いていました。十六歳の少年でした。そのとき彼が空を見上げると、上空のたいへん高いところに一群れの白鷺が渡ってゆくのを見た。青い空の上に生き生きと動く鳥の白さ、輝き合う二つの色のほかには何もありませんでした。言葉にならないこの永遠の感情が一瞬彼の魂を貫き、それまでつながっていたものを解き、解かれていたものをつなげて、彼は死んだかのように倒れたのです。(16)

ライナー・マリア・リルケ

私たちは自分たちの存在を可能な限り完全に受け入れなければなりません。あらゆるものが、不可能と思われるものでさえも、そこでは可能になるのです。基本的に私たちに要求される唯一の勇気は、不可思議なもの、驚異的なもの、説明不可能なものに直面することです。……説明不可能なものへの恐怖は、たんに個人の経験のみならず、人間と人間の関係を貧弱にし、彼らを無限の可能性の大河から逃れさせて、川岸のどこか安全な場所に避難させてしまうのです。(17)

ウィトゲンシュタイン

特筆すべき私の経験……それを説明する最善の方法は、私がその経験をするとき、私は世界の実

---

(13) Francis Thompson. "La Maîtresse de Vision", *Poèmes choisis*, tr. P. Danchin, 一部変更, Paris, 1961, p. 186.〔フランシス・トンプソン(1859–1907)英国の詩人。"The Mistress of Vision", ll. 150–155〕

(14) Hugo von Hofmannsthal, "Lettre à Edgar Karg"(一八九五年六月十八日)。J.-Cl. Schneider et A. Kohn による H. von Hofmannsthal, *Lettre de Lord Chandos et autres textes*, Paris, 1992, p. 223 からの引用。

(15) *Ibid.*

(16) H. von Hofmannsthal, "Lettres du voyageur à son retour", *Lettre de Lord Chandos*, *op. cit.*, p. 156–157. ラーマ・クリシュナに関する言葉。〔「帰国者の手紙(五)」『チャンドス卿の手紙』前掲書、二一八頁参照〕

(17) Rainer Maria Rilke, *Lettres à un jeune poète*, Paris, Grasset, 1937, p. 92–93.〔リルケ『若き詩人への手紙』高安国世訳、新潮文庫、一九五三/二〇二〇年、六三―六四頁(一九〇四年八月十二日付)参照〕

在に驚嘆する、と言うことである。……そしていま世界の実在への驚嘆という経験を、次のように言おうと思う――それは世界を一つの奇跡として見る経験であると。[18]

ポール・セザンヌ

物質の小さな一かけらのなかにある広大無辺なもの、世界の奔流。[19]

アンリ・ラボリ

大海原にいるときの経験は、個人間の関係に引き戻されるにはあまりにも全世界的(グローバル)で、神秘的な経験である。……文化的空間のうちにある個人同士の関係と、海で美しい星空のもとに一人でいるときに経験するものとの間には、本質的な違いがあるのだ。宇宙の見事さと広大さとに感動して、この全世界的(グローバル)空間のなかに飲み込まれたのを感じ、そこに参与すること以外の何ごともできず、言葉でこれを説明することもままならない。……大海のなかでは、私はもはや私自身ではなく、〈宇宙(コスモス)〉なのだ。[20]

(18) Wittgenstein, "Conférence sur l'éthique", *Leçons et conversations*, Paris, 2000, p. 148, 153. trad. Fauve, 一部変更。
(19) J. Gasquet, *Cézanne*, Paris, 1988, p. 154.
(20) 生物学者ラボリ (Henri Laborit) の言葉。*Le Monde du Dimanche*, 一九八三年四月二十四日。

訳注

はじめに

＊1　Sentiment océanique　ロマン・ロランがジグムント・フロイト宛に書いた手紙（一九二七年十二月五日付）に見られる表現。「あなたに分析していただきたい感情があるのですが、それは自然発生的に起こってくる宗教的な感情というか、もっと正確に言えば宗教的感覚で、それは本来の宗教という意味とはまったく異なっていて、もっと永続的なものです。〔…〕つまりドグマや信条からは独立した〔…〕単純で直接的な「永遠なるものの感覚」（それ自身が永遠になれるということではなく、ただ単に大海原にいるように、目に見える限界を持たない、という感覚）なのです」。Henri Vermorel et Madelaine Vermorel, *Sigmund Freud et Romain Rolland, Correspondence 1923–1936*, Presses universitaires de France, 1993, p. 304.　またベルナール・デュシャトレ『ロマン・ロラン伝』村上光彦訳、みすず書房、二〇一一年、三〇三頁参照。

＊2　ホラティウス『歌集』一・一一、『ホラティウス全集』鈴木一郎訳、玉川大学出版部、二〇〇一年、三一〇頁参照。

第一章　教会の法衣のもとで

＊1　ルクレティウス『物の本質について』樋口勝彦訳、岩波文庫、一九六一年、一一四頁参照。「一種神聖なる喜悦が私を捉え、また戦慄が私を捉える。これ、ひとえにあなた〔エピクロス〕の力によって、自然がかくも明らかにされ、

くまなく姿を露呈するに至ったからである」。

＊2 「形而上学は今日単純になり、いっそう生命に接近しようと勤めていると思われます。〔…〕私はこれが何か革命的なことであるとは思いません。〔…〕言葉の複雑さに惑わされて精神の単純さを見失ってはならないと思うからです。出来上がった学説だけを見て〔…〕哲学のなかにある本質的に自発的なものに気づかないおそれがあります」。アンリ・ベルクソン「哲学的直観」原章二訳、『思想と動き』平凡社ライブラリー、二〇一三年、一七〇頁ほか参照。

＊3 教皇ピウス十二世が一九五〇年八月十二日に発した回勅で、「カトリックの教義の基礎を掘り崩す恐れのある現代のもろもろの誤った見解」に対抗する内容であった。

第三章　哲学の言述

＊1 Cicero, *De finibus.* キケロ「善と悪の究極について」『キケロー選集』第一〇巻、永田康明・兼利琢也・岩崎努訳、六〇、六二頁。「まず最初に、私が、近頃の哲学者のように、何らかの説を（既定のものとして一括して）講義しようとしているとはお考えにならないようにお願いします。そのやり方は、哲学者自身が手がけたものを見ても、うまくいっているとは思われたためしは、私には一度もありませんでした。〔…〕一つ一つの論点ごとに立ち止まり、双方〔講演者と聞き手〕が何を認め何を認めないかを確認した上で、承認された論点から主張すべき考えを導き出し、結論に到達するというやり方のほうが、さらに得るところが大きいと思います」。

＊2 『エピクロス——教説と手紙』出隆・岩崎允胤訳、岩波文庫、一九五九年、四三—六四頁参照。

＊3 デカルト『哲学原理』桂寿一訳、岩波文庫、一九六四年、三一—三四頁参照。

第四章　解釈・客観性・誤読

＊1 ハイデガー『形而上学入門』川原栄峰訳、平凡社ライブラリー、一九九四年、一八八頁参照。「physis kryptesthai phílei 存在（発現する現象）は自己において自己隠蔽へと傾く。存在とは発現する現象であり、隠蔽性から離脱することであるから、存在には本質上隠蔽性が属しており、隠蔽性からの由来ということが属している。〔…〕存在はいつもこの由来へと振り向き傾いている」。

＊2　フッサール『デカルト的省察』船橋弘訳、中公クラシックス、二〇一五年、二九四頁。「デルフォイの神殿に掲げられていた「汝自身を知れ」ということばは、こうして新しい意義を獲得することとなった。実証科学は、世界を喪失している学問である。普遍的な自己省察によって世界を再び獲得するためには、われわれはまず最初に、判断中止によって世界を放棄せねばならない。アウグスティヌスは次のように語っている。「外にゆこうとしないで、汝自身のうちに帰れ。真理は人の心のうちに宿っている」と」。

アウグスティヌスの言葉は「真の宗教」『アウグスティヌス著作集』第二巻、茂泉明男訳、教文館、一九七九年、三五九頁参照。

第五章　合一体験と哲学的生

＊1　ウィトゲンシュタイン『論理哲学論考』藤本隆志・坂井秀寿訳、法政大学出版局、一九六八年、一九九頁参照。

＊2　フーゴー・フォン・ホフマンスタール『チャンドス卿の手紙』檜山哲彦訳、岩波文庫、一九九一年、一一五頁参照。

＊3　P. Hadot, *Plotin ou la simplicité du regard*, Gallimard, 1997, p. 200–201 参照。「本書において実際私は、プロティノスが感覚の世界においた価値を強調した。しかしそれでもプロティノスの目からは、感覚界は、そこから遠ざからなければならない下位の劣った世界だったのである。なぜ私たち人間は現在の瞬間の無尽な豊かさのなかに、そしてもっと具体的でありふれた、日常的で慎ましいもののなかに〔…〕同じように言語を絶した、神秘的で超越的な、そしておそらくは絶対的なものを見出せないというのだろうか〔…〕。「すべてを取り去れ」とプロティノスは言ったが、生きた人間の反論として「すべてを受け入れよ」とも言うべきではないだろうか」。

＊4　『プロティノス全集』第四巻、田中美知太郎・水地宗明・田之頭安彦訳、中央公論社、一九八七年、四七八―四八一頁（VI, 7, 34）参照。「その時〔人間の〕魂は、もはや肉体も〔…〕意識しないし、自分がほかの何かであると言いもしない。人間とも、生きものとも、有るものとも、すべてのものであるとさえも。〔…〕そして魂は、これらのものにかかずらう暇ももたず、それを望みもしないで、ひたすらかのもの〔一者〕を探し求めて、（常に）臨在しているかのものに出会い、我を忘れて、かのものを眺める」（四八〇頁）。

＊5　同前、五六三―五九七頁（VI, 9）。次の引用は五九七頁より。「〔一者との合一体験において〕もし自分がこのようなものになるのを視るにいたるならば、そこに人は自己をかのものの似姿としてもつことになるわけである。〔…〕そしてそのような観照から外れて下へ落ちてくるにしても、またふたたび自己のうちの徳を呼び起こして、〔…〕またふたたびわが身は徳の力によって軽くなり、知性にいたって、知恵を通して直接かのものに到達することになるのであろう」。

＊6　Paul Claudel, *Vers d'exil*, VII, *Œuvre poétique*, Bibliothèque de la Pléiade, Gallimard, 1967, p. 18 にある詩句。

＊7　『プロティノス全集』第四巻、前掲書、五九四頁。「かのものを観ていたときには、それを自分とは異なるものとしてではなく、むしろ自分と一体をなしているものとして見たのであるのに、それをどうして人は自分とは異なるよそごととして語り伝えることができるであろうか」。

第六章　精神の修練としての哲学

＊1　エピクロスは「ヘロドトスへの書簡」において、原子の不可分性、ものの性質の本属性と偶発性、天界、気象界の現象に関する知識などを述べたのちに、結びとして次のように書いている。「以上の原則的な事柄こそは、これを記憶しておけば、たえずかれ自身の研究の助けとなるであろう。〔…〕だが、いまだ十分な意味では入門の課程を卒えた者のなかには数えられないような人々でも〔…〕この摘要によって、最も速やかに、最も重要な事柄にかんする過程

を習得し、それによって霊魂の安らいを得ることができる」。『エピクロス――教説と手紙』前掲書、四一―四二頁。

＊2　アリストテレス『動物誌（下）　動物部分論』『アリストテレス全集』第八巻、島崎三郎訳、岩波書店、一九八八年、二八二頁。「感じの悪い動物でも、それを観察するということになると、造化の自然は、原因を認識しうる人々や生まれながらの哲学者たちには、いいしれぬ楽しみを与えるものだからである。〔…〕自然物には偶然性ではなく一定の目的性が、しかも最も良く認められるからであって、その村立や生成の目的は美の領域に属することである」。

第七章　生き方としての哲学、知の探求としての哲学

＊1　Henry David Thoreau（1817–1862）　アメリカの詩人。ソローは『ウォールデン』のなかでこの考えを繰り返し暗示しているが、たとえばインドのダモダラ（クリシュナの別名）の言葉としてのような引用がある。「この世界に広大無辺な地平線を自由に徘徊できる人がいれば、それほど幸せな人はいない」。『ウォールデン――森の生活』上巻、今泉吉晴訳、小学館文庫、二二九頁。

＊2　キケロ「アッティクスへの手紙」『キケロー書簡集』高橋宏幸編、岩波文庫、二〇一八年、二九九―三〇四頁（A172（9・6））参照。

＊3　『パイドン』松永雄二訳、『プラトン全集』第一巻、岩波書店、一九七五年、三四一―三四三頁（115 c–d）。

＊4　スピノザ『エチカ』下巻、畠中尚志訳、岩波文庫、二〇〇四年、七九頁（第四部、定理六七）参照。

＊5　『セネカ哲学全集』第五巻『倫理書簡集1』高橋宏幸訳、岩波書店、二〇〇五年、一七七頁参照。

＊6　『ソクラテスの弁明』田中美知太郎訳、『プラトン全集』第一巻、前掲書、八七頁。

＊7　マルクス・アウレリウス『自省録』神谷美恵子訳、岩波文庫、二〇〇七年、一二〇頁（Ⅶ、13）。「四肢と胴とが一つの体を形成する場合と同じ原理が理性的動物にもあてはまる。〔…〕彼らは各々別の個性を持っているが、協力すべくできているのである。君が自分に向かって「私は理性的動物によって形成される有機体の一肢（μέλος）である」

とたびたびいって見れば、この考えはもっと君にピンとくるであろう」。

＊8　プラトン『書簡集』長坂公一訳、『エピノミス・書簡集』『プラトン全集』第一四巻、岩波書店、一九七五年、一一七頁参照。

＊9　『ニコマコス倫理学』加藤信朗訳、『アリストテレス全集』第一三巻、岩波書店、三四一頁以下（第一〇巻第七章）参照。「完全な幸福が一種の観想活動であることは次のように考察してみても明らかになるだろう。われわれは神々を他の何よりも幸いなもの〔…〕とみなしている。だが、どのような行為を神々が持つとみなすべきであろうか。〔神は人間的な行動もせず、欲望も持たない〕それゆえ、神の活動は他に抜きんでた幸いな活動として、観想活動であることになろう。それゆえまた、人間の活動のなかでも、これにもっとも類縁の活動がもっとも幸福な活動であることになろう」（三四六―三四七頁）。

＊10　Vladimir Jankélévitch, *Quelque part dans l'inachevé*, xviii. ウラジミール・ジャンケレヴィッチ『仕事と日々、夢想と夜々』仲沢紀雄訳、みすず書房、一九八二年、一八八頁。「放浪の旅人〈ユーモア〉」の結びの文。ジャンケレヴィッチはチャップリンの映画の終わりの場面を思い出して次のように書いている。「シャルロ〔チャップリン〕が道を遠ざかってゆき、ついには遠い地平線のほうに消え去るのをよく見る。〔…〕終わることのない《ほか》へ向かって行く。〔…〕それはわれわれを道端に置き去る。リルケの美しい表現を借りれば、われわれをどこかあるところで終わりなきままに置き去るのだ」。リルケでは『マルテの手記』大山定一訳、新潮文庫、第一部、一五一―一五二頁参照。「僕は子供のころから音楽に対してひどく不安であった。（〔…〕音楽が僕を再び元の場所へ連れ帰さないいで、さらにもっと深いどこかわからぬ混沌とした地底へ突き落としてしまうことに気づいたからだ）」。

第八章　ソクラテスからフーコーまで――ひとつの長い伝統

＊1　メルロ＝ポンティ『哲学者とその影』木田元・滝浦静雄訳、みすず書房、二〇〇一年、三九―四〇頁参照。

＊2　『パイドン』『プラトン全集』第一巻、前掲書、三四八頁（118）。

＊3　一九一一年に行なわれたベルクソンのハックスレー記念講演「意識と生命」には次のようにある。「哲学はもはや、一人の思想家の体系的思考の構成ではない。それは研究による追加や訂正を絶えず必要とするであろう」（Henri Bergson, *La Conscience et la vie*, Presses universitaires de France, 2011, p. 4）。また「思索する前に生きなければならない」（ベルクソン『思考と動き』原章二訳、平凡社ライブラリー、二〇一三年、五三頁（「序論」第二部 §34, 同書 七二頁）および「変化の知覚」（§152, 同書、二一六頁）など参照。

＊4　ベルクソン『創造的進化』合田正人・松井久訳、ちくま学芸文庫、二〇一〇年、一二五頁。「自然は目を造るのに、私が手を挙げる程度の苦労しかしなかった」。しかしさらに続けてベルクソンは、手を動かす動作が鉄くずのような抵抗物のなかで行なわれると考えたときの、その瞬間ごとの抵抗物の配置を、視覚器官の構造の複雑性に喩えている。同書一二八—一二九頁参照。

＊5　プラトン『饗宴』鈴木照雄訳、『プラトン全集』第五巻、岩波書店、一九七四年、九七頁以下（211-212 *et. al.*）に見られるディオティマの言葉参照。「それが〔…〕恋の道を進む正しい進み方だからです。つまり、地上のもろもろの美しいものから出発して、絶えずかの美しいものを目的として上昇して行くのですが、その場合ちょうど階段を使うように、一つの美しい肉体から二つの美しい肉体へ、〔…〕すべての美しい肉体へ、そして〔…〕美しいかずかずの人間の営みへ、人間の営みからもろもろのうつくしい学問へと登って行き、最終的にはそのもろもろの学問から、ほかならぬかの美そのものを対象とするところのかの学問に行き着いて、まさに美であるそのものを遂に知るに至るというわけなのです」。

＊6　メルロ＝ポンティ『知覚の現象学』中島盛夫訳、法政大学出版局、一九八二年、二四—二五頁参照。

＊7　同前。

＊8　ウィトゲンシュタイン『論理哲学論考』前掲書、一九八—一九九頁参照。

＊9　ウィトゲンシュタイン『哲学探究』鬼界彰夫訳、講談社、二〇二〇年、二五九―二六〇頁（404, 405）参照。

＊10　vindicare sibi『セネカ哲学全集』第五巻、前掲書、三―四頁参照。「あらゆるものは他人のものだが、時間だけは私たちのものだ。〔…〕君には君のもの〔時間〕を大事に守ってほしい」というセネカの言葉。

＊11　プラトン『国家』藤沢令夫訳、『プラトン全集』第一一巻、岩波書店、一九七六年、四一八―四二六頁（VI, 484a-487a）参照。

＊12　メルロ＝ポンティ『哲学者とその影』前掲書、三―七一頁。

＊13　リルケ「ゆたかな林檎よ」『リルケ詩集』富士川英郎訳、新潮文庫、一八八頁。「子供の顔からそれを読みとるがいい／彼が果物を味わうときに。それは遠いところから来るのだ／君たちの口のなかがおもむろに名状しがたくなりはしないだろうか／いつもは言葉があったところに新しい発見が流れる／果肉のなかからふいに解き放されたものが」。

＊14　フーゴー・フォン・ホフマンスタール「外側の生のバラード」『ホフマンスタール詩集』川村二郎編訳、小沢書店、一九九四年、二六―二七頁。「誰かがふと「夕ぐれ」というならば、その味わいはどうだろう／たった一つの言葉から深い意味と哀しみがしたたる」。また『チャンドス卿の手紙』檜山哲彦訳、岩波文庫、一九九一年、一一五頁には、「園丁が置き忘れた、半分水のはいっている如露をくるみの木のしたにみつけ、この如露と、木の下に翳になっている水と、はっきりと見えない端から端へと水面をすいすい泳ぎまわっている一匹の水すましと――これらのつまらないものの組み合わせが、かの無限なるものを現前させ、私をふるえおののかせます」という文章がある。

＊15　ウィトゲンシュタイン『論理哲学論考』前掲書、二〇〇―二〇一頁参照。「哲学の正しい方法とは本来、次のごときものであろう。語られうるもの以外なにも語らぬこと。ゆえに、自然科学の命題以外なにも語らぬこと。〔…〕この方法はその人の意にそわないであろうし、彼は哲学を学んでいる気がしないであろうが、にもかかわらず、これこそが唯一の厳正な方法であると思われる。〔…〕読者はこの書物を乗り越えなければならない。そのときかれは、

世界を正しく見るのだ。語りえぬものについては、沈黙しなければならない」。

第九章　受け入れがたいもの？

＊1　『人間的、あまりに人間的』Ⅱ、中島義生訳、ちくま学芸文庫、一九九四年、一五八頁（第一部二一八）。「ギリシア人たちについて語るとき、同時にわれわれは知らず知らずに今日や昨日のことを語っている。〔…〕こうしてギリシア人たちは、近代人のために、いろいろな言い難い、しかし重大なことをひとに伝えやすくしてくれる」。

＊2　『国家』『プラトン全集』第一一巻、前掲書、四二三頁（486 a）。

＊3　『パイドン』『プラトン全集』第一巻、前掲書、一八三頁（65 E）参照。「はたしてこのからだ（肉体）をつうじては、それら〔それぞれの存在の本来的なもの（ウーシアー）〕のもつ究極の真なるかたちは観られるだろうか」。

＊4　マルクス・アウレリウス『自省録』Ⅲ、2。前掲書、三六頁。

＊5　『ソクラテスの弁明』『プラトン全集』第一巻、前掲書、八五―八六頁（30 C）。ソクラテスのこの言葉はまた、エピクテトス「要録」53（『人生談義』下巻、國方栄二訳、岩波文庫、四〇四頁）に引用されている。

＊6　マルクス・アウレリウス『自省録』Ⅱ、13。前掲書、三一頁。

＊7　『ソクラテスの弁明』『プラトン全集』第一巻、前掲書、一一二頁。

＊8　『ティマイオス』種山恭子訳、『プラトン全集』第一二巻、岩波書店、一九七五年、三〇―三一頁。「話し手の私も、審査員のあなた方も、所詮は人間の性を持つものでしかないということ、したがって、こうした問題〔天体や万有の生成〕については、ただ〔…〕ありそうな言論をわれわれが与えることができるなら、それでよしとしなければなりません。〔…〕このようにして、かのありそうな言論に従えば、こう言わなくてはなりません。この宇宙は、神々の先々への配慮によって、真実、魂を備え理性を備えた生き物として生まれたのである、と」（三一―三二頁）。

＊9　『自省録』Ⅹ、10。前掲書、一九四頁参照。「ある人は子兎を、ある人は網で鰯を、ある人は猪を、ある人は熊を、

ある人はサルマティア人たちを捕まえて得意になる。ところでこれらの人々の（行動の）原理を検討してみれば、みな盗人ではないか」。

＊10　『自省録』Ⅷ、35。前掲書、一五四頁参照。「あたかも自然が自己に干渉するものや反対するものをことごとく自己の目的にかなうように形成し、〔…〕自己の一部となしてしまうように、理性的動物もその目的とするところがなんであろうと、あらゆる障害物を自己の素材としてそのために利用することができるのである」。

＊11　エピクテトス「要録」8、『人生談義』下巻、前掲書、三六六頁。「出来事が君の欲するように起きることを願ってはならない。むしろ、出来ごとが起きるがままに起きることを願うのがよい。そうすれば、道が開けてくるだろう」。

＊12　プラトン『テアイテトス』水地宗明訳、『プラトン全集』第二巻、岩波書店、一九七四年、二八四頁（176 A）。

＊13　セネカ「賢者の恒心について」『セネカ哲学全集』第一巻、四八頁参照。戦いに敗れて家族や家財を戦利品として奪われた哲学者スティルポンが、何を失ったかと聞かれて「何もない。私のものは皆、私のもとにある」と答えた言葉を指しているものと思われる。

第十章　いま在ることがわれわれの幸福

＊1　ゲーテ『ファウスト』第二部第3幕（ll. 9381–9382）『ファウスト　第二部』相良守峯訳、岩波文庫、一九五八年、三一七頁。

＊2　『ゲーテ詩集』高橋健二訳、新潮文庫、一九五一年、二二七―二二八頁参照。

＊3　『ファウスト』第二部第3幕（ll. 9381–9382）、前掲書、三一七頁。

＊4　『ゲーテ格言集』高橋健二編訳、岩波文庫、一九五二年、二一九頁。「気持ち良い生活を作ろうと思ったら／済んだことをくよくよせぬこと／滅多なことに腹を立てぬこと／いつも現在を楽しむこと／とりわけ人を憎まぬこと／未来を神にまかせること」（傍点訳者）。

＊5　『ファウスト』第一部「書斎」2（ll. 1699-1701）『ファウスト　第一部』相良守峯訳、岩波文庫、一九五八年、一一五頁。「私がある瞬間に対して、留まれ、お前はいかにも美しい、と言ったら、もう君は私を縛り上げてもよい」（傍点訳者）。この場合の「瞬間」は神秘的高揚の一瞬であるが、前注の格言の「現在」は、日常的な経験のなかで繰り返し継続しうる瞬間である。

＊6　『ファウスト』第二部第5幕（ll. 11581-11586）、前掲書、四六二―四六三頁。倒れる直前の最後の場面で、ファウストは始めの「書斎」の場（前注）で語った言葉、「留まれ、お前はいかにも美しい」を繰り返すことになるが、そのとき彼はすでに死に瀕して、メフィストフェレスの鎖の及ばないところにいる。

＊7　マルクス・アウレリウス『自省録』Ⅵ、25。前掲書、一〇二頁。「我々各々の体や心の中にどれだけ多くのことが同じ瞬間のうちに起こるかを思いめぐらしてみよ。そうすれば我々が宇宙と呼ぶ唯一にして普遍的であるものの中にそれよりもっと多くのこと、というよりはむしろすべての出来事が同時に共存するとしても、君は驚かないだろう」。

＊8　アリストパネース〔アリストファネス〕『雲』高津春繁訳、岩波文庫、一九五七年、二二頁のソクラテスの台詞および二五―二六頁の雲の女神の合唱参照。またアポロニオス・ロディオス『アルゴナウティカ』岡道男訳、講談社文芸文庫、一九九七年、七一―七二頁（第一歌、1092-1116）参照。

＊9　ルクレティウス『物の本質について』前掲書、一一四頁。本書訳注第一章＊1参照。

＊10　ルキアノス『歴史の書き方について』。「歴史は、現在享受している称賛を喜び讃えるよりも、真実と、将来を予想する目をもって書かれなければならない。ここに公平な歴史のための規則と基準がある。この基準を守っているものがあるならば、私の書物もなんらかの役にたつことだろう」（*Lucian*, Vol. 6, "How to write History"), English tr. by K. Kilburn, Loeb Classical Library, 1959, p. 73)。

＊11　ボードレール「高翔（Élévation）」『悪の華』堀口大学訳、新潮文庫、一九五三年、三五―三六頁参照。

＊12　アインシュタインが一九四九年にあるラビに書き送った手紙。W. Sullivan, "The Einstein Papers: A Man of Many

Parts," *New York Times*, March, 29, 1972 に引用。この出典は本書の英訳、*The Present Alone is our Happiness*, tr. Marc Djaballah and Michael Chase, Stanford University Press, 2011, p. 205 の注に見られる。

＊13　エピクテトス「語録」『人生談義』上巻、前掲書、二〇七頁参照。

＊14　『セネカ哲学全集』第六巻『倫理書簡集Ⅱ』大芝芳弘訳、岩波書店、二〇〇六年、一八四頁。

＊15　Thomas Traherne, *Poems of Felicity. The Poetical Works Of Thomas Traherne, 1636?–1674: From The Original Manuscripts*, Franklin Classics, 2016, p. 103.

＊16　『ファウスト』第二部第3幕（ll. 9301 ff.）、前掲書、三一二頁以下参照。

＊17　リルケ『ドゥイノの悲歌』手塚富雄訳、岩波文庫、一九五七年、七〇頁参照（第九歌、l. 9）。

＊18　ウィトゲンシュタイン『論理哲学論考』前掲書、一九八頁（6・44）。「世界がいかにあるかが神秘なのではない。世界があるという、その事実が神秘なのだ」。

＊19　アリストテレス『動物誌（下）　動物部分論』前掲書、二八二頁。本書訳注第六章＊2参照。

＊20　ソルジェニーツィン『煉獄のなかで』上巻、木村浩・松永緑彌訳、新潮文庫、一九七二年、六五頁。

＊21　リルケ『ドゥイノの悲歌』前掲書（第一歌、ll. 4-5）。「美は／怖るべきものの始めにほかならぬのだから」。真の美は強烈なものであって、それにふれた人間を焼き滅ぼすほどの怖ろしいものだ、という含意をもつ言葉。同書の訳者による注解、九一頁参照。

結びとして

＊1　エピクテトス『人生談義』下巻、前掲書、三三〇―三五七頁。エピクテトスの弟子で編纂者アッリアノスは、この書の終わりに「断片」として、ストバイオス、ムソニウス・ルフス、アウルス・ゲリウス、アルノビウス、マルクス・アウレリウス、デモクリトス、アントニウス・メリッサ等から、三六の断片を集めて一つの章にしている。

訳者あとがき

本書は Pierre Hadot, *La Philosophie comme manière de vivre, Entretiens avec Jannie Carlier et Arnold I. Davidson*（Éditions Albin Michel, 2001）の翻訳である。

ピエール・アドは一九二二年パリに生まれた。一家はやがてランスに移り、そこでアドは両親、とくに母親の熱心な希望で神学校に入学し、初等、中等教育を受ける。母方の郷里はドイツ国境に近いアルザス＝ロレーヌ地方で、第一次大戦後フランスに奪還されたが、その地方ではしばらくドイツ語とフランス語がともに使われていたという。アドが両方の言語に耳馴れるようになっていたのは、そこで過ごした少年時代の記憶によるところが大きいのだろう。

ランスの町で大聖堂を見ながら神学校に通ったアドは、従順で努力家の少年であった。しかし少年期から青年期へと成長してゆく過程で、アドは神学校のあまりにも形式的な作法や処罰に疑念を抱くようになっていたという。それでも神学校で学んだキリスト教神学、そしてギリシア語やラテン語の古典的な書物への関心は、哲学史の学者としての彼の基礎となったことは確かである。一九三七年、十五歳で入学した高等神学校での生活はとくに楽しく、それはドストエフスキーやルソーなど、さまざまな近現代の文学者や哲学者の作品にも接することとなった実り多い時期であった。一九三九年には哲学のバカロレアを取得するが、その論題であったベルクソンの言葉――「哲学は、ある体系を構築するものではなく、自らの周囲を素直な目で見直すことである」――は、一貫してアドの思想を支えることになった。

この年代からわかるように、その後の彼の青年期は第二次世界大戦のただ中であった。四〇年に高等神学校はリュソンに避難し、アドはそこで初等神学校の子供たちの学監を務めながら哲学の学士号のための勉強を続けている。また大戦中は、日本の太平洋戦争中にもあったような「勤労動員」があり、アドはヴィトリ＝シュル＝セーヌの鉄道車両の修理工場で機械工として動員された。こうした実体験は、その後の学究者としての生活の背後にある実社会のさまざまな問題に対して、彼の目を開かせる要因となったと思われる。学問の世界ではいわゆるエリート・コースを辿ってこなかった彼が、一人の著名な古典学者として認められるようになったのは「幸運に過ぎないのだ」とアドは言っているが、学問の世界にも見られるさまざまな人間関係に対する彼のやや皮肉な視点も、彼が経てきたその時代の経験から来るところが少なくないと思われる。アドが紀元二世紀の動乱の時代にローマで皇帝となった哲学者マルクス・アウレリウスに特に惹かれ、主著の一つ『内面の砦』（*La citadelle intériuere*, 1992）を著したのも、哲学者としてよりもまず人間としてどのように生き判断するかをつねに考えたマルクス・アウレリウスに学ぼうとするところが大きかったと思われる。

本書には、他著にも見られるように、ヘラクレイトスに始まりソクラテス、アリストテレス、プラトン、プロティノス、エピクロス、ルクレティウス、キケロ、セネカ、そしてエピクテトス、マルクス・アウレリウス等々、多数の哲学者の名が現れる。そしてそれぞれが、神、人間、倫理、社会、そして自然についての考察を行なっている。しかしその多様な思想家のなかにアドが見る視点には、一つのメインテーマ、そしてそれを取り巻くようないくつかのサブ・テーマがあるのがわかるだろう。まず本書のタイトルに見る「生き方としての哲学」である。このタイトルは、著者本人も認めるように、あまり魅力的ではないかもしれない。本書でよく使われている「精神の修練（exercice spirituel）」も、ただの徳育と思われる可能性がある。それを承知の上でアドはこれらの言葉を使っている。哲学とは情報を与える（informer）ものではなく、精神を育成してゆく（former）ものであるということ、また修練（exercice）とは実際に精神を、そしてものを見る目を変容させる訓練であって、日常の見慣れたものを新しい視線で眺め直すことなのである。マルクス・アウレリウスの『自省録』（*ta eis heauton*）は「抽象的に終わってしまう哲学の言述（ディスクール）を自分自身のなかに復活させるため」だった（一八七頁）。そしてアリストテレスが言ったように「学問が分かるためには、それらの言葉が、いわば一つの根から出て生い茂るように相互に結び合わなければならないが、そのためには時間を要する」のである（一五三頁注）。

ローマ・カトリック教会の厳格な教えのもとで育ったアドは、二十二歳で司祭に叙階されているが、彼自身の宗教的感覚は教会で教えられたものとは異なっていた。少年時代に彼は一種の神秘的経験とも言えるものを体験しているが、それは学校からの帰途、夜空に満天の星を見たときに感じた言葉にならない感激であり、一種の畏怖とも言える感情であった。アドはこの感情を、ロマン・ロランの言葉を借りて「大海原にいる感覚」（sentiment océanique）と呼んでいる。四方を波に囲まれて漂う一つの小さな存在としての自分、しかしそれは投げ出された孤独者としての自分ではなく、大海の一部として波打っている自分の感覚であった。またそれは自分自身が、足元の草から天の星に至る全宇宙の一部である、という感覚であり、この瞬間が永遠につながる一瞬であるという感覚でもあった。この経験は彼が訓育されたキリスト教の教理にも、あるいはどの特定の宗教的教理にも当てはまるものではなかった。本書の「結び」にアドが引用している古今の哲学者や文学者の言葉は、この希少な経験を彼に代わって表現している文章なのである。

知識を与える哲学ではなく考え方を育成してゆく哲学、という教育の理想を、アドはプラトンの対話篇に見るソクラテスと弟子たちとの対話に見ている。ソクラテスは書くことをせず、街なかの庶民を相手に問いかけ、彼の問いについてくる人々を弟子として問答を繰り返したという。古代の文書とアド自身との関わりも、一種の対話だったのだと思われる。しかもそれは現代の書籍とは異なって、ただ記録者の手稿として残された文書であり、つねにその信憑性を問わなければならない。アドが古典の文書に向かうときに文献学の大切さを強調しているのはそのためである。『内面の砦』の序文でアドは次のように書いている。

私がマルクス・アウレリウスを引用するとき、読者はその本文そのものに接していただきたい。それがどんな解説にも勝るからである。私は自分の解釈がテクストそれ自体に基づいたものであるようにと努めてきたこと、そして私の解釈が直接に媒介なしに確証されることを願っている。ここに用いた翻訳はまったくオリジナルなものである。

(*op. cit.*, p. 10)

テクストそのものの本来の形を、個人の偏好や現代の流行に沿うことなしに、可能なかぎり歴史的に、そして客観的に復元して解釈しようとしたアドの姿勢は、学問のあり方として忘れてはならない一面である。この文献学的方法と、復元された文書が持ちうる現代的な意味を問われて、アドは次のように答えている。

あるテクストを客観的に解釈しようと試みると、それに続いてほとんど自発的に、そこに人間的な意味を見出すことでしょう。〔…〕まず、〈これが語られたことである〉という適切で客観的な判断があり、次に時として〈これが私の人生にとって何がしかの意味がある〉という価値判断が続きます。この場合、主観性への回帰を語ることになりうるわけですが、この場合の主観性は、さらにある種の普遍的な視点に高まろうと努めるのです。（一一九―一二〇頁）

一九四五年から四六年に、彼はカトリック学院とソルボンヌの両方で授業を受けているが、カトリック学院の教授ポール・アンリは啓蒙的思想を持った神学者で、アドのマリウス・ウィクトリーヌス研究の指導をした人であった。とくに著名ではないマリウス・ウィクトリーヌスという思想家へのプロティノスの影響の有無について、何年も費やして博士論文にしたのも、あくまでも書き手の視点と、その文献が置かれた状況に立ち戻ってみようとする、彼の研究者としての姿勢を表している。ポール・アンリはまたプロティノス研究で知られ、その意味でもアドと関心を共にしたようである。アド自身はプロティノスに惹かれるところが大きく、一九六三年に出版された初期の著書『プロティノス——純一なる眼差し』（*Plotin, ou la simplicité du regard*）は、後に幾度か改版され、彼の主要な著書の一つとなっている。アドが、彼をずっと結びつけていた教会と神職を離れる決心をしたのは三十歳に近づいたころであった。さきにもふれたように、アドは彼自身の一種の宇宙的体験の記憶に加えて、教会の教えにはまりきることのできない、より自由な思想の広がりを求めていたと思われる。そこに一九五〇年のピウス十二世の回勅があり、それは二十世紀も半ばという時代にあって、新しい哲学や思想そして科学的な思考の一部を教育に反映させることの危険性を神学教職者たちに説くものであった。このことが契機の一つとなって、アドは母親の失望を案じながらも神職を完全に離れ、最初の結婚をしている。

ソルボンヌではジャン・ヴァールのもとでリルケやハイデガーなど近現代の文学や哲学を学んだ。その後の中年期は高等研究実習院（ＥＰＨＥ）および国立科学研究センター（ＣＮＲＳ）に席をおいて研究と教育に過ごしている。ＥＰＨＥでディレクターとして人事その他の業務で多忙になったころ、彼は心臓発作を起こし、それはその後晩年まで、何回にも及ぶ手術を強いることになったとアドは語っている。それは彼に死への思いを実感させる経験でもあった。

しかし研究者としての彼の思索はいっそう深まっていった。彼はウィトゲンシュタインの著作に出会い、一九五九年にはジャン・ヴァールが主導する哲学コレージュで『論理哲学論考』（一九二一年）についての研究発表を行なっている。これはフランスでウィトゲンシュタインが紹介された最初の事例であった。古代哲学の歴史的研究と、二十世紀のこの新しい論理学者への関心はどのように繋がるのか。一見脈絡がないように思われるが、そこにはアドが本書を（そして他著をも）通して、書き続けてきたメインテーマがあるのがわかる。「人々が論理実証主義者と紹介していたこの哲学者が、その作品の終わりの数ページで神秘主義について語っていること」をアドは強調しているのである。ウィトゲンシュタインは次のように結んでいる。

哲学の正しい方法とは本来〔…〕語られうるもの以外なにも語らぬこと。〔…〕他の人が形而上学的なことがらを語ろうとするたびに、君はある命題のなかで、ある全く意義をもたない記号を使っていると、指摘してやること。〔…〕彼は哲学を学んでいる気がしないであろうが〔…〕これこそが唯一の厳正な方法であると思われる。〔…〕読者はこの書物を乗り越えなければならない。そのときかれは、世界を正しく見るのだ。語りえぬものについては、沈黙しなければならない。

(『論理哲学論考』6・53、6・54)

後の二〇〇四年にアドはその研究を『ウィトゲンシュタインと言語の限界』(*Wittgenstein et les limites du langage*)として出版している。

哲学の論理の基盤をなしているある種の語りえない直観とも言えるものを、アドは古今の多様な哲学者や文筆家に感じ取っていた。その感覚は、前述した彼の「大海原にいる感覚」とも重なり合う感覚、特定の宗教のドグマや形式的な祭礼を通したものとは異なった一種の神秘の感覚だったのではないだろうか。その感覚は、彼自身、説明に困難を感じるものだった。それはキリスト教における人格的神との出会いではなく、またプロティノスにおける全一者への帰入と合一でもないのだ。それは日常見慣れたもののなかに、あるいはそれらを通して無限なもの、あるいはその本質となるものを感じ、自分自身もその一部なのだ、と感じる瞬間だった。

しかしこの感覚はアド自身にとっても希少な経験である。それは日常のものごとから、その習慣的な姿、感覚的知覚の表面を一瞬透過して、その本質に迫ろうとすることであって、それが彼の哲学の方法の根底にあったと言えるだろう。哲学は言語による体系の構築ではなく、自分の周囲のものを素直な目で見直すことだという、前述のベルクソンの言葉が彼の指針となっているのはそのためである。言い換えればそれは初めて見るかのように、あるいは最後に見るかのようにものを見るということ、あるいは視点を変えて高所から全景の一部としてものを見ることだとアドは言う。またアドの文章には「この日を摘め（Carpe diem）」というホラティウスの言葉がしばしば見られ、それは「死を忘れるな（Memento mori）」と対比されるが、彼にとって死を意識することはむしろ現在の生を意識することであった。このことは、より日常的なレベルでは、他者のなかにあって他者と繋がりながら一個の主体である自分を見出すことでもあり、このことが、他者との動きのなかで動的に形成されてゆく自己という古代のモデルに、アドが見ようとしたものであったと思われる。彼はこの自己形成の過程の主要なモデルの一つを、奴隷という境遇に生まれたエピクテトスの『人生の手引書』（*Enchiridion*、紀元一世紀）、そしてそこから多くを学んだという前述のマルクス・アウレリウスの『自省録』に見てとっている。セネカおよびキケロの『書簡集』もまた加えられるだろう。本書でアドが取り上げる古代のテクストには主としてエピクロス派とストア派のものが見られるが、彼にとって前者は友愛と信頼による心の安寧を説くものであり、また後者は宇宙を一つの有機体と見、人間をそのなかの同胞と見るものであった。

さきのウィトゲンシュタインの例に見るように、本書にはまた近現代の思想家や文学者の名が多数あらわれる。モンテーニュを始めとして、ドイツではリルケ、ホフマンスタール、そしてゲーテ、ニーチェなどであるが、ゲーテはとくに彼が熱心に読んだ作家であった。晩年に書かれたゲーテ論『生を忘れるな――ゲーテと精神的修練の伝統』(*N'oublie pas de vivre – Goethe et la tradition des exercices spirituels*)にも「精神の修練」という表現が見られるが、アドはゲーテのなかに、生きていることそれ自体への感動、そして通常見慣れたものを通して感知されるその原型となるものへの、畏怖とも言えるような気持ちを読み取っている。また、前述したアドの初期の著書『プロティノス――純一なる眼差し』(初版一九六三年)を執筆した三〇年あまり後、改訂された同書(九七年版)の「あとがき」に、アドは次のように書いている。

プロティノスにとって、知覚される世界は低位で下位の現実であって、われわれはそこから離れなければならないとされた。しかし私たちはこの現在という瞬間の汲み尽くせない豊かさのなかに、言い表せないもの、神秘的で超越的でおそらく「絶対的」なものを見出し、また最も具象的で平凡な、最も日常的で慎ましく、最も直接的な現実をじっと見つめるときに、つねに存在する「実在」(présence)を感知することができるのではないだろうか。　(*op. cit.*, ed. 1997, p. 200–201)

そして本書においてもアドは、低位の物質的、身体的なものを取り去って最高の「一者」と合一するというプロティノスの「除去」の神秘主義に対して、いわば「受容」の神秘主義があること、そこでは

「ものごとは光を遮る障壁ではなくて、光を顕す色彩豊かな反映」であることを強調している（一四二頁）。

六十歳の年にアドはコレージュ・ド・フランスの教授になった。高等教員資格（アグレガシオン）を持たず、エコール・ノルマルの出身でもなかった彼がこの席に着くことになったのは、ミシェル・フーコーの推薦によるものであったという。それ以前にはフーコーとの個人的な交わりはなく、またフーコーがその僅か四年後に早逝したために話し合う機会は少なかった、とアドは残念がっている。研究の細目においてはかなり異なっているが、生の哲学という意味で共通するところを、フーコーはアドの姿勢に見てとっていた。一見して現代的魅力に欠ける「精神の修練」という言葉をゲーテ研究にも用いているアドがその言葉で表現しようとしたことは、哲学という学問に彼が望む一つの姿勢であって、それは彼が愛読したメルロ＝ポンティの講演にも見られる言葉——人間的状況を離れては哲学することにならない——ということだった（メルロ＝ポンティ「哲学をたたえて」『哲学者とその影』邦訳一八頁参照）。また『古代哲学とは何か』（*Qu'est-ce que la philosophie antique?*）において、彼は現代の大学で教えられている書物の知識とディプロマ本位の哲学を、個々人の人間性を人間としてのキャリアのために練り直そうとした古代の哲学と対照させている。

アドの後半生は、折々の入院を強いられたとはいえ、セネカをはじめ古代哲学の研究者である妻イルゼトラウト・アドとともに過ごした落ち着いた日々であった。少年時代に習ったピアノの練習も復活させて楽しんだようである。しかし彼の読書や執筆活動は最晩年まで続けられていた。さきに記したゲーテ論は、今世紀初めに出版されたもので、その「むすび」に彼はこう書いている。

私としては彼の感嘆の情に魅惑されている。しかし私は長い間、今まで説明してきたことにためらいも感じるのだ。一つは、この内面の態度は、ただ特権的な人々のためにあるのではないかということ。そしてもう一つは、大部分の人間にのしかかっている権力と富への欲望によって、あるいは一部の人間がためらいもなく信じている盲目的な狂信によって、人々が投げ込まれている計り知れない苦しみに、諦めをもって同意することができるだろうか、ということである。

(*N'oublie pas de vivre*, 2008, p. 269–270)

ここには二十一世紀という現代の世界に対するアドの不安が現れている。しかし「生き方としての哲学」が単なる体系的な言述にとどまらず、終局的には人間の現実の「生」を見直してゆく実践につながらなくてはならない、というアドの考えは変らないものだったと言えるだろう。そしてこの姿勢は、アドの別著『イシスのヴェール』に見る自然観、つまり自然科学においてもその探求が、終局的には「生」あるいはピュシスの神秘を感じ、人間が自然の一部であるという感覚を守るものであるという彼の考え方と、相通じるものではないかと訳者は感じている。

本書の翻訳にあたって、さまざまなご助力をいただいた方々への謝意をここに表させていただきたい。始めに、イギリス・ロマン派詩人コールリッジの詩と思想を中心に学んでいた訳者が、フランスの哲学者ピエール・アドの書物に接するようになったのにはいくつかのご縁があったことを記させていただきたい。イギリスのダラム大学で学ばれ現在は島根大学の准教授であるピーター・チェイニー氏の主催で、二〇一五年春に京都ノートルダム女子大学で「コールリッジと観想（コンテンプレーション）」と題する国際学会が行われた。その折の発表者の一人、オーストラリアのディーキン大学教授マシュー・シャープ氏が、カミュとアドについて話されたのが、私がアドの名を初めて知った機会であった。その後早稲田大学エクステンション講座で、早稲田大学名誉教授、原章二先生のご指導を通して、ベルクソンをフランス語原典で読む機会を得たことから、多くを学ばせていただいた。また同じく早稲田大学の小幡一雄先生の講座でモーパッサンやフローベールの短編を原典で読んだ、その明快で啓発的なご指導から、しばらく遠ざかっていたフランス語の魅力をふたたび味わわせていただいている。

そして堀江聡先生（ピサ大学客員教授などを歴任され、もと新プラトン主義協会会長）による、プロティノスを中心とした講義や読書会に出席する機会があったことが、ピエール・アドをさらに知る大きなきっかけとなった。堀江先生からは、この度の翻訳に関してもメールなどを通してさまざまなご教示をいただいている。また駒澤大学教授の河谷淳先生からは、本書の校正の段階で、訳語や参考文献に関する問題点、訂正すべき点をご指摘いただくというご縁を得た。ご多忙のなか、快く時間を割いていただいたことに深く感謝申し上げる。

おわりに最大の謝辞を、法政大学出版局の編集部長、郷間雅俊氏に送らせていただきたい。下書きとも言えるほどの形でお預けしてあった訳稿に細心の注意をもって目を通し、原典との照合や訳語の統一に時間を割いていただいた。郷間氏の明快なご指摘にはいつも納得させられたものである。そのご助力なしにはこの訳書はできなかったと思う。書物を作るということの厳しさと楽しさとを郷間氏とのやりとりから教えられたことは、大きな経験であった。謝意をお受けいただければ幸いである。

二〇二一年冬至も近い頃

小黒和子

ワ 行

ヤ 行

ラ 行

マ 行

ナ 行

ハ 行

サ 行

タ 行

カ 行

索　引

ア 行

《叢書・ウニベルシタス　1138》
生き方としての哲学
J. カルリエ，A. I. デイヴィッドソンとの対話

2021 年 12 月 20 日　初版第 1 刷発行

ピエール・アド
小黒和子 訳
発行所　一般財団法人　法政大学出版局
〒102-0071 東京都千代田区富士見 2-17-1
電話 03(5214)5540 振替 00160-6-95814
組版: HUP　印刷: 平文社　製本: 誠製本

Printed in Japan

ISBN978-4-588-01138-2

著　者

ピエール・アド（Pierre Hadot）

1922年生。パリのカトリック家庭に生まれ，神学教育を受ける。15歳で高等神学校に進級，22歳で司祭の資格を得たのち，ソルボンヌで神学・哲学・文献学を学ぶ。27歳でCNRS（フランス国立科学研究センター）の研究員となり，宗教界を離れて哲学の道を選ぶ。文献学の研究を土台として，古代ギリシア思想と新プラトン主義，とくにプロティノス研究で著名となる。1963年にはEPHE（高等研究実習院）のディレクター，82年にはミシェル・フーコーの推薦もありコレージュ・ド・フランスの教授に就任。2010年没。著作に『プロティノス——純一なる眼差し』(*Protin ou la simplicité du regard*, 1963)，『古代哲学とは何か』(*Qu'est-ce que la philosophie antique?*, 1995)，『内面の砦——マルクス・アウレリウス『自省録』入門』(*La Citadelle intérieure*, 1992)，『生を忘れるな——ゲーテと精神的修練の伝統』(*N'oublie pas de vivre*, 2008)，『イシスのヴェール』（法政大学出版局）ほか多数。

訳　者

小黒和子（おぐろ・かずこ）

東京女子大学文理学部英米文学科卒業。米国ワシントン大学大学院修士課程修了。元東京女子大学助教授，元早稲田大学非常勤講師。主な著書に『詩人の目——コールリッジを読む』（校倉書房），訳書にアド『イシスのヴェール——自然概念の歴史をめぐるエッセー』（法政大学出版局），S. T. コウルリッジ『文学的自叙伝——文学者としての我が人生と意見の伝記的素描』（共訳，法政大学出版局），M. ニコルソン『暗い山と栄光の山』（国書刊行会），『円環の破壊』（みすず書房）ほか。

叢書・ウニベルシタスより

（表示価格は税別です）

1108 国家に抗するデモクラシー
M. アバンスール／松葉類・山下雄大訳 3400円

1109 イシスのヴェール 自然概念の歴史をめぐるエッセー
P. アド／小黒和子訳 5000円

1110 生の肯定 ニーチェによるニヒリズムの克服
B. レジンスター／岡村俊史・竹内綱史・新名隆志訳 5400円

1111 世界の終わりの後で 黙示録的理性批判
M. フッセル／西山・伊藤・伊藤・横田訳 4500円

1112 中世ヨーロッパの文化
H. クラインシュミット／藤原保明訳 7800円

1113 カオス・領土・芸術 ドゥルーズと大地のフレーミング
E. グロス／檜垣立哉監訳，小倉・佐古・瀧本訳 2600円

1114 自由の哲学 カントの実践理性批判
O. ヘッフェ／品川哲彦・竹山重光・平出喜代恵訳 5200円

1115 世界の他化 ラディカルな美学のために
B. マンチェフ／横田祐美子・井岡詩子訳 3700円

1116 偶発事の存在論 破壊的可塑性についての試論
C. マラブー／鈴木智之訳 2800円

1117 平等をめざす，バブーフの陰謀
F. ブォナローティ／田中正人訳 8200円

1118 帝国の島々 漂着者，食人種，征服幻想
R. ウィーバー＝ハイタワー／本橋哲也訳 4800円

1119 ダーウィン以後の美学 芸術の起源と機能の複合性
W. メニングハウス／伊藤秀一訳 3600円

1120 アウグストゥス 虚像と実像
B. レヴィック／マクリン富佐訳 6300円

1121 普遍的価値を求める 中国現代思想の新潮流
許紀霖／中島隆博・王前・及川淳子・徐行・藤井嘉章訳 3800円

叢書・ウニベルシタスより

（表示価格は税別です）

1122 肥満男子の身体表象　アウグスティヌスからベーブ・ルースまで
S. L. ギルマン／小川公代・小澤央訳　3800円

1123 自然と精神／出会いと決断　ある医師の回想
V. v. ヴァイツゼカー／木村敏・丸橋裕監訳　7500円

1124 理性の構成　カント実践哲学の探究
O. オニール／加藤泰史監訳　5400円

1125 崇高の分析論　カント『判断力批判』についての講義録
J.-F. リオタール／星野太訳　3600円

1126 暴力　手すりなき思考
R. J. バーンスタイン／齋藤元紀監訳　4200円

1127 プルーストとシーニュ〈新訳〉
G. ドゥルーズ／宇野邦一訳　3000円

1128 ミクロ政治学
F. ガタリ，S. ロルニク／杉村昌昭・村澤真保呂訳　5400円

1129 ドレフュス事件　真実と伝説
A. パジェス／吉田典子・高橋愛訳　3400円

1131 哲学の 25 年　体系的な再構成
E. フェルスター／三重野・佐々木・池松・岡崎・岩田訳　5600円

1132 社会主義の理念　現代化の試み
A. ホネット／日暮雅夫・三崎和志訳　3200円

1133 抹消された快楽　クリトリスと思考
C. マラブー／西山雄二・横田祐美子訳　2400円

1135 資本はすべての人間を嫌悪する
M. ラッツァラート／杉村昌昭訳　3200円

1136 病い、内なる破局
C. マラン／鈴木智之訳　2800円

1137 パスカルと聖アウグスティヌス 上・下
Ph. セリエ／道躰滋穂子訳　13500円